중국어 '把'자문을 말하다
说"把"字句

说"把"字句 by 张伯江

ISBN：9787548613343©学林出版社 2018

本书韩文版专有出版销售权由上海世纪出版股份有限公司学林出版社授予亦乐出版社，

仅限在大韩民国境内销售。

未经上海世纪出版股份有限公司学林出版社和亦乐出版社许可，

不得以任何手段和形式复制或抄袭本书内容。

중국어 '把'자문을 말하다 by 장보쟝

ISBN：9787548613343©학림출판사 2018

이 책의 한국어판 저작권은 상하이세기출판주식유한공사 학림출판사와 직접 계약으로

역락출판사가 소유합니다.

판매는 대한민국 내로 제한하며,

상하이세기출판주식유한공사 학림출판사와 역락출판사의 승인 없이 어떤 수단과 형태로든

이 책의 내용에 대한 무단 복제 및 표절을 금합니다.

중국어 언어학 쟁점 연구총서

선쟈쉬안 沈家煊 주편

중국어 '把'자문을 말하다
说"把"字句

장보쟝 张伯江 지음 · 이선희 李善熙 옮김

역락

▌일러두기

1. 이 번역서의 중국어는 모두 간체자를 사용하여 표기하였는데, 이는 본서의 독자 대부분이 번체자로 된 중국어 활자보다 간체자로 된 활자를 접한 경험이 더 많을 것이라는 점을 감안한 것이다.

2. 모든 번역문은 가급적 우리말을 사용하는 것을 원칙으로 하였으나, 일부 우리말만으로는 의미 전달이 분명하지 않는 경우에는 그 뒤에 한자를 작은 크기로 병기하였다.

3. 원서에 있는 주석은 저자주로 표시하였으며, 독자의 이해를 돕기 위해 역자가 추가한 주석은 역자주로 표시하여 구분하였다.

4. 중국어 인명이나 지명의 경우, 현대 중국어가 확립되기 이전의 인물이나 지명은 한자음을 우리말로, 그 이후는 중국어 발음을 우리말로 표기하였다.

5. 본문의 서술 부분에 포함된 인명, 서명은 우리말로 번역하였으나, 서술이나 인용문에서 출처로 표시한 인명과 서명은 따로 번역하지 않았다.

6. 서술 부분에서 저자가 설명하고자 하는 중국어 예시 표현이나 강조하고자 하는 용어 등은 중국어를 먼저 쓰고 뒤에 우리말 해석을 괄호로 나타냈으나, 그 외 중국어술어나 표현 등은 우리말 뒤에 괄호로 나타냈다.

이 총서를 출간하게 된 동기는 다음과 같은 생각에서 나왔다. 언어학 영역에서 우리는 오랫동안 외국(주로 서양)에서 들여온 이론과 방법을 끊임없이 학습하고 참고하면서 효과를 보기도 하였다. 특히 일부 영역에서는 두드러진 효과도 있었다. 그러나 총체적으로 말하면, 외국의 이론을 중국어에 운용하는 것은 옷깃을 여미니 팔꿈치가 나오거나 둥근 구멍에 모난 기둥을 박는 것 같은 모순을 피할 수가 없으니, 아무래도 억지스럽고 자연스럽지가 않다. 치궁(啓功) 선생님은 이를 고리 던지기 게임에 비유한 바 있다. 아이들의 고리 던지기 게임에서 작은 고리는 작은 쥐만 잡을 수 있는데, 인도·유럽어 '문법(grammar)'은 작은 고리여서 중국어라는 큰 판다를 잡을 수는 없다. 이러한 느낌은 논쟁이 있는 몇몇 핫 이슈에서 더욱 두드러지게 나타난다. 그리고 한때 핫 이슈였던 것들, 예를 들면 품사 문제, 단문·복문 문제 등도 한동안 논쟁의 열기는 식었지만 문제점들이 결코 해결된 것은 아니어서 아직도 가끔씩 튀어나와 우리들을 곤혹스럽게 한다. 또한 새로이 나타난 외국의 이론을 중국어에 적용하면서 또 다른 새로운 논쟁거리를 자아내는 경우도 있다. 문장성분의 위치 이동 문제, 음보(音步)와 운율의 문제 등이 그 예이다.

이러한 문제들이 새로운 논쟁거리가 되는 까닭은 역시 새로이 가져와 중국어에 적용한 이론이 매끄럽게 통하지 않고 조화가 되지 않는 부분이 많기 때문이다. 그 밖에 주어와 목적어 문제와 같은 일부 문제는 일찍이 논쟁거리가 되었으나 뒷날 문제가 기본적으로 해결되어 공통된 인식을 얻기도 하였다. 하지만 주어와 화제처럼 새롭게 나타나 계속하여 논쟁이 끊이지 않는 문제들도 있다. 주목할 만한 것은 주어, 목적어 문제가 기본적으로 해결되어 공통된 인식에 이른 것이 바로 인도·유럽어의 주어, 목적어 관념에서 벗어났기 때문이라는 것이다.

외국의 이론은 끊임없이 새로워지고 있고, 새로운 이론이 나올 때마다 우리는 쫓아가기 바쁘다. 하지만 남들은 이미 새롭게 변화하여 원래의 이론 틀을 버린다고 밝혔는데도, 우리는 여전히 그들의 낡은 틀에 따라 생각하고 행동하며 갈팡질팡 한다는 느낌이 들 때도 있다. 이에 많은 사람들은 이러한 상태를 지속하는 것이 능사가 아니라고 느끼면서 현재의 상황을 바꾸어야 한다고 생각하였다. 하지만 또 언어의 '보편성'을 중시하고, 이를 드러낸다는 이유로 현재 상황을 그대로 유지하려고 하는 사람들 또한 적지 않다. 그런데 그들이 말하는 '보편성'이란 사실 남들이 제기한 이론을 기준으로 한 것이어서 중국어의 특수성은 오히려 홀시되거나 간과되었다.

보편성도 특수성 속에 존재한다. 언어의 특수성이 없는데 언어의 보편성이 어디서 오겠는가? 근래에 국제 언어학계에서는 인류 언어의 본질을 분명하게 알기 위해서는, 먼저 언어의 다양성을 충분히 이해해야 한다는 인식이 점차 형성되고 있다. 나의 친구 주샤오눙(朱曉農)은 보편성을 뜻하는 영어의 universals는 중국어로 번역할 때, 발음과 의미를 함께 살린 '요우니워스(有你我式)'라는 말로 번역해야 한다고 주장하였다. 이는 너만 있고 나는 없는 것이 아니라 너 속에 내가 있고, 내 속에 네가 있다는 의미를 나타낸다. 나는 여기에 십분 동의한다. 내가 알기로 많은 외국의 학자들도 우리가 단지 그들을 따라가기만을 바라지 않고, 그들을 일깨울 수 있는 중국어의 언어 사실에 근거한 새로운 견해와 목소리를 듣고 싶어 한다.

100여 년 동안 서양 학문이 점차 동쪽으로 밀려들어 왔고, 언어학 영역에서도 서양을 배우고 이를 거울로 삼고자 하는 노력이 줄곧 끊이지 않았다. 하지만 다른 한편에서는 인도·유럽어의 전통 관념의 속박에서 벗어나고자 하는 노력 또한 줄곧 멈추지 않았다. 우리의 선배들은 일찌감치 후학들이 나아갈 방향을 확실하게 제시해 주었고, 한발 더 나아가 인도·유럽어의 전통 관념의 속박에서 벗어나려고 노력하였다. 바로 주더시(朱德熙) 선생님께서 생전에 말씀하신 것처럼 대부분의 논쟁거리는 이러한 관념의 영향으로 인해 먼저 들어온 이론을 위주로 하였으므로 중국어 문법 본연의 모습을 제대로 보지 못함으로써 야기된 것들이다. 만약 우리가 이러한 교란에서 벗어나 소박한 안목으로 중국어를 보았다면, 많은 문제들은 애당초 발생할 리가 없었을 것이다. 또 주더시 선생님은 훗날 사람들이 지금을 보는 것이 지금 사람들이 과거를 보는 것과 마찬가지라고 하였다. 즉, 오늘날에 사람들이 부지불식간에 전통 관념의 지배를 받고 있는 것은 훗날 사람들이 바로잡기를 기다려야 한다는 것이다. 주더시 선생님께서 우리에게 남기신 학술 유산 중에 중요한 관점 하나는, 동사가 주어나 목적어가 될 때 인도·유럽어와 같은 '명사화'가 없다고 한 것이다. 이것은 전통 관념의 교란을 벗어난 하나의 실천으로 우리에게 모범이 되었다.

뤼수샹(呂叔湘) 선생님의 견해도 주더시 선생님과 일치한다. 그는 만년에 문법 연구를 함에 있어 고정관념들을 '크게 타파해야 한다(大破特破)'라고 호소하였다. 또 '단어', '동사', '형용사', '주어', '목적어' 등의 명칭은 잠시 제쳐두고, 이전에는 감히 한번 건드려 보지도 못했던 조목 하나하나에 과감하게 도전하고자 하였다.

뤼수샹 선생님과 주더시 선생님께서 말씀하신 것은 문법 연구에 대한 것이지만, 우리에게 가리켜준 방향은 중국어 연구 전반에 걸쳐 적용된다. 중국어 문법은 '대문법(大语法)', 즉 언어를 구성하고 운용하는 방법이다. 여기에는 음성과 의미, 용법이 모두 포함된다. 과거에 '소문법(小语法)'에 근거하여 중국어의 문법을 이해한 것 자체가 바로 인도·유럽어 전통 관념의 영향을 받은 것이다.

이 총서를 기획하게 된 출발점은 바로 '교란에서 벗어나서 크게 타파해야 한다(摆脱干扰, 大破特破)'는 두 선생님의 호소에 대한 호응이다. 근래에 들어서 이 부분의 노력이 두드러지게 나타나 약간의 새로운 진전이 있었다. 이제 이에 대해 부분적으로 결론을 맺고, 사고의 맥락을 조리 있게 정리하면서 방향을 명확하게 한 후, 다시 계속해서 앞으로 나아갈 필요가 있다. 따라서 이 총서는 '타파와 수립 총서(破立丛书)'라 불러도 좋다. 매 책마다 하나의 구체적인 쟁점에 대해 먼저 선행 연구를 정리, 평가, 분석하면서 전통 관념을 타파하고 이의 교란에서 벗어나야 하는 필요성을 피력한 후, 새로운 관점을 제시하고 논증을 진행하였다. 이렇게 구성한 이유는 독자들이 문제의 내력과 쟁점을 분명하게 이해함으로써 사고를 유연하게 하여 고정관념을 줄이기 위한 목적 때문이었다. 이러한 구상은 다행히 쉐린출판사(学林出版社)의 지지를 얻어 실현될 수 있었다. '타파를 최우선으로 삼고, 그 속에서 건립한다(破字当头, 立在其中)'라고 말은 하지만, 진정으로 건립하는 것은 결코 간단하고 쉬운 일이 아니어서 어렵고 고달픈 작업이 남아있다. 지금 책 속에서 열거된 새로운 관점과 생각들은 아직 보완하고 개선해야 할 필요가 많이 있고, 심지어 수정하거나 교체해야 할 가능성도 있다.

이 총서를 기획한 또 하나의 출발점은 바로 집필 방법이다. 총서에서 서술하려는 내용들은 난해한 학술적 문제이지만, 이해하기 쉽게 통속적으로 쓰고자 하였다. 그래서 이해하기 어려운 명칭과 전문용어는 가급적 배제하고 편폭도 약간 짧게 하여, 한 책자가 하나의 문제만을 다루도록 하였다. 그리하여 일반 독자들이 심오하고 복잡하게 느끼지 않도록 함으로써 핵심내용을 터득하지 못한 채 보기만 해도 두려움이 생기는 것을 피하였다. 물론, 이러한 점들을 실행에 옮기는 것은 결코 쉬운 일이 아니어서 지금의 모습도 여전히 개선의 여지가 많다.

아무쪼록 이 총서가 전문적으로 언어 연구에 종사하는 사람들과 언어학 분야의 전문가 혹은 갓 입문한 독자, 외국어와 모국어를 포함한 언어를 교육하는 많은 교사들에게 일깨움과 도움을 줄 수 있기를 바란다. 또 언어 문제에 관심이 있는 일반인과 언어 프로그램, 정보처리, 언어심리, 언어철학, 사회언어학 등 분야의 독자들도 이 총서를 통해 지식과 깨달음을 얻게 되기를 기원한다.

2017년 12월 12일

목
차

상 편 '把'자문의 구성과 통사 구조 문제 … 23

이 책은 중국어 '把'자문의 연구사를 정리하여 연구자들이 그 안의 중요한 문제를 이해하는 데 조금이나마 도움을 주고자 집필한 소책자이다. 한국 계명대학교 이선희 교수가 이 책을 한국어로 번역하면서 필자에게 한국어판 서문을 써 달라는 요청을 하였기에 번역서의 출판에 즈음하여 몇 마디를 전하고자 한다.

외국인들이 중국어를 배울 때 종종 통사론적 어려움을 겪곤 하는데, 그 중요한 원인 가운데 하나가 중국어를 제외하고는 중국어의 어순과 기본적으로 일치하는 유형의 언어가 거의 없다는 것이다. 이것이 바로 중국어를 처음 배우는 사람들이 중국어의 통사법을 파악하는 데 어려움을 느끼는 부분이라고 생각한다. 그런데 하물며 '把'자문과 같은 '변이형식'도 있음에랴.

'把'자문을 '주어-동사-목적어' 어순의 변이형식으로 볼 수도 있다. 하지만 그러기 위해서는 너무나 많고 번잡한 보충조건을 추가로 더 기억해야 하는 대가를 치러야 한다. 이 책은 앞 사람들이 발견한 많은 성과를 개괄적으로 서술하였다. 중국어를 능격언어와 같은 다른 어순의 언어에 대응시킨 다음, 모종의 이론 틀 안에서 '把'자문에 적합한 통사적 해석을 모색해 보는 것도 불가능한 시도는 아닐 것이다. 하지만 이 또한 마찬가지로 서로 어울리지 않아 통하기 어려운 문제에 봉착할 수 있다. 다시 말해, '把'자문은 일반 통사론의 통사 조작을 통해서는 설명하기가 매우 어렵다. 따라서 중국어를 모국어로 하지 않는 사람이 중국어 '把'자문을 이해하기 위해서는 그것을 단순히 형식적으로만 어느 한 일반적인 통사 현상과 비교할 것이 아니라 인류 언어의 화용적인 보편성과 중국어 자체의 통사 구도를 통해 파악하여야 한다. 이 점에 대해서는 이 책의 결론 부분에서 충분히 서술하였다.

'把'자문은 통사적 각도 또는 의미·화용적 각도에서 모두 다 유추를 통해서는 도출해내기 어려운 아주 많은 특징을 가지고 있다. 바로 이러한 특징들을 하나하나 차례로 논술하고, 이와 아울러 그들 간의 관계를 가능한 한 명확하게 설명한 것이 이 책의 주요 내용이다. 이 작은 책자의 사용 가치는 아마도 여기에 있을 것이다. 그리하여 중국어 문법 연구사에 대해 깊이 있게 섭렵하지 않은 사람들이 '把'자문 연구의 여러 가지 관점을 비교적 신속하게 이해하는 데 도움을 받으며, 연구자들 또한 안개 자욱한 바다와 같이 수많은 '把'자문 연구의 문헌 속에서 길을 잃고 헤매지 않을 것이다. 물론, 필자가 고찰한 문헌의 범위가 제한적인데다 중요한 결점 또한 있을 수 있다는 점은 독자에게 미안한 부분이다.

수많은 통사적, 의미적 특징 가운데 어느 것이 '把'자문 사용의 결정적인 조건일까? 이 문제에 대한 이 책의 논평 가운데에는 학자들 개인의 견해도 있는데, 특히 뤼수샹(吕叔湘) 선생님의 '통사적 경쟁설(句法竞争说)'과 선쟈쉬안(沈家煊) 선생님의 '주관적 처치설(主观处置说)'에게는 모두 높은 평가를 부여하였다. 하지만 이 문제는 좀 더 깊은 검증을 거치는 것이 좋을 듯하다. 이 책의 초고를 완성한 후, 필자는 또 문언문과 백화문 대조 자료를 이용하여 문법사에서 잇따라 출현한 '把'자문 형성에 관한 몇 가지 대표적인 학설에 대해 하나하나 고찰하였다. 이 작업은 이후에 「언제 '把'자문을 사용하는가 —텍스트에 기반한 고찰(什么时候用把字句——基于文本的一项考察)」이라는 제목의 글로 『세계 중국어 교육(世界汉语教学)』 2020년 2집에 발표된 바 있다. 이 글의 고찰 결과, 뤼수샹 선생님의 '통사적 경쟁설'과 선쟈쉬안 선생님의 '주관적 처치설'이 언어 사실을 가장 폭넓게 포괄하고 있음이 증명되었다. 이로써 중국어에서 '把'자문의 형성과 대규모 사용은 역사적으로 통사 변천 과정에서 동사 뒤 성분 경쟁의 결과이며, 현대 중국어 체계에서는 화자의 주관적인 처치 태도가 '把'자문의 선택과 사용을 결정하였다고 명확하게 말할 수 있다. 이들은 서로 다른 두 측면의 묘사인데, 실제로 매번 '把'자문을 사용할 때마다 이들 두 요소가 모두 함께 작용하고 있다는 것을 확인할 수 있다.

중국어 문법은 한민족의 문화 전통과 표현 습관이 응축된 것이다. 오늘날의 언어유형론적 시각으로 보건대, 중국어는 유형론 교재 속에서 흔히 보이는 어느 한 언어 유형에 전체적으로 대응시키기도 어려우며, 중국어의 문법 규칙을 기술할 때에도 어느 학설을 지극히 단순하게 적용하기가 어렵다. 이는 중국어 학습자에게 상당한 어려움을 가져다 줄 뿐 아니라 번역가에게 있어서도 커다란 도전이다. 이선희 교수는 다년간 중국에서 유학하여 중국어에 능통하며 중국어 언어학에도 조예가 깊기에 필자는 이교수가 졸저를 한국어로 번역한다는 것에 대해 아주 기쁘게 생각한다. 이 책의 한국어 번역을 위한 이교수의 노고에 감사를 표하며, 아울러 이 책의 부족한 부분에 대해서는 아무쪼록 한국 독자들의 많은 질정을 바란다.

2022년 6월

张伯江

저자 머리말

/

장보장(张伯江)

'把'자문은 현대 중국어의 상용 문형이다. 관찰에 따르면, 중국 한족 어린 이들은 두 살이 넘으면 바로 '把'자가 들어간 문장을 말하기 시작한다. '把' 자문은 중국어에서 수천 년의 역사를 가지며, 통사법이 다양하고 의미가 생 동적이어서 현대 중국어에서 가장 눈에 띄는 특수한 문형이 되었다. 이는 중 국어를 모국어로 하지 않는 사람들이 중국어를 학습할 때의 난점이며, 연구 자에게도 피할 수 없는 중요한 과제이다. 이 문형은 현대 중국어를 대상으로 한 중국 최초의 문법서인『신저국어문법(新著国语文法)』(黎锦熙 1924)부터 이미 주목을 받기 시작하였다. 1940년대 책으로 펴낸 왕리(王力)의『중국어법이론 (中国语法理论)』,『중국현대어법(中国现代语法)』과 뤼수샹(吕叔湘)의『중국문법요 략(中国文法要略)』에서 이미 '把'자문 문형의 의미와 구조적 특징에 대해서 상 당히 심도 있는 연구를 진행하였다. '把'자문에 대한 관심은 이후 수십 년간 중국 언어학계에서 시종일관 상당히 뜨거웠다. 이에 대한 연구 역시 근 100 년 동안 중국어 문법 연구 방법론이 발전해온 방향을 전반적으로 나타내고 있기 때문에 언어학 이론 방법의 시금석이 되었다.

'把'자문에서 사람들의 주의를 가장 많이 끈 것은 어순의 특징이다. 『현대

한어팔백사(现代汉语八百词)』(吕叔湘 주편 1980)는 현대 중국어 '把'자문의 상용격식을 다음과 같이 요약하고 있다.

주어	부사어	'把'+목적어₁	부사어	동사	목적어₂	목적어₊	조사와 기타
你 너는		把介绍信 소개서를		带 지녀라			在身边 몸에
我们 우리는	必须 반드시	把革命 혁명을		进行 진행한다			到底 끝까지
我 나는	已经 이미	把这本书 이 책을		看了 보았다		三遍 세 번	了 어기사
你 너는		把这本词典 이 사전을	再 다시	借[给] 빌려줘	我 나에게	三天 사흘간	
你 너는		把写好的稿子 다 쓴 원고를	都 모두	给 주었다	我 나에게		吧 어기사
老王 라오왕은		把炉子 난로를		生上了 피웠다	火 불을		

　　추상적인 문장성분을 보면, '把+목적어1'을 제외한 나머지는 '주어-부사어-동사-목적어-조사'로 다른 언어의 문장구조와 비교가 가능할 정도로 상당히 유사하다. 그만큼 '把+목적어'는 중국어의 가장 특색 있는 성분이다. 중국어 사용자들은 이 부분이 말을 할 때 상당히 중요한 부분이라는 것을 분명히 느낄 수 있다. '把+목적어'의 어순 위치 외에도, '把'자는 분명히 문장 속에서 결정적인 역할을 한다.

　　리진시(黎锦熙 1924)는 '把'자가 원래는 '손으로 잡고 있다'라는 의미를 나타내는 동사였는데, 이후에 이러한 의미가 점차 허화되면서 '손으로 잡다'의 의미가 '방법 전치사'인 '~으로'의 의미로 바뀌었다고 지적하였다. 예를 들어, '西人把中国的原料制成货品, 运销中国(서양 사람들이 중국의 원료를 가져가서 상품으로 만들어 중국에 팔았다)'라는 말은 '用中国的原料制成货品(중국의 원료로 상품을 만들었다)'라는 말과 같다. 이러한 용법은 더욱더 허화되어 '用(사용하다)'의 의미도 더 희미해지고 심지어는 소멸되었는데, 리진시는 이러한 경우를 단지 '목적어 전치'의 기능만 하는 것으로 보았다. 왜 목적어 전치라고 하는가? 그는 '我把这本书读完了(나는 이 책을 다 읽었다)'라는 문장에서 전치사 '把'가 수반하는 명사는 책이며, 외부동사 '读(읽다)'의 목적어도 역시 그것이라고 하였다. 이러한 통사법은 중국어에만 있고, 또 중국어에 가장 많은 현상으로, 전치사 '把'자의 특별한 기능(36쪽)'이라고 지적하였다. 쉽게 말해 '把'자문에 대한 리진시(黎锦熙 1924)의 견해는 목적어 전치라는 것과 자주 사용된다는 것 두 가지이다.

이 밖에도 리진시는 '把'자문의 문형의 또 다른 특수성에 주목했다. 왜냐하면 그는 '把'자의 기능이 목적어에 대한 처리라고 확신했기 때문이다. 타동사만이 목적어를 가지기 때문에 논리적으로 '把'자문에는 자동사가 올 수 없다. 그런데 그는 '전치 목적어인 '把'가 이상하게 쓰이기도 한다'는 사실을 발견했다. 그는 '[驴]把我跌了下来, 跌的腰胯生疼。((당나귀가) 나를 떨어뜨려서 넘어진 엉치가 몹시 아프다)'와 '把周先生羞的脸上红一块, 白一块。(저우 선생을 얼굴이 빨개졌다 하얘졌다 하도록 부끄럽게 만들었다)'를 예로 들면서, 이 두 문장에서 '把'자는 '使(…하게 하다)'의 의미와 같아 보이지만 동사 '使'로 볼 수는 없으며, 접속사로 볼 수도 없다(213쪽)고 지적하였다. 리진시는 '把'자문의 특수한 예를 확인하였지만 일반적인 '把'자문에 대해서 목적어 전치라고만 하였을 뿐, 더 이상의 특성에 대해서는 관찰하지 않았다.

왜 목적어를 전치하는가? 모든 목적어가 전치 가능한가? 목적어가 전치된 문장과 원래의 문장은 어떤 차이가 있는가? 더 나아가 '把'자가 수반하는 명사는 전치된 목적어인가? 무엇의 목적어인가? 이러한 문제들은 이후 수십 년간 문법학자들의 관심의 초점이었다.

이 책은 지난 90여 년 동안 이루어진 현대 중국어 '把'자문 연구의 주요 문제를 상·하편으로 나누어 논의하였다. 상편은 구조 형식의 토론에, 하편은 어휘 의미와 문형 의미의 토론에 치중하였음을 밝힌다.

본 번역서는 중국사회과학원 언어연구소 소장이자 중국 언어학회 회장인 장보쟝(张伯江) 교수의 『说"把"字句』(学林出版社, 2019)를 우리말로 옮긴 것이다. 원서는 선쟈쉬안(沈家煊) 선생님이 탈인도·유럽어적 시각에서 중국어에 대한 제반 문제를 재조명하고자 주편(主编)한 중국어 언어학 쟁점 연구총서(语言学热点问题研究丛书) 가운데 하나로 기획 저술된 연구서이다. 이 책은 중국어 '把'자문에 관한 그동안의 연구를 체계성 있게 총체적으로 논하고 있다.

주어-술어-목적어가 기본 어순인 중국어에서 '把'자문은 일반적으로 특수 구문의 한 유형으로 분류된다. 지금까지 이루어진 '把'자문에 관한 많은 연구 성과에도 불구하고, 여전히 해결되지 못한 문제점들이 남아 있다. 예를 들면, '把'자문을 '주어-동사-목적어' 어순의 변이형식으로 볼 수 있는가이다. 이에 대해 저자의 대답은 부정적이다. 치러야 할 대가가 너무 크다는 것이 그 이유이다. 이와 동시에 저자는 '把'자문을 사용하는 가장 포괄적인 이유를, 통시적으로는 뤼수샹(吕叔湘) 선생님의 '통사적 경쟁설(句法竞争说)'에서 찾을 수 있고, 공시적으로는 선쟈쉬안 선생님의 '주관적 처치설(主观处置说)'에서 찾을 수 있다는 주장을 설득력 있게 피력하고 있다.

　　아울러 '把'자문은 일반적인 통사론의 통사 조작으로는 설명하기가 어려우므로, 화용적인 측면과 문형 자체의 의미라는 측면에서 종합적으로 파악해야 한다는 주장을 펼친다. 이에 따라 저자는 원서의 틀을 상편과 하편 두 부분으로 나누어 구성하였다. 상편에서는 통사 구조에 관한 문제를 다루고, 하편에서는 의미와 화용의 문제를 다루고 있다. 상편 1-5장에서는 각각 '把'자문의 주어와 목적어, 성분 간의 제약 관계, '把'자문의 통사 변환, '把'자문의 생성 방식, '把'자문은 통사 과정인가의 문제에 대해 심도 있게 논하고 있다. 이어지는 하편 6-11장 가운데 앞부분 다섯 개 장에서는 각각 주어의 의지성, 목적어와 확정성(상, 하), 동작의 결과성, 문형의 처치 의미라는 제목으로 '把'자문의 의미 문제를 다루었고, 11장에서는 '把'자문의 화용적 특징을 서술하고 있다. 저자의 주된 관점은 10장과 11장에 걸쳐 집중적으로 나타난다. 마지막 결론 부분에서는 원서의 주요 내용을 일목요연하게 정리하고 있다.

　　중국어 언어학 쟁점 연구총서 가운데 이 책은 역자가 우리말로 옮긴 세 번째 저술이다. 역자는 이십 수 년 전 중국사회과학원에서 공부하면서 저자의 강의를 감명 깊게 수강한 적이 있다. 당시를 회상해보면, 저자는 그 때에도 언어유형론의 보편성을 인정하면서 동시에 중국어의 특수성을 강조하였다는 느낌을 받았다. 저자의 견해를 이 책에서 다시금 읽을 수 있게 되니 감회가 새롭다.

　　중국어 문장에서 흔하게 보이는 '把'자문, 그것의 의미와 용법이 중국어 학습자에게는 파악하기 녹록치 않음이 틀림없다. 본 번역서가 국내 중국어 학습자는 물론이고 연구자들께도 '把'자문을 총체적으로 이해하는 데 조금이나마 도움이 되기를 기대해 본다.

2022년 6월

상
편

'把'자문의
구성과
통사 구조
문제

제1장

'把'자문의 주어와 목적어

1.1 '把'자의 목적어

1.1.1 '把'자 목적어의 확정(有定) 및 불확정(无定) 형식

'把'자문의 구조에 대해 리진시(黎錦熙 1924)는 목적어 전치만을 언급했을 뿐 형식적인 제약에 대해서는 전혀 지적하지 않았다. 지금까지의 문헌 가운데 '把'자의 목적어에 대한 제약을 언급한 것은 벨기에인 조셉 멀리(Joseph Mullie 1932)가 가장 이르다. 뤼수샹(吕叔湘 1948)에 따르면, 멀리는 그의 저서 『중국어의 구조 원리(The Structural Principles of the Chinese Language)』에서 '把'자의 목적어는 반드시 확정적인 대격(the determinate accusative)이어야 한다고 주장하였다.

> 我把这一本书儿看完了。 나는 이 책을 다 읽었다.
> 我把桌子挪了。 나는 책상을 옮겼다.

중국어의 확정, 불확정에 대해서 상당 기간 동안 사람들은 영어의 정관사, 부정관사 형식과 비교하여 구분하였다. "'个'자는 단위어[1](양사)이지만, 다른 단위어와 비교하면 일부 언어의 부정관사에 더 가까운 점도 있다."(呂叔湘 1945) "영어의 a 또는 an은 주로 중국어의 '一个'와 비슷하기 때문에 명사 앞에 '一个'와 같은 수식어가 붙으면 일반적으로 불확정적이라고 생각한 다."(王还 1985) 하지만 '一个'는 부정관사가 아니다. 1945년에 뤼수샹은 이미 "(一)个의 응용 범위가 일반적인 '부정관사'보다 넓다(위와 같은 책)"는 것을 발견하였다. 따라서 그는 '把'자 뒤의 목적어가 '(一)个'를 가질 경우에 반드 시 뒤에 있는 명사의 불확정성을 나타내는 것은 아니라고 명확하게 지적하 였다.

> 我自倒运, 把个女儿嫁与你这现世宝穷鬼。
> 내 자신이 팔자가 사나워 딸을 너 같이 보잘 것 없는 가난뱅이에게 시집보냈
> 구나.
> 那只手还把个二拇指头搁在嘴里叼着。
> 그 손은 아직도 엄지손가락을 입에 넣고 물고 있다.

뤼수샹은 이 두 예문에서 '把'자의 목적어가 확정적이기 때문에 이를 영 어로 번역하면 a를 사용할 수 없다고 보았다. 그런데 '一面将一个锦匣递过 去(한편으로는 비단 상자 하나를 건네준다)', '将一个宣窑2)磁盒揭开(선요 자기함 하나 를 열었다)'와 같은 예는 영어로 번역할 때 '一个'를 a로 번역해야 하지만, 중 국어 화자의 어감에는 이들 역시 확정적인 것이다.

왕환(王还 1985)은 형식상 불확정적인 명사구가 '把' 뒤의 목적어 위치에 나타나는 현상에 대해 논의하였는데, 그의 새로운 발견은 주로 다음 경우에

---

1) 역자주: 여기서 '단위어'는 단위를 세는 말로 현대 중국어의 '양사'에 해당한다.
2) 역자주: 宣窑(선요): 명대 선덕(宣德) 연간에 장시성(江西省) 징더전(景德镇)에서 생산한 자기.

나타난다.

> 小张把个孩子生在火车上了。 샤오장은 아이를 기차에서 낳았다.
> 小林把一件毛背心织得又肥又长。 샤오린은 털조끼를 크고 길게 짰다.

그는 이러한 문장이 성립하기 위해서는 동사 뒤에 부가성분이 와야 한다는 조건이 필요하다고 지적하였다. 이 부가성분은 목적어가 어떠한 처치를 받았는지를 설명한다. 이때 목적어는 동작을 통해 확정된 것인데, 그는 이를 '확칭(确指)'이라 칭하였다. 문장의 중점은 무에서 유로의 변화가 아니라 목적어가 동작을 통해 어떤 상태, 즉 '生在火车上(기차에서 낳았다)', '织得又肥又长(크고 길게 짰다)'의 상태가 되었다는 점에 있다.

'확칭'은 새로운 용어로, 다우티(Dowty 1991)가 말하는 '사건 종속 목적어(existence not independent of event)'에 해당한다. 그러나 왕환은 확칭의 명사성 성분이 반드시 불확정 형식에 의존해야 하는지 여부에 대해서는 언급하지 않았다. 사실 중국어의 여러 가지 지칭 의미에 대한 체계적인 고찰이 없는 상황에서 이러한 질문에 대답하기란 쉽지 않다.

중국어에서 4쌍의 지칭 개념과 그 표현 형식에 관한 천핑(陈平 1987)의 논의는 중국어 문법학사에서 획기적인 의의를 가진다고 할 수 있다. 그의 결론은 30년 동안 많은 의견과 보정을 받았지만, 그 이후 중국어의 지칭 문제에 대한 논의가 모두 이 글의 논리에서 출발했다는 것은 반박의 여지가 없다.

비한정(nonidentifiable, 不定指)과 총칭(generic, 通指)에 대한 이 글의 표현법은 타오홍인(陶红印)과 장보쟝(张伯江)의 주목을 받았다. 그들은 근·현대 중국어에서 불확정적인 형식이 '把'자의 목적어가 되는 현상에 대해 전면적으로 고찰하였는데, 이때 형식상의 확정성(definiteness)과 의미 이해상의 식별

가능성(identifiability)을 구분하였다. 전자는 중국어에서 '(一)个'를 사용하여 불확정 명사를 나타내는 경우만을 가리킨다. 이를 바탕으로 이른바 불확정 형식의 명사구가 '把'자문에서 어떠한 의미를 나타내는지 자세히 살펴볼 수 있다(陶红印·张伯江 2000). 그들은 불확정 형식으로 된 '把'자문의 목적어에 대해서 근대 중국어는 '把个 + N'이, 현대 중국어는 '把一个 + N'이 일반적인 형식이라는 것을 발견하였다.

시 대	대표작품	把个 N	把一个 N
14세기	『수호전(水浒)』	7	50
18세기	『유림외사(儒林外史)』	12	12
	『홍루몽(红楼梦)』	25	10
19세기	『아녀영웅전(儿女英雄传)』	108	19

작 품	글자 수	把一个 N	把个 N
『사세동당(四世同堂)』	20만자	56	5
『여량영웅전(吕梁英雄传)』	25만자	18	7
왕쉬소설 4종(王朔小说四种)	25만자	13	0
종합 현대 중국어 코퍼스 (综合现代汉语语料)	1,620만자	577	46

이 두 가지 형식의 의미 차이와 변화에 대해서는 뒤에서 자세히 논하기로 한다.

1.1.2 '把'자 목적어의 복잡성 문제

'把'자문의 구조적 제약을 이야기할 때 '把'자 이외 성분들의 복잡성에 대한 논의는 비교적 많은 반면, 목적어의 복잡성 제약 유무에 대한 논의는 상당히 드물다. 장즈궁(张志公 1953: 85-86)은 목적어가 복잡할 경우에 '把'자문이 형성될 수 있음을 최초로 언급하였다. 그가 설명한 '把'자문의 사용 조건 가운데 하나는 "목적어가 비교적 복잡하기 때문에 '把'를 사용하여 전치시켜야 한다"는 것이다. 그는 목적어가 복잡한 경우에는 두 가지가 있다고 하였다. 하나는 다음 예와 같이 목적어 자체가 비교적 긴 경우이다.

祥子(一边吃,) 一边把被兵拉去的事说了一遍。
샹즈는 (먹으면서) 병사들에게 끌려간 일을 처음부터 끝까지 한 번 이야기 했다.

다른 하나는 "두 개의 목적어가 있는데 그 중에 하나 또는 모두가 하나 이상의 단어로 이루어진 경우로, 이때는 종종 '把'를 사용하여 두 번째 목적어를 전치시켜야 한다"는 것이다. 예는 다음과 같다.

杨亮和胡立功把这两天来所搜集到的材料告诉他。
양량과 후리궁은 요 며칠간 수집한 자료를 그에게 알려주었다.

루젠밍(陆俭明 2017)도 역시 "'처치(处置)'를 나타내는 '把'자문의 생성은 아마도 처치 대상의 길이가 일부 원인이 될 수 있다"고 명확하게 지적하고 있다. 그는 "처치하는 자(행위자)[3]가 화제가 되고 처치 방식과 결과가 화제의

---

3) 역자주: 지금까지 통사 의미론 연구에서 의미역의 명칭에 대한 통일된 번역이 없는 실정이다. 'agent'와 'patient'의 한국어 번역에 관해, 洪菲(2020:3-4)는 다음과 같이 소개하고 있다.
　기존의 통사 의미론 연구에서 'agent'와 'patient'에 대한 번역술어는 통일되어 사용되고 있지 않다. agent는 보통 행위자, 행동주, 행위주 등으로, patient는 피동(작)주, 피(행)위주로 기술되고 있다. 가령 남기심, 고영근(2014:238-239) 『표준국어 문법론』에서는 타동사의 주어를 행위자, 목적어를 피행위자로, 정해권(2015:301) 「한국어 여격 피동 구문의 의미와 용법」에서도 타동사건에서 영향을 미치는 현저한 참여자를 행위자(agent)로, 영향을 받는 참여자를 피행위자(patient)로 설명한다. 남승호(2008:29-34) 「한국어 술어의 사건 구조와 논항 구조」에서는 사건의 행위에 주체적으로 참여하는 논항을 행동주(agent)로, 주어 논항의 행위에 영향을 입어서 변화를 겪는 논항 가운데 형태 및 자격의 변화를 포함한 일반적인 상태 변화를

초점이 될 때, 만약 처치의 대상(피행위자)이 문장 속에 함께 출현하면 예문 '姐姐衣服洗干净了。(언니는 옷을 깨끗이 세탁했다.)'와 같이 주술술어문의 형식을 사용할 수도 있다. 하지만 이러한 주술술어문 형식은 여러 가지 제약을 받는데, 그 중 하나가 길이"라고 하였다. 그래서 '把'와 같은 종류의 전치사를 사용하여 처치 대상을 하나로 포장(打包)하고, '把'를 그 표지로 만들면 더 이상 길이의 제약을 받지 않게 된다는 것이다. 예를 들면 다음과 같다.

> 姐姐把<u>全是油腻脏得不像话的衣服</u>都洗干净了。
> 언니는 온통 기름이 묻어 말도 안 되게 더러운 옷을 모두 깨끗이 빨았다.
> → *姐姐全是油腻脏得不像话的衣服都洗干净了。

> 弟弟把<u>那两个很漂亮的喝咖啡用的杯子</u>打破了。
> 남동생은 커피 마시는 용도로 쓰는 아주 예쁜 그 두 개의 컵을 깨뜨렸다.
> → *弟弟那两个很漂亮的喝咖啡用的杯子打破了。

라오창룽(饶长溶 1990: 9)은 '把'의 목적어는 대부분 하나의 명사 또는 비교적 짧은 명사구로 이루어지나, 때로는 구체적으로 묘사하기 위해서 비교적

겪는 논항을 피동주(patient), 위치 및 존재의 변화를 겪는 논항을 대상(theme)으로 설명하였다. 최재희(2004:312) 『한국어 문법론』에서도 남승호(2008)과 마찬가지로 agent를 행동주, patient를 피동주로 기술하고 있다. 한편, 박진호(1994:87), 홍재성 외(2002) 「21세기 세종계획 전자사전 개발 분과 연구보고서」를 정리 보완한 이선웅(2005:50) 『국어 명사의 논항 구조 연구』에서는 동사가 행위를 표현할 경우 그 행위를 통제하는 논항이 갖는 의미역을 행위주역(agent), 동사가 행위를 표현할 경우 그 행위로 인해 영향을 입는 논항이 갖는 의미역을 피행위주역(patient)으로 설명하고 있다. 이 밖에도 김윤신(2013)은 피행위주 대신 피위주라는 용어를 사용하기도 하였다. 이 글에서는 이들 선행연구를 참고하여 동사가 행위를 표현할 경우 그 행위를 통제하는 논항이 갖는 의미역(agent)을 행위자, 어떤 행위에 의해 영향을 받거나 상태의 변화를 겪는 의미역의 개체(patient)를 피행위자로 표시하도록 한다.
  본 책에서도 이를 참고하여 agent, patient에 대해 의미 이해가 쉬운 용어인 '행위자', '피행위자'를 사용하기로 함을 밝힌다.

길거나 복잡한 다차원의 구가 '把'의 목적어가 되기도 한다고 주장하였다. 예를 들면 다음과 같다.

请你们把<u>恒元那一伙人做的无理无法的坏事拣大的</u>细细说几件。

형위안 그 무리들이 저지른 무도하고 불법적인 악행을 큰 것 몇 개를 추려 상세하게 말씀해 주세요.

当亚女刚刚送水进门的时候，我把<u>下午别人偷偷塞在我的袋里的两块胡萝卜大的熟番薯</u>掏出来了。

아뉘가 물을 갖다 주러 막 문을 들어섰을 때, 나는 오후에 다른 사람이 내 주머니에 몰래 쑤셔 넣어둔 당근만 한 크기의 익은 고구마 두 개를 꺼냈다.

라오창룽의 서술로 보건대, 그는 '간결한' 목적어를 주류라고 보며, 장즈궁처럼 복잡한 목적어를 '把'자문 형성의 원인 가운데 하나로 보지 않는다. 이는 동사-방향보어 구문의 '把'자문에서 '把'자 목적어의 음절수에 대한 장보장(张伯江 1991)의 통계 결과와도 일치한다. 이 통계에 따르면, 목적어가 1음절인 예문은 108개, 2음절은 96개, 3~10음절은 82개, 6~10음절은 31개, 11~15음절은 11개, 16음절 이상은 1개이다. 확실히 간결한 것이 우세를 차지하지만, 10여 개의 음절로 구성된 목적어도 그리 적은 편은 아니다.

루젠밍의 '포장'설은 상당히 의미심장하다. 포장은 복잡하거나 흩어져 있는 물건들을 하나로 긴밀하게 묶는 역할을 한다. 장보장(张伯江 2006)은 다음과 같은 사실을 관찰하였다.

我还能怎么着，只好赶紧溜吧！他倒还客气没把<u>我衣服</u>也卷走。

내가 또 어떻게 할 수 있겠어? 빨리 도망칠 수밖에! 그는 오히려 친절하게도 내 옷까지 가져가지는 않았다. (王朔『玩儿的就是心跳』)

马锐把<u>父亲脏衣服</u>泡在一盆水里，又给他找出件干净衬衣。

마루이는 아버지의 더러운 옷을 대야의 물에 담그고는, 또 그에게 깨끗한 셔츠를 찾아 주었다. (王朔『我是你爸爸』)

把我帽子都摔丢了! 我找了羊, 又找帽子。

넘어지는 바람에 모자까지도 모두 잃어버렸다! 나는 양도 찾았고, 모자도 찾았다. (汪曾祺『羊舍一夕』)

위 예들은 중국어에서 '양도 가능한 의미를 가진 소유구조는 '的'자가 있어야 한다'는 통례를 위반한 것처럼 보인다. 이에 대해 장보쟝은 구조를 압도하는 '把'자문이라는 요소가 양도 가능한 소유구조에서 '的'자를 사용하지 않을 수 있게 하는 조건이 된다고 설명하였다

1.2 '把'자문의 주어

'把'자문의 문장성분 가운데 사람들의 관심이 집중된 것은 동사와 관련된 것들이다. 다음으로 많은 관심을 받은 것은 목적어이며, 주어에 대한 관심은 상대적으로 적다. 라오창룽(饶长溶 1990)은 별도의 절에서 '把'자문의 주어에 대해 논하고 있는데, 많지 않은 내용에도 불구하고 문제의 복잡성은 모두 드러내고 있다.

먼저 가장 흔한 명사성 주어의 경우이다. 다음 예를 보자.

好心的街坊把淑红拉回了自己的家。

마음씨 좋은 이웃이 수홍을 끌고 자기 집으로 돌아갔다.

山楂糕把牙给吃软了。

산사열매 떡이 이빨을 약하게 만들었다

这衣裳把人洗怕了。

이 옷은 사람을 세탁하기 무섭게 한다.

비교적 흥미로운 것은 다음 세 가지 '비명사성 구조의 주어'의 예이다.

吃螃蟹把孩子吃吐了。
게를 먹은 것이 아이를 토하게 만들었다.
大家盼雨都把眼盼红了。
모두들 비를 기다리느라 눈까지 빨개졌다.
有的屋顶漏得像个喷壶, 把东西全淋湿。
어떤 지붕은 물뿌리개처럼 물이 새서 물건이 몽땅 다 젖었다.

이 세 문장에 대한 논단은 설득력을 얻기 어려울 것으로 보인다. 첫 문장의 경우 혹자는 무주어문으로 보는데, 여기서 '吃螃蟹(게를 먹다)'는 부사어일 뿐이라는 것이다. 두 번째 문장에 대해서, 혹자는 주어는 역시 '大家(여러분)'이고, '盼雨(비를 기다리다)'는 부사어라고 보았다. 세 번째 문장의 주어는 글에 나타나지 않은 '雨(비)'가 되며, '有的屋顶漏得像个喷壶(어떤 지붕은 물뿌리개처럼 물이 샌다)'는 배경을 설명하는 절로서 이 역시 전체 문장의 부사어로 볼 수 있다고 하였다.

장보장(张伯江 2000, 2001)에도 '把'자 앞에 비명사성 성분이 오는 예들이 있는데, 이를 비명사성 주어로 볼 수 있을까? 예는 다음과 같다.

他们说你撞了车, 把我吓坏了, 我还以为……
그들이 네가 차에 부딪혔다고 하여 나를 몹시 놀라게 했는데, 나는 또……
我跟你下棋把手都下臭了。
너와 장기를 두는 것은 내 손에까지 악취가 나게 한다.
堆起来, 堆起来, 堆成一座一座山, 把原来的一个空场子变得完全不认得了。

쌓고, 쌓고, 하나의 산처럼 쌓아올려서 원래의 빈 공간을 못 알아 볼 정도로 바꾸었다.

父子的眼睛遇到一处<u>已</u>经把心中的一切都倾洒出来, 本来不须再说什么。

부자의 눈이 한 곳에서 만나 이미 마음속의 모든 것을 쏟아내게 하였으니, 당연히 더 이상 말을 할 필요가 없다.

1.3 '把'자문 동사 뒤의 목적어

'把'자문의 목적어를 말할 때 사람들은 '把'자 뒤에 목적어를 먼저 생각한다. 그런데 사실 자세히 살펴보면 술어 부분의 동사 뒤에도 흔히 목적어를 하나 더 가진다는 것을 알 수 있다. 이를 다음 몇 가지 경우로 나누어 살펴보기로 한다.

1.3.1 간접목적어

하나의 동사가 두 개의 통제 대상과 연결되어 있을 때, 사람들은 습관적으로 사물 명사를 직접목적어, 행동의 수혜자를 간접목적어라고 부른다. 이 때 '把'자의 목적어는 흔히 '직접목적어'가 되고, '간접목적어'는 동사 뒤에 남는다. 왕리(王力 1944)와 뤼수샹(呂叔湘 1948)은 모두 이 현상을 주목했는데, 다음은 뤼수샹이 제시한 예이다.

早有人把这话报知<u>严贡生</u>。

벌써 어떤 사람이 이 말을 옌궁성에게 알렸다.

又把那小包袱仍交还<u>他母女</u>。

또 그 작은 보따리를 그 모녀에게 돌려주었다.

把我当初那份儿气居然真就倒给他啦。
나의 그 처음 분노를 뜻밖에도 정말로 그에게 퍼부었다.

반대로 수혜자가 '把'의 목적어가 되고, 관련 사물이 동사 뒤에 남겨지는 경우도 있다.

人们把她叫"知心姐姐"。 사람들은 그녀를 '마음을 알아주는 언니'라고 부른다.
他把伯父当神一样供着。 그는 큰아버지를 신처럼 섬기고 있다.

1.3.2 부분칭 목적어

뤼수샹(呂叔湘 1948)은 '把'자문의 부분칭(偏稱) 목적어 현상에 대해 다음과 같이 설명하였다. "이 문장들은 모두 목적어가 두 부분으로 나뉘어져 있다. 첫 번째는 전칭(全稱) 명사로 '把'자 뒤에 놓이고, 두 번째는 부분칭 수량으로 주요 동사 뒤에 놓인다." 예를 들면 다음과 같다.

他把我个竹眼笼的球楼蹬折了四五根。
그는 대나무로 만든 나의 새장을 발로 차서 대나무 살을 네다섯 개나 부러뜨렸다.
把衣服脱了一件。
옷을 하나 벗었다.
我把一个南京城走了大半个。
나는 난징성을 거의 다 걸어 다녔다.

잔카이디(詹开第 1983)는 다음 구어 현상도 역시 부분칭 목적어에 속한다고 보았다.

再闹, 看不把腿打断了<u>你的</u>!
또 소란을 떨면, 다리를 부러뜨리지 않는지 봐라 너의 다리를!
再撒谎, 看不把嘴撕烂了<u>她的</u>!
또 거짓말 하면 입을 찢어버리지 않는지 봐라 그 여자의 입을!

위의 예를 보면, 목적어가 부분칭에 속하는 이유는 아마도 단지 '你的腿(너의 다리)', '她的嘴(그녀의 입)'로 변환이 가능한 것처럼 보이기 때문일 것이다. 하지만 '把腿打断了你的', '把嘴撕烂了她的'가 정말로 소유구조에서 변환된 것인지에 대해서는 이견이 존재한다. 또한 '的'의 성격 역시 한 가지 설명만 가능한 것은 아니다. 많은 학자들은 이를 문말어기사로 볼 것이다.

1.3.3 보류 목적어

뤼수샹(呂叔湘 1948)은 '把'자문의 보류목적어에 대해 다음과 같이 설명하였다. "이러한 목적어는 동사와 결합하여 하나의 숙어가 되는데, 이때는 복합동사로 볼 수 있다." 예는 다음과 같다.

跑去把大门<u>上了大闩</u>。
뛰어가서 대문에 커다란 빗장을 걸었다.
我是一个绑匪, 我是把诸位<u>绑了票了</u>。
나는 납치범이고, 나는 여러분들을 납치하였다.
有比他强的呢, 就把他<u>免了职</u>。
그보다 더 뛰어난 사람이 있으면, 그를 면직시킨다.
你把火盆里多<u>添点炭</u>。
화로에 숯을 조금 더 채워라.

위에서 언급한 세 가지 목적어 유형 가운데 특히 보류목적어는 '把'자문의 '목적어 전치설'에 대한 커다란 도전이 된다. 왜냐하면, 이러한 목적어는 동사 뒤에 위치하므로 '把'자의 목적어가 대부분 동사 뒤로 '되돌아가기' 어렵기 때문이다(간접목적어와 부분칭 목적어는 대부분 되돌아갈 수 있다). 톰슨(Thompson 1973)에서부터 황(Huang et al. 2009)까지 많은 통사론자들도 모두 여러 가지 방법으로 이들 예문을 설명하고자 하였다. 그들은 이른바 '외부목적어(피영향자)'와 '내부목적어(통사상의 피행위자 목적어)'라는 용어를 사용하여 서로 다른 명사에 통사적 지위를 부여하였는데, 구체적인 방법에 대해서는 뒤에서 다시 자세히 서술하기로 한다.

제2장

성분 간의 제약 관계

2.1 '把'자문의 동사

2.1.1 타동사와 자동사 문제

만약 '把'자문의 역할을 목적어 전치라고 한다면 동사는 반드시 타동사가 되어야 한다. 이에 대해 뤼수샹·주더시(呂叔湘·朱德熙 1979)는 다음과 같이 말하였다. "'把'자문의 역할은 목적어를 앞으로 도치시키는 것이므로 뒤의 주요 동사는 반드시 타동사이고, 그 목적어를 관할할 수 있는 것이어야 한다." 따라서 '把若干从事内战的顽固派清醒过来(내전에 종사하는 몇몇 완고파들을 깨어나라)'와 '经过反复试验, 终于把苹果树在南方也能生长了(여러 차례의 시험을 거쳐 마침내 사과나무를 남방에서도 생장할 수 있게 되었다)' 두 문장은 자동사 '清醒(깨어나다)'과 '生长(생장하다)'을 사용하였기 때문에 오류가 있는 문장이 된다.

위의 예문과 설명은 확실히 사람들의 일반적인 어감에 부합한다. 그런데 이를 근거로 타동사가 모든 '把'자문의 조건이라고 말하는 것은 전체를 포괄하지 못한다. 왜냐하면 일찍이 1924년에 리진시(黎锦熙)는 "목적어를 전치하는 '把'가 간혹 아주 이상하게 쓰이는" 것을 발견하였기 때문이다. 그가 제시한 예 '[驴] 把我跌了下来, 跌的腰胯生疼([당나귀가] 나를 떨어뜨려서 넘어진 엉치가 몹시 아프다)', '把周先生羞的脸上红一块, 白一块(저우 선생을 얼굴이 빨개졌다 하 얘졌다 하도록 부끄럽게 만들었다)'는 자동사 '跌(넘어지다)', '羞(수줍다)'의 상황을 말한다. 왕리(王力 1944) 역시 상당히 많은 자동사 현상에 주목하였다. 예를 살펴보자.

> 谁知接接连连许多事情就把你忘了。
> 줄줄이 이어지는 많은 일들로 너를 잊을 줄 누가 알았겠는가.
> 小红听了, 不觉把脸一红。
> 샤오훙은 듣고서 자기도 모르게 얼굴을 붉혔다.
> 偏又把凤丫头病了。
> 하필이면 또 펑가 계집애가 병에 걸렸다.
> 怎么忽然把个晴雯姐姐也没了?
> 어떻게 갑자기 칭원언니마저 죽게 했지?

이에 대해 왕리는 다음과 같이 말했다. "처치식에는 일종의 전환(derivation)이 있는데, 처치식에서 연속식(consecutive form, 继事式)으로 전환한다고 말할 수 있다. 연속식은 처치를 의미하지 않고, 단지 이 일이 다른 일의 영향을 받아서 생긴 결과라는 것을 의미한다. 연속식은 형식적으로는 처치식과 완전히 같다."(120쪽) '영향을 받아서 생긴 결과'라는 왕리의 주장과 '使(…하게 하다)'의 의미'라는 리진시의 주장은 일맥상통한다. 하지만 이처럼 별도로 하나의 종류(연속식)를 세우는 방법은 후대에 보편적으로 수용되지 못했는데, 그 이유는 아마도 순환논증의 소지가 있기 때문일 것이다. 즉, 문형의 의미를 처치라고 먼저 정해 놓고 처치는 반드시 타동사가 있어야 한다고 하고는, 자동사가 있는 문장을 보면 또 이는 처치식이 아니라고 말한다는 것이다. 어느 주장이든 모두 동일한 '把'자가 오는 이유를 설명하는 데는 불리하다.

2.1.2 이중타동사

이중타동사는 일반적으로 주어와 직접목적어, 간접목적어 세 개의 논항[4]과 연결되는 동사를 가리킨다. 이러한 동사는 모두 어느 정도 '전달(传递)'의 의미를 가지며, 간혹 뒤에 '给'를 붙이기도 한다. 앞서 1.3.1절에서 이러한 현상에 대해서 언급하였지만, 여기서 몇 가지 예를 더 보충하기로 한다.

> 把相牛经、种鱼法教儿孙。[5]
> 상우경과 종어법을 자손들에게 가르친다.
> 又把这等的机密大事告诉了你。
> 또 이런 중대한 기밀을 너에게 알려 주었다.
> 怎么公公乐的把个烟袋递给婆婆了?
> 어찌하여 시아버지가 기꺼이 담뱃대를 시어머니께 건네주었을까?

2.2 동사의 부사어와 보어

2.2.1 동사 뒤의 보어 및 기타 성분

뤼수샹(呂叔湘 1942)은 동사 뒤에 바로 이어지는 성분들 때문에 '把'자문에서는 목적어가 중간에 들어갈 수 없거나 동사 앞에는 특수한 성격의 부사가 올 수 없다고 주장하였다. 즉, 이들은 반드시 목적어 뒤에 와야 한다는 것이다. 왕리(王力 1943)도 "처치식의 목적어 뒤에 간단한 서술어 하나만 올 수는

---

4) 역자주: 명사 언어 동사나 형용사가 문장 안에서 필수적으로 취하는 성분. 술어의 의미적 구조에 따라 하위 범주화하는 명사구를 뜻한다.
5) 역자주: 『상우경(相牛经)』은 전칭 『제후대부척상우경(齐侯大夫衛戚相牛经)』으로 춘추시대 제(齐)나라 대부인 척척(衛戚)이 쓴 목축서라고 전해진다.

없다"면서, 반드시 '말끝보어(末品补语)' 등을 붙여야 한다는 점에 주목했다.

뤼수샹(呂叔湘 1948)은 '把'자문 동사 뒤의 성분을 가장 세밀하게 분류하면서 자세한 예를 제시하였는데, 대체로 다음 몇 가지 경우로 나눌 수 있다.

장소 성분이 보어가 되는 경우이다. 이때는 대부분 '在'라는 전치사를 쓰지만, 이를 사용하지 않는 것도 있다. 예를 들면 다음과 같다.

> 你把心暂且用在这几本书上。
> 당신은 마음을 우선 이 몇 권의 책에다 쓰세요.
> 把那包香的字纸扔在满地。
> 향을 싸는 그 파지를 온 바닥에 던져라.
> 二则也要把这个累赘安插一个地方。
> 둘째는 이 군더더기를 어느 한 곳에 알맞게 잘 끼워 넣어야 한다.

동사 뒤에는 방향보어 '上, 下, 来, 去, 起, 著'와 동태보어 '了, 着' 등이 오기도 한다. 예를 보자.

> 咱们索性回明了老太太, 把二姐姐接回来。
> 우리 아예 할머니께 말씀드리고 둘째 언니를 데려와야겠다.
> 把我的丫头霸占了去。
> 내 계집애를 차지해 버렸다.
> 或是把这宴会取消了, 也使得。
> 또는 이 연회를 취소해도 괜찮다.

결과보어를 사용한 경우도 있다. 이는 또 '得'를 사용하지 않는 경우와 '得'를 사용하는 경우, 그리고 자동사가 보어를 가지는 경우로 나뉜다.

> 淡淡的梳妆, 把三日来的风霜都洗净了。

옅은 화장은 사흘 동안의 고생을 말끔히 씻어주었다.

还不快换双鞋去呢, 把地毯都弄脏了。

빨리 가서 신발을 바꿔 신어라, 카펫을 다 더럽혔잖아.

把我看得忒小器又没人心了。

나를 너무 옹졸하고 인심도 없는 사람으로 본다.

把话说得越坚决越好。

말을 단호하게 할수록 좋다.

没把个妹妹急疯了。

하마터면 여동생을 초조해서 미치게 만들 뻔 했다.

倒把个公子臊了个满脸绯红。

오히려 공자를 온 얼굴이 빨갛게 되도록 부끄럽게 만들었다.

好孩子, 你把我的心都哭乱了。

착한 아이야, 네가 울어서 내 마음이 괴롭구나.

不料屋里这一嚷把毛大可嚷急啦。6)

뜻밖에도 방 안에서 이렇게 떠들어 대는 소리가 모대가를 초조하게 만들었다.

동량성분이 오는 경우도 있는데, 이들은 보어로 볼 수도 있고 목적어로 볼 수도 있다. 뤼수샹(呂叔湘 1948)에서는 이를 목적어로 보았다.

把我王家的缝子扫一扫, 就够你们一辈子过的了。

우리 왕씨네 집 틈새만 좀 청소해도 너희는 충분히 한평생 먹고 산다.

把方才的话说了一遍。

방금 전의 말을 한 번 하였다.

那白脸儿狼说着, 把骡子加上一鞭子。

그 흰 얼굴의 늑대는 말하면서 노새를 한 대 더 채찍질했다.

---

6) 역자주: 毛大可(모대가)는 청대 문인 모기령(毛奇齡). '大可'가 그의 자였기 때문에 '毛大可'로 불렸다.

2.2.2 동사 앞의 부사어 등 성분

동사 뒤의 성분에 대해서는 정도의 차이가 있지만 초기 학자들의 주목을 받았으나, 사실은 동사 앞의 성분도 큰 역할을 한다. 이 현상을 가장 먼저 지적한 이는 뤼수샹(呂叔湘 1948)이었다. 그가 언급한 것으로는 '一', '都', '也', '逐个', '一并', '一齐' 등의 어휘와 '往'으로 나타내는 장소목적어, 비교 의미의 '做……', '当……', '……般' 등이 있다. 예를 들면 다음과 같다.

> 把那大巴掌一抡, 拍得桌子上的碟儿碗儿山响。
> 그 큰 손바닥으로 두드리니, 탁자 위의 접시와 그릇들이 쩌렁쩌렁 울렸다.
> 把人家家里神仙牌位一顿都砸了。
> 남의 집안 조상들의 위패를 한방에 모두 때려 부수었다.
> 急得我把帽子也摘了, 马褂子也脱了。
> 급해서 나는 모자도 벗고, 마고자도 벗었다.
> 把细磁碗盏和银镶的杯盘逐件看了一遍。
> 고운 자기 그릇과 잔, 은으로 장식한 컵과 접시를 하나하나 살펴보았다
> 把箱子一齐打开。
> 상자를 일제히 열어라.
> 把宝玉的袄儿往自己身上拉。
> 보옥의 저고리를 자기 몸 쪽으로 당겼다.
> 不把钱做钱看, 不把人做人看。
> 돈을 돈으로 보지 않고, 사람을 사람으로 보지 않는다.
> 把你似粪土堆般看待, 泥土般抛掷。
> 너를 똥 더미처럼 대하고 진흙처럼 내팽개쳤다.

2.2.3 동사 앞의 '给'

'把'자문에서 동사 앞에는 주로 '给'를 함께 사용한다. 다음 예를 보자.

他一人把四个美国兵全给揍了!

그는 혼자서 미군 네 명을 전부 물리쳤다!

一会儿您的崇公道[7]还得演呢, 别把自己的活儿给撂了。

좀 있다가 너의 숭공도 역할을 연기해야 하니까, 자신의 일을 포기하지 말아라.

这下好了吧, 自己拴个套儿, 把自己给装进去了。

이제 됐지. 스스로 올가미를 매어 자신을 집어넣었구나.

对对对, 吴老板, 我只记住老板了, 把姓儿给忘了。

네, 맞습니다. 우사장님. 저는 사장님이라는 것만 기억하고, 성은 잊어버렸습니다.

不是我姐夫吃醋, 把您给骂出来了吧?

우리 형부가 질투해서 당신을 혼내버린 건 아니죠?

金秀张口便问张全义跟人家说什么来着, 是不是把人家给气跑了。

진시유는 입만 열면 장취안이가 다른 사람에게 뭐라고 했는지, 그 사람을 화가 나서 도망가게 하지는 않았는지 물었다.

金秀偷眼看看药方子, 心里一阵哆嗦, 原来老爸爸居然把最主要的一味'北芪'[8]给写丢了, 还有一处写了个错字。

진시유는 약 처방전을 훔쳐보며 속으로 벌벌 떨었다. 왜냐하면 아버지가 뜻밖에도 가장 중요한 맛이 나는 '북기'를 써넣지 않았고, 또 글자를 잘못 쓴 곳도 한 군데 있었기 때문이었다.

이러한 현상은 구어에서 보편적으로 존재하는데, 거의 모든 유형의 '把'자문에서 핵심 동사 앞에 이러한 '给'자를 붙이는 것이 상당히 자연스럽다. 그럼에도 불구하고 '给'의 사용 여부에 관한 명확한 출현 규칙을 찾을 수가 없었기 때문에 이 현상은 오랫동안 연구자들의 특별한 중시를 받지는 못하였다. 그런데 최근 몇 년 동안 문법화 개념의 영향으로 사람들은 중국어 실사

---

7) 역자주: 崇公道(숭공도)는 경극 '여기해(女起解)'에서 죄인을 호송하는 늙은 관리.
8) 역자주: 北芪(북기)는 중국 동북 지방에서 나는 황기.

의 허화(虛化)는 모두 일반언어학의 허화이론에서 근거를 찾을 수 있다는 것을 발견하였다. 그리하여 이 문제 역시 문법화라는 배경 하에서 자세히 조명되었다.

이는 현대 중국어에서 '给'의 주요 신분이 '给予(주다)'를 나타내는 동사와 수혜자(benefactive)나 여격(dative) 성분을 소개하는 전치사이기 때문이다. 이 두 가지 '给'는 모두 명사성 목적어를 가진다. 후자는 전자로부터 허화된 것으로, 통사와 의미의 맥락이 분명하다. 하지만 이러한 '给'자 뒤에 명사 목적어가 오지 않고 바로 동사가 오는 용법은 설명하기가 어렵다. 이러한 '给'자의 문법적 의미에 대하여 비교적 일치된 관점은 '어세(语势)의 강화', '동사의 영향력 강화', '자연 초점의 표시' 등 기능을 한다는 것이다.

2.3 '동사 후 제약' 문제

2.3.1 동사 뒤 목적어의 통사 경쟁력

뤼수샹(吕叔湘 1948)은 '把'자문의 구조적 제약을 가장 명확하게 제시한 문헌이다. 실제로 일찍이 1942년에 출판된 『중국문법요략(中国文法要略)(상편)』에서 그는 중국어의 일부 '把'자문은 "때로는 '把'자를 쓰지 않으면 안 되는 경우"라고 지적하였다. 그 이유에 대해 그는 다음과 같이 말하였다. "(1) 동사의 뒤에 바로 이어지는 성분 때문에 목적어를 중간에 넣을 수 없거나, (2) 동사 앞에 있는 특수한 성격의 제약어는 목적어 뒤에 둘 수밖에 없는 경우가 있다." 이 두 가지 조건 가운데 제 (1)항이 더 광범위한 사실을 나타낸다는 것을 알 수 있다. 뤼수샹(吕叔湘 1944)에서는 동사 뒤에 목적어와 '得',

'不', 그리고 결과동사(결과 의미를 나타내는 '了, 着, 成, 上, 下, 来, 去, 起')의 세 가지 성분이 앞뒤로 올 때, 어순의 구조에 대해 토론하였다. 다음은 그의 주장이다. "'得'자가 동사의 전치성분에서 후치성분으로 바뀌면서 목적어와 결과동사가 선후 경쟁을 하면서 한동안 복잡한 변화의 모습이 있었다. 그러다가 근대에 이르러 '……V得O, V不得O ; V得C, V不C ; V得CO, V不CO' 등의 일정한 규칙이 생겨나기 시작했다. 이를 통해 이들 세 성분과 동사와의 결합력은 '得'가 가장 강하고, 다음이 결과동사이며, 목적어가 가장 약하다는 것을 알 수 있다. 그런데 이때 반드시 알아야 될 것이 두 가지 있다. 하나는 '把'자를 사용하여 목적어를 전치시키는 방식이 있다는 것이다. 이는 목적어가 동사에 근접할 수 있도록 따로 길을 만들어주는 것이다. 다른 하나는 결과동사 가운데 '来, 去'는 그 자체로 하나의 부류로, 단독으로 사용하든 다른 결과동사와 함께 사용하든 모두 목적어 뒤에 오는 것이 일반적이다." 이는 목적어가 동사 뒤에서 다른 성분과의 자리 경쟁에서 졌기 때문에 '따로 길을 만들어주는 방식'으로 '把'자문을 사용했다는 점을 뤼수샹이 처음으로 명확히 지적한 것이다.

뤼수샹(呂叔湘 1948)에서 근·현대 중국어의 '把'자문에 대해 이렇게 전면적이고 자세하게 묘사한 유일한 목적은 구조적인 제약이 근본이라는 것을 설명하기 위해서이다.

그는 동사의 처치 의미라는 관점에서 '把'자문을 서술하거나 목적어의 확정성이라는 관점에서 '把'자문을 관찰한 이전 학자들의 연구는 모두 단지 일부 부정적인 제약만을 발견할 수 있다고 보았다. 예를 들면, 어떤 의미의 동사가 '把'자문을 구성하기에 적합하지 않은지는 알 수 있지만, 어떤 의미의 동사가 반드시 '把'자문을 사용해야 하는지는 알 수가 없다. 그리고 불확정성의 목적어가 '把'자문을 사용할 수 없다는 것은 알지만, 확정성 목적어가 반드시 '把'자문을 사용하는 것은 또 아니다. 따라서 반드시 '전체적인 구조에서 관찰'해야 긍정적인 의미의 제약조건을 얻을 수 있는 것이다. 그는 동사의 처치 의미와 목적어의 확정성은 모두 부정적인 제약이며, 동사 앞뒤의 성분이라는 세 번째 조건만이 '把'자문의 긍정적인 제약조건이고, 근대 중국어에서 '把'자문을 발전시킨 추진력이라고 하였다.

이를 통해 뤼수샹이 심혈을 기울여 '把'자문의 용법에 관한 장편의 연구를 진행한 목적이 '把'자문의 생성과 존재의 근본적인 원인을 밝히고자 하였다는 것임을 알 수 있다.

뤼수샹의 이러한 연구는 이후 수십 년간 '把'자문 연구자들의 인정을 받아왔다. 그러나 그가 개척한 성분 간의 경쟁과 구조적 제약을 통해 문법 구조를 묘사하는 방법은 당연히 받아야 할 빛을 보지 못했다. 그러다가 2000년대 초 중국어의 어순 유형론 연구가 발전하면서 사람들은 비로소 목적어의 자리 양보라는 뤼수샹의 표현이 가진 이론적 가치를 새삼 새롭게 깨닫게 되었다.

2.3.2 당대(当代) 언어학의 '동사 후 제약'설

장민(张敏 2010)은 더 넓은 시야에서 다음 현상들을 관찰했다.

만약 동사 뒤에 기타 성분이 오면, 목적어는 종종 다른 곳으로 밀려나고 동사 뒤에는 하나의 성분만 남게 된다. 이를 해결하기 위한 방식은 동사 반복 형식(1-2), 목적어의 화제화(3), 목적어와 다른 성분의 융합(4), 처치식을 통한 목적어 전치(5) 등 여러 가지가 있다.

(1) a. *他看 [书] 得 [很快]。

  b. 他看书看得 [很快]。 그는 책을 매우 빨리 읽었다.

(2) a. *他看了 [书] [两个钟头]。

  b. 他看书看了 [两个钟头]。 그는 책을 두 시간동안 읽었다.

(3) a. *他看了 [书] [两个钟头]。

  b. 书, 他看了 [两个钟头]。 책은 그가 두 시간동안 읽었다.

(4) a. *他看了 [书] [两个钟头]

  b. 他看了 [两个钟头的书]。 그는 두 시간동안의 독서를 했다.

(5) a. *他洗 [衣服] 得 [干干净净]。

  b. 他把衣服洗得 [干干净净]。 그는 옷을 깨끗이 세탁했다.

그는 이 발견을 다음과 같은 하나의 규칙으로 요약하였다. "중국어는 주요 동사 뒤에 일반적으로 하나의 구 성분만 올 수 있다는 이른바 '동사 후 제약(post verbal constraint, 动后限制)'이 존재하지만, 다른 SVO형 언어에는 이러한 제약이 없다".

세계 여러 언어에 대한 보편적인 조사가 국제적으로 일정한 규모를 형성하면, 언어 유형론의 학설은 더욱 더 성숙해질 것이다. 또 중국어 방언과 주변의 다른 민족 언어의 문법에 대한 조사가 풍부해지면, 문법 유형의 지역적 특징에 대한 전면적인 묘사와 그 형성 원인에 대한 탐구도 가능해질 것이다. '동사 후 제약'이라는 귀납과 언어 유형 및 언어 접촉의 측면에서 이루어진 장민의 설명은 이러한 배경 하에서 하나의 성공 사례로 꼽힌다. 70년 전만 해도 중국과 전 세계에서 언어에 대한 연구가 이러한 조건을 갖추지 못하였다. 하지만 선배 학자들은 중국어 체계에서 새로운 문형인 '把'자문의 급속한 발전에 대해, 독특한 문법적 민감성과 깊은 학문적 역량으로 '동사 후 제약'이 '把'자문의 형성을 촉진하였다는 점을 정확하게 기술하였다. 이 한 연구 사례의 방법론적인 가치는 '把'자문의 연구 자체를 훨씬 뛰어넘는다.

제3장

'把'자문의 통사 변환

3.1 '把'자문과 피행위자 주어문[9]

3.1.1 '임의 변환'설

뤼수샹(呂叔湘 1942)은 '평서문(叙事句)'의 통사 구조를 논할 때 다음과 같이 말했다. "세 가지 성분을 가진 평서문의 정상적인 어순은 '起-动-止(주어-동사-목적어)'로, 이는 더 이상 설명이 필요 없다. 하지만 이러한 어순이 보편적이지는 않으며, 백화와 문어에서 모두 '어순 변화(变次)'의 경우가 있다." 이와 관련하여 그는 두 가지 어순 변화에 대해 논의하였다. 하나는 '他言也不答, 头也不回(그는 대답도 하지 않고, 머리도 돌리지 않았다)', '我可一点儿消息也不知道(나는 아무런 소식도 모른다)'와 같이 목적어가 동사 앞으로 도치되지만, 여전히 주어의 뒤에 위치하는 경우이다. 다른 하나는 '这件事我记得(이 일은 내가 기억한다)', '家里的事情你不用管(집안일은 당신이 상관할 필요가 없어요)'와 같이 목적어가 주어 앞으로 도치되는 경우이다. 이 두 가지 어순 변화에 대한 논의 후에, 그는 "백화에서 목적어 앞에 '把'자를 놓으면 이를 빌려 목적어를

---

9) 역자주: 피행위자 주어문은 중국어로 '受事主语句'인데, '의미상의 피동문'으로 번역하기도 한다.

동사 앞으로 도치시킬 수가 있다. 즉, 주어-(把) 목적어-동사가 된다. 이는 현대 중국어에서 상당히 광범위하게 사용되는 일종의 통사법이다"라고 하였다. '把'자문은 1940년대부터 줄곧 큰 관심을 받아왔으나, 이를 '목적어 전치(즉, 피행위자 주어문)'와 비교하여 논한 사람은 거의 없었다.

1960년대에 쓰여진 『문법강의(语法讲义)』(朱德熙 1982)는 '주된 어순'과 '변화된 어순'의 관점을 가지고 있지 않아서 모든 문장구조를 정상적인 중국어 문형으로 보았다. 주더시(朱德熙)는 사실 '把'자문과 가장 밀접한 관계를 맺고 있는 것은 '주-동-목'의 문형이 아닌 피행위자 주어문이라고 보았다. 자세히 살펴보면 대부분의 '把'자문은 '把'자를 생략한 후에도 나머지 부분이 여전히 성립하는데, 그는 이 나머지 부분이 바로 피행위자 주어문이라고 특별히 강조하였다. 예는 다음과 같다.

> 把衣服都洗干净了 → 衣服都洗干净了
> 옷을 모두 깨끗이 빨았다
> 把嗓子喊哑了 → 嗓子喊哑了
> 소리를 질러서 목이 쉬었다
> 把烟也戒了, 把酒也戒了 → 烟也戒了, 酒也戒了
> 담배도 끊고, 술도 끊었다
> 把这笔钱还给学校 → 这笔钱还给学校
> 이 돈을 학교에 돌려주어라
> 把自己的意见强加于别人 → 自己的意见强加于别人
> 자기의 의견을 다른 사람에게 강요한다
> 把这些事情都置之度外 → 这些事情都置之度外
> 이 일들은 모두 도외시하고 있다

주더시는 이 문장들의 의미에 대해서 따로 설명을 하지 않았다. 그런데 메이쭈린(梅祖麟 1990)에서는 주더시의 관점을 좀 더 상세히 밝히고 있다. 그는 "'把'자문은 피행위자 주어 구문의 앞에 임의로(optionally) '把'자를 추가하여 만든 문형이다"라고 주장하였다.

> '把'자문의 형성 방식:
> '把' + 피행위자 주어문 → '把'자문

여기에는 두 가지 의미가 있다. 하나는 앞에서 말한 것으로, '把'자문과 피행위자 주어문의 관계가 밀접하다는 것이고, 또 다른 하나는 '把'자를 추가할 수도 있고 그렇지 않을 수도 있다는 것이다. 피행위자 주어문은 그 자체가 하나의 완전한 문장이어서 '把'자를 추가하지 않아도 여전히 피행위자 주어문이 되며, '把'자를 추가하면 '把'자문이 된다. 이와 반대로, '把'자문도 역시 완전한 문장이므로 '把'자를 생략하지 않으면 여전히 '把'자문이고, 이를 생략하면 피행위자 주어문이 된다. '把'자를 추가할 수도 추가하지 않을 수도 있는 것, 또 이를 생략할 수도 생략하지 않을 수도 있는 것, 이것이 바로 앞에서 말한 임의성(optionality)이다.

주더시의 문법적인 주장은 '구 중심(词组本位)'이다. 그는 문법을 묘사할 때 두 개의 기본 성분으로 구성된 구의 묘사에 노력을 기울였는데, 그의 문법체계 안에서 '把'자문의 정확한 명칭은 "'把'자로 구성된 연속 술어구조(连谓结构)"이다.(朱德熙 1982:185) 따라서 주더시는 이 연속 술어구조가 실제로 사용될 때는 주로 앞에 행위자 주어가 온다는 것을 고려하지 못하였다. 그가 피행위자 주어문을 말할 때 주목을 한 것도 역시 하나의 주어와 하나의 술어로 이루어진 간단한 주술구조였다. 다시 말해, 주더시는 피행위자 주어 구조가 실제로 사용될 때는 흔히 또 다른 행위자 성분과 함께 짝을 이룬다는 것을 고려하지 못한 것이다.

3.1.2 변환 제약의 예

루젠밍(陆俭明 2017)은 피행위자 주어문이나 '把'자문이 문두의 행위자와 함께 출현할 때, 두 문장이 더 이상 자유롭게 변환하지 않는다는 점에 주목하였다. 예는 다음과 같다.

> a. 姐姐衣服洗干净了。
> 언니가 옷을 깨끗이 빨았다.
> ?姐姐很脏的衣服都洗干净了。
> *姐姐全是油腻脏得不像话的衣服都洗干净了。
> 姐姐把很脏的衣服都洗干净了。
> 언니는 아주 더러운 옷을 이미 깨끗이 빨았다.
> 姐姐把全是油腻脏得不像话的衣服都洗干净了。
> 언니는 말도 안 되게 온통 기름 범벅이고 더러운 옷을 깨끗이 빨았다.
> b. 弟弟杯子打破了。
> 남동생이 컵을 깨뜨렸다.
> ?弟弟那新买的杯子打破了。
> *弟弟那两个很漂亮的喝咖啡用的杯子打破了。
> 弟弟把那新买的杯子打破了。
> 남동생이 그 새로 산 컵을 깨뜨렸다.
> 弟弟把那两个很漂亮的喝咖啡用的杯子打破了。
> 남동생이 커피 마시는 용도로 쓰이는 그 아주 예쁜 컵 두 개를 깨뜨렸다.

이 예들은 '把'자의 출현 여부가 임의적이지 않다는 것을 보여준다. 다시 말해, '把'자를 반드시 사용해야 하는 경우에는 이를 임의로 생략하여 문장

(또는 구조)을 피행위자 주어 구조로 만들 수가 없다는 것이다.

이상은 '把'자문이 피행위자 주어 구조가 될 수 없는 경우이다. 다음으로 '행위자-피행위자-동사' 구조를 모두 임의로 '把'자문으로 바꿀 수 있는가에 대해 알아보자. 뤼수샹(呂叔湘 1942:34)에서 제시한 '주어-동사-목적어'로 이루어진 문장의 예를 가지고 시험해보면 다음과 같다.

> 你这个孩子, 书不念, 专门淘气!
> 너 이 녀석, 공부는 하지 않고 장난만 치는구나!
> → *你这个孩子, 把书不念, 专门淘气!
> 你别怪我, 我可一点儿消息也不知道。
> 나를 탓하지 마, 나는 정말 아무 소식도 몰라.
> → *你别怪我, 我可把一点儿消息也不知道。
> 问了半日, 他言也不答, 头也不回, 只顾低了头洗他的菜。
> 한참이나 물었지만 그는 대답도 하지 않고, 고개도 돌리지 않고, 그저 고개를 숙인 채 자기 채소만 씻고 있었다.
> → *他把言也不答, 把头也不回, 只顾低了头洗他的菜。
> 他什么都要管, 可是一样也没管好。
> 그는 무엇이든지 다 단속하려 하지만 하나도 제대로 단속하지 못한다.
> → *他什么都要管, 可是把一样也没管好。

이러한 변환이 성립할 수 없는 한 가지 분명한 요인은 문장의 술어 부분이 모두 부정적인 형식이라는 것을 어렵지 않게 알 수 있다. 이는 피행위자 주어문 자체가 특별한 제약이 있다는 것을 말해주는 것으로, 예로부터 현재까지 부정·의문·임지(任指) 등의 조건은 모두 피행위자를 동사 앞에 위치하게 하는 강제적인 요인이었다.(呂叔湘 1942/1982:33-34) 따라서 '임의 변환'이라는 말은 아무래도 지나친 표현인 듯하다.

3.1.3 피행위자 주어문 변환과 관련된 기타 문제

사실 주더시 자신도 '把'자를 생략한다고 해서 '把'자문이 모두 피행위자 주어문이 되지는 않는다는 것을 알고 있었다. 주더시(朱德熙 1982:188)의 주석에서 그는 일부 '把'자문은 '把'자를 생략한 나머지가 행위자 주어문이 된다는 점을 분명하게 지적하고 있다.

> 把犯人跑了。범인이 달아났다.
> → 犯人跑了。범인이 달아났다.
> 把老伴儿死了。영감(할멈)이 죽었다.
> → 老伴儿死了。영감(할멈)이 죽었다.

선양(沈阳 1997)은 '把'자의 목적어가 행위자와 피행위자에만 국한되지 않기 때문에 '把'자를 제거한 후에도 역시 피행위자 주어문인지 아니면 행위자 주어문인지를 말하기가 쉽지 않다는 것을 발견하였다.

> 把铅笔写秃了。연필을 글씨를 써서 뭉툭하게 만들었다.
> → 铅笔写秃了。연필이 글씨를 써서 뭉툭해졌다. (도구)
> 把屋子堆得满满的。방을 가득 쌓아서 채웠다.
> → 屋子堆得满满的。방에 가득 쌓였다. (장소)
> 把买卖跑成了。거래를 발로 뛰어 성사시켰다.
> → 买卖跑成了。거래가 발로 뛰어 성사되었다. (목적)

궈루이(郭锐 2003)는 의미상 피행위자가 '把'자의 목적어가 되는 일부 '把'자문은 '把'를 생략하고 피행위자 주어문으로 바꿀 수는 없다고 지적하였다.

> 把别人往坏处想。남을 나쁜 쪽으로 생각하다. → *别人往坏处想。

把老程咳嗽醒了。 라오청을 기침으로 깨웠다. → *老程咳嗽醒了。

把池塘加以清理。 연못을 깨끗이 청소하다. → *池塘加以清理。

3.2 '把'자문과 '被'자문

3.2.1 공통점과 차이점

왕리(王力 1943)는 비교적 일찍이 '把'자문과 '被'자문의 관련성에 대해 주목하였다. 다음은 그의 주장이다.

피동식과 처치식은 형식이 다르지만, 서술하는 행위의 성격은 대체로 같다. 예를 들어, 하나의 일에 대해서 동작을 하는 입장에서 보면 일종의 처치이지만, 동작을 당하는 입장에서 보면 종종 뜻한 바가 아니거나 기대하지 않았던 일이 된다. 예를 들어, '他把你打了一頓(그가 너를 한 차례 때렸다)'를 보면, '他(그)'의 입장에서는 일종의 처치이지만, '你(너)'의 입장에서는 일종의 손해가 된다. 따라서 많은 피동식들은 처치식으로 바꿀 수가 있다. 피동문을 능동문으로 바꾸려면 역시 처치식으로 바꾸는 것이 대체로 합리적이다.

그가 든 예는 다음과 같다.

奥国被德国灭了。 오스트리아는 독일에 의해 멸망당했다.

→ 德国把奥国灭了。 독일은 오스트리아를 멸망시켰다.

何三被他们打死。 허산은 그들에게 맞아 죽었다.

→ 他们把何三打死。 그들이 허산을 때려 죽였다.

他们被他哄上手。 그들은 그에게 속아 넘어갔다.

→ 他把他们哄上手。 그는 그들을 구슬려 속였다.

老太太被风吹病了。 할머니는 바람을 쐬어서 병이 났다.

→ 风把老太太吹病了。 바람이 할머니를 병나게 했다.

여기서 왕리의 주장은 두 문형의 공통점을 강조하는 데 치중하고 있다. 그는 많은 '被'자문이 '把'자문으로 변환 가능할 뿐만 아니라 다른 형식의 피동문을 능동문으로 바꿀 때도 '把'자문이 첫 번째 선택지가 되므로 두 문형의 관계가 상당히 가깝다는 인상을 준다고 하였다. 한편, 딩성수 등(丁声树 等 1961)은 두 문형 사이의 차이점을 매우 강조한다. 그는 '被'자문과 '把'자문은 "완전히 다른 두 가지 유형의 문장"이라며, 의미 역할과 의미 방향이 서로 반대여서 "구조적으로 보면 다음 두 가지 점에서 서로 다르다"고 하였다.

첫째, '把'자는 반드시 목적어를 가져야 하지만, '被'자 뒤에는 '被杀(살해당하다)', '被打(맞다)'와 같이 목적어가 오지 않을 수도 있다.

둘째, '把'자문은 동사 앞뒤에 일반적으로 기타 성분을 수반하지만, '被'자문은 동사 앞뒤에 기타 성분을 수반하지 않아도 된다. 만약 '被'자가 목적어를 가지지 않으면 동사는 '被打'와 '被批评(비판받다)'처럼 1음절과 2음절이 모두 가능하다. 그런데 被' 뒤에 목적어가 있을 때는 '能普遍的被大众接受，欣赏，它还不就变成了大众文艺么?(대중에게 보편적으로 받아들여지고 감상될 수 있다면, 그것이 곧 대중 문예가 되지 않겠는가?)'와 같이 동사가 2음절이어야 문장이 성립한다. 또한 동사가 1음절일 경우에 한해서만 앞뒤에 반드시 기타 성분이 와야 한다.

3.2.2 변환의 제약

뤼수샹(吕叔湘 1965)에서는 <'被'자문과 '把'자문의 상호 변환 범위와 조건에 대한 전면적 고찰>이라는 과제를 명확하게 제시하였으나, 1965년에 발표된 '被'자문과 '把'자문 동사의 목적어에 관한 전문 연구에서는 이 과제를 중점적으로 다루지 않았다. 뤼수샹은 "이 글은 단지 이 두 문형의 동사가 목적어를 수반하는 것에 대한 논의 과정에서 상호 변환의 범위와 조건을 함께 관찰하였을 뿐, 이에 대해 전면적으로 고찰하려는 의도는 없었다"라고 겸손하게 언급하였다. 사실 그의 연구는 제한된 범위 내에서 '把'자문과 '被'자문의 변환 조건에 대해 관찰하였는데, 그 세밀함은 유례가 없을 정도이다. 뤼수샹이 발견한 사실은 다음 몇 가지이다.

먼저 '把'자문이 '被'자문으로 변환되는 경우를 보자.

他一脚把那个坏蛋踢了一个跟头。
그는 한 번의 발길질로 그 나쁜 놈을 넘어뜨렸다.
→ 那个坏蛋被他一脚踢了一个跟头。
　　그 나쁜 놈은 그에게 한 번의 발길질을 당해서 넘어졌다.
连长把他关了三天禁闭。
중대장은 그를 3일 동안 감금했다.
→ 他被连长关了三天禁闭。
　　그는 중대장에 의해 3일 동안 감금되었다.
炸弹把教室楼炸坏了一个角。
폭탄이 강의동 한 모퉁이를 폭파시켰다.
→ 教室楼被炸弹炸坏了一个角。
　　강의동이 폭탄에 의해 한 모퉁이가 폭파되었다.
他随手把这本杂志翻了几页。
그는 손 가는대로 이 잡지를 몇 페이지 넘겼다.
→ 这本杂志被他随手翻了几页。
　　이 잡지는 그에 의해 손 가는대로 몇 페이지가 넘겨졌다.
我已经把这段唱词录下音来。
나는 이미 이 부분의 가사를 녹음해 두었다.
→ 这段唱词已经被他录下音来。

이 부분의 가사는 이미 그에 의해 녹음되었다.

她把衣服包了个包, 托人捎去。

그녀는 옷을 한 보따리 싸서 인편에 보냈다.

→ 衣服被她包了个包, 托人捎去。

　　옷은 그녀에 의해 한 보따리에 싸여 인편에 보내졌다.

我已经把大门上了闩。

나는 이미 대문을 빗장을 걸었다.

→ 大门已经被我上了闩。

　　대문은 이미 나에 의해 빗장이 걸렸다.

把这块地分成三小块。

이 땅을 세 개의 작은 덩어리로 나누었다.

→ 这块地被分成三小块。

　　이 땅은 세 개의 작은 덩어리로 나뉘었다.

'把'자문을 '被'자문으로 바꾸는 데에는 구조적으로 제약이 없음을 알 수 있다. 뤼수샹은 일부 문장의 경우 변환 이후에 의미가 이상하거나 느낌이 달라지기도 하고, 또 인칭을 바꾸어야 적법한 문장이 되기도 하는데, 이는 모두 '被'자문의 의미적 제약으로 인한 것이라고 하였다. 요컨대 구조적 제약은 아니라는 것이다.

　그러므로 '被'자문을 '把'자문으로 바꾸는 것도 비교적 간단한 변환으로 가능하다.

这些珍贵的艺术品被他随随便便送了人。

이 진귀한 예술품들은 그에 의해 마음대로 남에게 증정되었다.

→ 他把这些珍贵的艺术品随随便便送了人。

　　그는 이 진귀한 예술품들을 마음대로 남에게 증정하였다.

그런데 일부 예문은 '的'를 사용하여 '被'자문의 주어와 목적어를 연결함으로써 전체를 '把'자의 목적어로 만들기도 한다.

两营伪军就这样被我们切断了后路。
두 개 대대의 괴뢰군은 바로 이렇게 우리에게 퇴로를 차단당했다.
→ 我们把两营伪军的后路切断了。
우리는 두 개 대대 괴뢰군의 퇴로를 차단했다.
尤老二被酒劲催开了胆量。
유라오얼은 술기운에 간이 커졌다.
→ 酒劲把尤老二的胆量催开了。
술기운이 유라오얼의 간을 키웠다.

일부 '被'자문은 목적어에 이미 대용代用10) 주어(复指主语)인 대명사가 있어서, '把'자문으로 변환할 때 '被'자문의 주어를 대명사의 위치에 놓는다.

小飞蛾又被张木匠抓住她的头发。
샤오페이어는 또 장 목수에게 자기 머리카락을 붙잡혔다.
→ 张木匠把小飞蛾的头发抓住。
　장 목수가 샤오페이어의 머리카락을 잡았다.
有多少优秀儿女被旧社会吞噬了他们的生命。
얼마나 많은 우수한 자녀들이 구사회에게 그들의 생명을 빼앗겼던가.
→ 旧社会把多少优秀儿女的生命吞噬了。
　구사회는 얼마나 많은 우수한 자녀들의 생명을 빼앗았던가.

또한 아예 '把'자문으로 변환이 불가능한 것도 있다.

---

10) 역자주: 문장 속에서 앞에 나온 단어를 가리키거나 그것을 대신하기 위해 다른 단어를 쓰는 것을 말한다.

这些国家都先后被美国建立了军事基地。

이들 국가는 모두 미국에 의해 잇따라 군사기지가 건설되었다.

→ *美国先后把这些国家建立了军事基地。

'把'자문이 '被'자문으로 변환할 때 받는 구조 형식에 관련된 제약을 라오창룽(饶长溶 1990:101-102)은 다음 세 가지로 귀납하였다.

1. '把'자문의 술어가 동사중첩 형식인 경우이다.

我把他头上的土掸掸。

나는 그의 머리 위의 먼지를 털었다.

→ *他头上的土被我掸掸。

小宋把剩下的汤面热了热。

샤오쑹은 남은 국수를 데웠다.

→ *剩下的汤面被小宋热了热。

2. '把'자문의 술어가 형식동사인 경우이다.

他把近年来的工作进行了总结。

그는 최근 몇 년간의 업무를 총결산했다.

→ *近年来的工作被他进行了总结。

武艾英把这些干部姓名职务一一向客人作了介绍。

우아이잉은 이 간부들의 이름과 직책을 하나하나 손님들에게 소개하였다.

→ *这些干部姓名职务被武艾英一一向客人作了介绍。

3. '把'자문의 목적어 명사와 주어가 종속 관계인 경우이다.

他把腰弯得很低。

그는 허리를 아주 낮게 구부렸다.

→ *腰被他弯得很低。

两个人都把心用在编歌子上。

두 사람은 모두 마음을 작곡하는 데 썼다.

→ *心被两个人都用在编歌子上。

정딩어우(郑定欧 1999:112)는 또 변환에 관한 두 가지 제약을 제시하였는데, 그 가운데 하나는 동태성분(时体成分)과 관련 있는 경우이다.

张三整宿都把电视机开着。

장싼은 밤새 텔레비전을 켜 놓았다.

→ *电视机被张三整宿都开着。

또 다른 경우는 결과보어와 관련된 것이다.

张三把今天的报纸给买重了。

장싼은 오늘 신문을 중복해서 샀다.

→ *今天的报纸被张三给买重了。

3.2.3 '把'와 '被'의 공기

'把'자구조와 '被'자구조는 서로 다른 구조로 일반적으로 함께 출현하지 않지만 간혹 공기하는 경우도 있다. 리린딩(李临定 1980)은 '把'와 '被'가 공기하는 구조를 'N₂被N₁把N₃V'라고 지적하였는데, 이는 변환의 각도에서 보면 다음 두 가지 경우가 있다.

1. N_3('把' 뒤의 명사)이 N_2(주어)에 속하는 경우로, 변환 과정은 다음과 같다.

$$N_1VN_2N_3 \rightarrow N_2N_3 被 N_1V \rightarrow N_2 被 N_1VN_3 \rightarrow N_2 被 N_1 把 N_3V$$

他弄碎了那个蝴蝶的翅膀。　그는 그 나비의 날개를 부수었다.

→ 那个蝴蝶的翅膀被他弄碎了。　그 나비의 날개는 그에 의해 부서졌다.

→ 那个蝴蝶被他弄碎了翅膀。　그 나비는 그에 의해 날개가 부서졌다.

→ 那个蝴蝶被他把翅膀弄碎了。　그 나비는 그에 의해 날개가 부서졌다.

2. N_2와 N_3이 동일인을 가리키며, N_3은 대명사인데 주로 앞의 N_2를 가리키는 경우로, 변환 과정은 다음과 같다.

$$N_1VN_2 + N_1VN_3 \rightarrow N_2 被 N_1V + N_1 把 N_3V \rightarrow N_2 被 N_1 把 N_3V$$

群众包围住队长 + 群众包围住他 (N_2를 지칭)

군중이 대장을 포위했다 + 군중이 그를 포위했다.

→ 队长被群众包围住 + 群众把他包围住

대장은 군중에게 포위당했다 + 군중이 그를 포위했다

→ 队长被群众把他包围住

대장은 군중에게 자신을 포위당했다.

다음은 '把'와 '被'가 함께 출현한 위의 두 가지 경우의 실례이다.

唐仲笙一直站在金懋廉旁边, 给他背后的壁灯把自己矮小的影子映在大红的厚地毯上。[11]

당중성은 줄곧 진무렌 옆에 서 있어서, 그의 뒤에 있는 벽등에 의해 자신의 왜소한 그림자가 새빨갛고 두터운 카펫 위에 비춰졌다. (周而复)

而老陶却被文件摞起的一堵墙把他和群众隔开。

반면 라오타오는 오히려 서류가 쌓여 있는 벽에 의해 자신을 군중과 분리시

---

11) 역자주: 저자에 따르면 이 문장에서 '给'는 '被'로 볼 수 있다.

컸다. (柳青)

我的眼前幻出一长串赤身露体的黑人……被人强把他们跟自己的家庭骨肉撕开, 赶往不可知的命运里去。

내 눈 앞에는 벌거벗은 흑인들로 가득 찬 긴 행렬의 환영이 나타났다……그들은 남에 의해 강제로 자기 혈육과 찢어져서 알 수 없는 운명 속으로 내몰렸다. (杨朔)

간혹 극히 드물게 '把N'이 '被N'의 앞에 오는 예도 있지만 어감상 자연스럽지는 않다.

他从几句话中看出来四爷是内行, 绝对不会把他的'献金'随便被别人赚了去.

넷째 할아버지는 전문가여서 자신의 '헌금'을 절대 남이 함부로 벌어가게 둘리가 없다는 것을 그는 몇 마디 말로 알아차렸다.(老舍)

3.3 '把'자문과 이중목적어문

3.3.1 '把', '被'자문과 세 개의 논항을 가진 문장

'把'자문과 '被'자문의 동사 뒤에 다시 목적어가 오면 세 개의 명사를 가진 구조를 형성한다. 뤼수샹(吕叔湘 1965)는 동사 목적어를 가진 '被'자문과 '把'자문, 그리고 이들 두 문장이 모두 아닌 '중성문' 현상에 대해 고찰할 때 다음과 같이 말했다.

통사 구조로 보면, 세 종류의 문장 모두 세 가지 사물, 즉 하나의 행위자와 두 개의 피행위자(광의)가 모두 동사와 밀접한 관계를 가진다. '把'자문은 '把'를 사용하여 피행위자 중 하나를 추출하고, 동사의 앞뒤에 각각 행위자와 나머지 피행위자를 배치할 수가 있다. '被'자문은 '被'자를 사용하여 행위자를 추출하고, 동사의 앞뒤에 각각 두 피행위자를 배치할 수가 있다. 중성문은 행위자를 동사 앞에 배치하므로 두 피행위자는 모두 동사 뒤에 배치해야 한다.

이렇게 되면 이들은 이중목적어문이 되지 아닐까? 꼭 그렇지는 않다. 다음 예를 보자.

하나는 원래 동사 뒤에 있던 대용 목적어가 더 이상 불필요하여 없어진 경우이다.

> 你先把这杯酒喝了它再说。
> 먼저 이 술 한 잔을 그것을 마신 후에 다시 이야기해라.
> → 你先喝了这杯酒再说。
> 먼저 이 술 한 잔을 마신 후에 다시 이야기해라.
> 你不赶快起来, 我把窗户给你敲碎它。
> 네가 빨리 일어나지 않으면 내가 너에게 창문을 그것을 깨줄게.
> → 我给你敲碎窗户。
> 내가 너에게 창문을 깨줄게.

또 다른 경우는 '的'자를 사용하여 '把'자의 목적어와 동사의 목적어를 연결하는 것이다.

> 他不服从命令, 所以把他免了职。 그가 명령에 불복종하여, 그를 면직시켰다.
> → 免了他的职。 그를 면직시켰다.
> 炸弹把教室楼炸坏了一个角。 폭탄이 교실 건물의 한쪽 구석을 폭파시켰다.
> → 炸了教室楼的一个角。 교실 건물 한쪽 구석을 폭파했다.

그 외 '把'자를 다른 전치사로 교체할 수밖에 없는 경우도 있다.

我已经把大门上了闩。

나는 이미 대문을 빗장을 걸었다.

→ 我已经给大门上了闩。 나는 이미 대문에 빗장을 걸었다.

她先把谷大娘两个缸里挑满了水。

그녀는 구씨 마님의 옹기 두 개를 먼저 물을 가득 채웠다.

→ 她先给谷大娘两个缸里挑满了水。

그녀는 구씨 마님의 옹기 두 개에 먼저 물을 가득 채웠다.

咱们就把菜刀贴上邮票寄还老乡，看行不行。

우리 식칼을 우표를 붙여 고향으로 부치면 안 될까?

→ 咱们就在菜刀上贴上邮票。 우리는 식칼에 우표를 붙였다.

你就是跪着磕响头，把地碰个大窟窿，也是白搭。

네가 무릎을 꿇고 머리가 땅에 닿도록 절을 하여 땅을 큰 구멍이 뚫리게 해
도 헛수고다.

→ 在地上碰个大窟窿。 땅에 큰 구멍을 뚫다.

咱们一定要把这个工作搞出个名堂来。

우리는 반드시 이 일을 성과가 나게 만들어야 한다.

→ 在这个工作上搞出个名堂来。 이 일에서 성과를 만들어내다.

3.3.2 '把'자문에서 이중목적어문으로

뤼수샹(吕叔湘 1948)은 다음과 같이 지적했다. 일부 동사들만 이중목적어를
가질 수 있기 때문에 어떤 문장은 '的'를 사용하여 두 개의 피행위자를 하나
로 연결한다. 여기에는 두 피행위자가 원래부터 종속 관계인 경우도 있으나,
'的'로 연결했다고 해서 종속 관계가 없는 것을 종속 관계가 있는 것으로 오
해하지는 않는다. 또 '(信)他们的谣言(그들의 소문(을 믿다))'과 '(造)他们的谣言
(그들의 소문(을 퍼뜨리다))'과 같이 두 가지 해석이 가능한 경우도 있는데, 이때
는 상하 문맥에 따라서 결정해야 한다. 그 외에 '的'자를 사용할 수가 없어

서 '在'나 '给' 등을 사용하여 피행위자 중 하나를 추출해야 하는 경우도 있다. 그런데 사실 '把'와 '被'는 모두 같은 기능을 한다. '被'가 추출하는 것은 행위자이지만, '把'가 추출하는 것은 동작의 주요 대상(대부분의 경우 유일한 대상)이기 때문에 특별해 보일 뿐이다. 다시 말해, 중성문은 이중목적어 문형을 제외하고는 단지 두 개의 명사 또는 대명사만 동사와 직접 관계를 맺을 수가 있다.

만약 A로 행위자를, B와 C로 두 개의 피행위자를 나타내면, 이중목적어 문형은 다음과 같다.

A—동B—C

여기서 B와 C의 순서는 일정하다. 일반적으로 B는 사람을 가리키고, C는 사물을 가리킨다. (만약 B와 C가 모두 사람을 가리킬 경우에 C는 사물로 바꾸기가 쉽고, B와 C가 모두 사물을 가리킬 경우에 B는 사람으로 바꾸기가 쉽다. 하지만 그 역은 어렵다)

한편, '把'자문은 두 가지 구조가 있다.

A—把B—동C

他一脚把那个坏蛋踢了一个跟头。
그는 한 번의 발길질로 그 나쁜 놈을 넘어뜨렸다.
→ 他一脚踢了那个坏蛋一个跟头。
그는 한 번의 발길질로 그 나쁜 놈을 넘어뜨렸다.
连长把他关了三天禁闭。
중대장은 그를 3일 동안 감금했다.
→ 连长关了他三天禁闭。

중대장은 그를 3일 동안 감금했다.

我们把他叫小四儿。

우리는 그를 넷째라고 부른다.

→ 我们叫他小四儿。

우리는 그를 넷째라고 부른다.

A—把C—동B

他把信递给我。

그는 편지를 나에게 건네주었다.

→ 他递给我信。

그는 나에게 편지를 건네주었다.

这样吧, 我把我的小白鸡赔你。

이렇게 하자, 내가 내 흰 병아리를 너에게 배상할게.

→ 我赔你我的小白鸡。

내가 너에게 내 흰 병아리로 배상할게.

他把我们动身的日子告诉了他们。

그는 우리가 출발하는 날짜를 그들에게 알렸다.

→ 他告诉了他们我们动身的日子。

그는 그들에게 우리가 출발하는 날짜를 알렸다.

문장이 세 개의 논항으로 이루어질 때 이중목적어문, '把'자문, '被'자문은 서로 다른 선택항으로 보인다. 하지만 구조적으로는 이중목적어 구조가 가장 제약을 많이 받는 반면, '把'자문과 '被'자문은 상대적으로 자유롭다. 세 개의 논항을 가진 문장이 '把'자문과 '被'자문을 선택하게 되면 이중목적어문으로 전환할 수 없는 경우가 많다. 다음은 그 예이다.

他不服从命令, 所以把他免了职。

그가 명령에 불복종하여, 그를 면직시켰다.

→ *免了他职 | *免了职他

他随手把这本杂志翻了几页。

그는 손 가는대로 이 잡지를 몇 페이지 넘겼다.

→ *翻了这本杂志几页 | *翻了几页这本杂志

把底片显影之后…… 필름을 현상한 후에 …

→ *显底片影 | *显影底片

他刚把故事开了个头……

그는 막 이야기 첫머리를 열었다……

→ *开了故事个头 | *开了个头故事

她把衣服包了个包, 托人捎去。

그녀는 옷을 한 보따리 싸서 인편에 보냈다.

→ *包了衣服个包 | *包了个包衣服

她先把谷大娘两个缸里挑满了水。

그녀는 구씨 마님의 옹기 두 개를 먼저 물을 가득 채웠다.

→ *挑满了谷大娘两个缸水 | *挑满了水谷大娘两个缸

咱们一定要把这个工作搞出个名堂来。

우리는 반드시 이 일을 성과가 나게 만들어야 한다.

→ *搞出这个工作个名堂 | *搞出个名堂这个工作

把这块地分成三小块。

이 땅을 세 개의 작은 덩어리로 나누었다.

→ *分成这块地三小块 | *分成三小块这块地

你先把这杯酒喝了它再说。

먼저 이 술 한 잔을 그것을 마신 후에 다시 이야기해라.

→ *喝了这杯酒它 | *喝了它这杯酒

제4장

'把'자문의 생성 방식

4.1 '把'자 목적어의 역할

4.1.1 '把'자문 술어 속 동작의 방향

초기에 '把'자문을 말할 때는 습관적으로 '목적어 전치'라고 하였다. 그런데 구조주의가 도입된 이후에 사람들은 '주어/목적어'와 '행위자/피행위자'가 항상 대응하지는 않는다는 것과 '주어/목적어' 자리에 출현하는 의미역역시 행위자와 피행위자에만 국한되지 않는다는 것을 점차 분명히 알게 되었다. 그리하여 '把'자문의 의미역에 대해 관찰하기 시작하였다.

잔카이디(詹开第 1983)는 일찍부터 의미역의 각도에서 '把'자문을 관찰하였다. 그는 '술어 속 동작의 방향(谓语中动作的方向)'이라는 표현을 사용하였다. 관찰 결과, 그는 '把'자문의 술어에서 동작의 방향은 바깥을 향하는 것도 있고 안을 향하는 것도 있으며, 또 불확실한 것도 있음을 발견하였다. 즉, '把'자문에서 '把' 뒤의 목적어는 동사의 피행위자(受事)인 것도 있고 행위자(施事)인 것도 있으며, 또 동사의 관련자(系事)인 것도 있다는 것이다. 그 밖에도 동사의 행위자인지 피행위자인지 확정할 수 없는 것도 있으며, 또 단지 동사가 나타내는 동작의 발생 장소일 뿐인 것도 있다.

첫 번째는 '把' 뒤의 목적어가 피행위자인 경우이다. 피행위자 가운데 흔히 보이는 예는 다음 몇 가지이다.

咱们把东西卖巴卖巴, 租个小房, 再想办法, 活人还能饿死?

우리 물건을 이것저것 팔고, 작은 집을 하나 임대하고 나서 다시 방법을 생각해 보자. 산 사람이 굶어 죽기야 하겠어?

还吩咐她把吴家送来的钱和东西原封退了, 让小芹跟小二黑结婚。

또 그녀에게 우씨 집에서 보내온 돈과 물건을 개봉하지 않은 채로 돌려주고, 샤오친에게는 샤오얼헤이와 결혼하라고 분부했다.

他脚底下加了劲, 可是没把孙老头落下。

그는 발바닥에 힘을 줬지만, 하마터면 쑨씨 할아버지를 쓰러뜨릴 뻔 했다.

船里装载的是新米, 把船身压得很低。

배 안에 실린 것은 햅쌀인데, 선체를 눌러서 배가 낮아졌다.

他把会上讨论聚财的事一五一十告诉了金生, 叫他们作了准备。

그는 회의에서 재물을 모으는 일을 토론했다는 것을 진성에게 처음부터 끝까지 알려서 그들로 하여금 준비를 하게 했다.

她说着就把一碟子切成片儿嫩黄喷香上面嵌着红枣的丝糕, 送到我枕畔。

그녀는 말하면서 잘라서 조각낸 연노랑 색에 향긋한 향이 나고 붉은 대추가 박힌 증편 한 접시를 내 베갯머리로 가져왔다.

老太太白费了力气, 没把主任怎样了。

노부인은 헛수고만 하고는 주임을 어떻게 하지 못했다.

老陈听完了他们的话, 把膝盖一拍道……

라오천은 그들의 말을 다 듣고는 무릎을 탁 치서 말했다……

'把'의 목적어와 동사의 관계는 비교적 복잡한데, 세 가지 경우로 나눌 수 있다.

1. 把 + 명 + V + 동/형(보어)

먼저 '把'의 목적어가 V의 피행위자인 경우이다. 보어에는 또 두 가지가 있는데, 하나는 형용사와 일반 동사인 경우이고, 다른 하나는 '住, 着(zháo), 到, 了(liǎo), 走, 掉' 등인 경우이다. 후자의 경우는 동작이 이미 목적에 도달하여 끝났음을 나타내지만, 구체적인 결과를 나타내지는 않는다. 예를 들어 보자.

> 这一串银铃似的笑声, 把这屋里静寂的空气完全搅散了。
> 은방울 같은 이 웃음소리가 방 안의 적막한 분위기를 완전히 날려 버렸다.
> 她是他的乳娘, 自幼把他看大。
> 그녀는 그의 유모로, 어려서부터 그를 키웠다.
> 我们一个同志跑上几步, 把那野猫逮住了。
> 우리 친구 하나가 몇 걸음 뛰어가더니 그 길고양이를 붙잡았다.
> 找到天亮也得把她找着。
> 날 샐 때까지 찾더라도 그녀를 찾아내야 한다.

다음은 의미 구조상 V가 나타내는 동작이 '把' 뒤의 목적어와 직접적인 관계가 없고, 단지 목적어를 보어가 나타내는 결과에 도달하게 하는 수단이나 원인일 뿐인 경우이다. 이때 술어의 의미 중심은 V가 아닌 보어에 있고, '把' 뒤의 목적어는 V와 보어의 피행위자일 뿐이다. 예를 들어보자.

> 抹了一鼻子茶叶末色的鼻烟, 他抡了几下竹节钢鞭, 把场子打大一些。
> 가루차 색깔의 코담배를 코에 잔뜩 바르고서, 그는 대나무 마디 모양의 쇠 채찍을 몇 차례 휘둘러 (구경꾼을 뒤로 물러나게 하여)공연장을 좀 더 크게 만들었다.
> 人类的愚蠢, 把舌头说掉了, 他们也不了解。
> 인간의 우둔함은 혀가 빠질 정도로 말을 해도 그들은 이해하지 못한다.

別把眼睛哭紅了, 回头母亲看出, 又惹她害怕伤心。

눈을 울어서 벌겋게 만들지 마라. 나중에 어머니가 알아채시면 또 두려워지고 슬퍼지실 테니까.

去年打几石粮食不够人家要, 一家四口人过着年就没有吃的, 吃树叶把爷爷的脸都吃肿了!

작년에 곡식 몇 섬을 수확하였지만 주인이 달라는 양에도 못 미쳐, 한 집안 네 식구는 설을 쇠자마자 벌써 먹을 것이 다 떨어져 나뭇잎을 먹은 것이 할아버지의 얼굴을 온통 부어오르게 만들었다!

2. 把 + 명$_1$ + V + 명$_2$

이 유형에서 V는 병렬식 복합동사로, 이러한 동사의 두 번째 성분은 접미사와 유사한 '成, 为, 作' 등이 사용된다. '把' 뒤의 목적어는 V의 첫 번째 성분의 통제를 받고, V 뒤의 목적어는 두 번째 성분의 통제를 받는다. 예는 다음과 같다.

要不咱就把咱那三亩菜地也种成庄稼吧?

아니면 우리 세 묘의 그 채소밭 땅에도 곡식을 심을까?

果然, 周掌柜一来了还没有两天——要把三合祥改成蹦蹦戏的棚子……

역시나 주인 저우씨는 온 지 아직 이틀도 안 되어 ——산허샹 포목점을 모심기 춤을 공연하는 막사로 바꾸려 하였는데……

你如果把我当做叔叔, 就应当听我的话。

네가 나를 삼촌으로 생각한다면, 마땅히 내 말을 들어야 한다.

他不好也不坏, 不把钱看成命, 可是洋钱的响声使他舍不得胡花。

그는 좋지도 나쁘지도 않고, 돈을 목숨처럼 여기지도 않지만, 양전(서양 돈) 소리는 그를 쓸 데 없이 돈을 쓰지 못하게 만들었다.

3. 把＋명＋V＋수량구

이는 사실 V의 목적어를 두 부분으로 나눈 것으로, '把' 뒤의 목적어는 전
칭(全称)명사이고, V의 목적어는 부분칭(偏称)의 수량이다. 이 부분칭의 수량
은 뤼수샹(吕叔湘 1948)에서 언급한 '부분칭 목적어(偏称的宾语)'에 해당된다.
예는 다음과 같다.

> 村里人的嘴要是都咬住一个地方, 不过三天就能把长城咬塌了一大块。
> 만약 마을 사람들의 입이 모두 한 군데를 꽉 깨문다면, 사흘도 안 되어 만리
> 장성의 큰 덩어리 하나를 물어서 무너뜨릴 수 있을 것이다.
> 接着就把她领导妇女们放脚、打柴、担水、采野菜、割白草等经验谈了许多。
> 이어서 그녀가 부녀자들을 이끌고 전족을 풀고, 땔감을 모으고, 물을 긷고, 산
> 나물을 캐고, 풀을 베었던 것 등의 경험을 많이 이야기하였다.

잔카이디는 다음 예문은 구어에서 종속을 나타내는 '你的', '他的' 등이
부분칭 목적어가 될 수도 있음을 말해준다고 생각하였다. 이것도 하나의 견
해이지만, 또 다른 견해는 문말의 '的'를 어기사로 보기도 한다.

> 再闹, 看不把腿打断了你的!
> 또 다시 소란을 피우면, 다리를 분질러버리지 않는지 봐라 너의 (다리를)!
> 再撒谎, 看不把嘴撕烂了她的!
> 또 다시 거짓말을 하면, 입을 찢어놓지 않는지 봐라 그 여자의 (입을)!

이상으로 첫 번째 '把' 뒤의 목적어가 피행위자인 경우를 살펴보았다. 두
번째는 '把' 뒤의 목적어가 V의 행위자인 경우이다. 이는 주로 세 부류로 나
눌 수 있다.

1. V가 자동사이면 대부분 부정적인 상황을 나타낸다. 예는 다음과 같다.

连这么着, 刚教了几个月的书, 还把太太死了呢。
그럼에도 불구하고 겨우 몇 달 동안 가르쳤는데 아내를 죽게 하고 말았다.
怎么把特务跑了。
왜 공작원을 달아나게 했지?
儿子做了这么大官, 眼瞧着要当老太爷啦, 会把个人疯啦!
아들이 그렇게 큰 벼슬을 하는데, 영감님이 될 것을 뻔히 보고 있자니 사람을
미치게 할 거이다!
咱们可不能随便把魂灵儿遛达出去!
우리는 절대 함부로 영혼을 빠져나가게 해서는 안 돼!

2. V가 상태를 나타내는 동사 또는 형용사일 때는 뒤에 정도가 높음을 나
타내는 보어가 온다. V는 보어와 함께 어떠한 결과초래(致使)의 의미를 가진
다. 예를 살펴보자.

我编的, 我还不怕, 就把你怕成那样?
내가 지어낸 것이어서 난 아직 무섭지 않는데, 벌써 너를 그렇게 무섭도록 하
였니?
刚才你们忽然离开了我, 找了半天找不见, 真把我急得要死了……
방금 너희들이 갑자기 나를 떠나 한참 동안 찾아도 보이지 않아서, 정말 나를
죽을 만큼 초조하게 만들었어……
贵客临门, 真把老太太乐坏了。
귀한 손님이 찾아오셔서 정말 노부인을 기쁘게 하였다.
你可把妹妹想死了。
너는 정말 여동생을 죽도록 (너를)그리워하게 만들었어.

3. V 뒤에 결과보어가 오면, '把' 뒤의 목적어는 V의 행위자이자 보어의

행위자가 된다. 이 역시 대부분 부정적인 상황을 나타내는데, 예는 다음과 같다.

> 自来水把我们喝病了还不算, 那天我同袁小姐到玉泉山去画画, 这一道的汽车 ……
> 수돗물이 우리를 병나게 한 것은 아무 것도 아니야. 그날 나는 위안아가씨와 함께 위취안산에 그림을 그리러 갔는데, 가는 길 내내 차가…
> 一根冰棍倒把我吃渴了。
> 한 개의 아이스바가 오히려 나를 갈증나게 만들었다.
> 丢东西把我丢怕了。
> 물건을 잃어버리는 것이 나를 두렵게 만들었다.

세 번째는 '把' 뒤의 목적어가 V의 관련자인 경우이다. 여기서 관련자는 종속 관계를 뜻하는데, 동사가 나타내는 동작이 어떤 사물하고만 밀접한 관계를 발생시킬 뿐, 행위자와 피행위자는 구분이 불가능하다. 이러한 구조는 주로 후속절에 쓰이며, 앞의 내용을 이어받는 뉘앙스를 나타낸다. '把' 뒤의 목적어는 대부분 사물이며, '把'는 '使' 또는 '让'의 의미를 담고 있다. 예는 다음과 같다.

> 转转这个, 转转那个, 把红鱼要一点不差的朝着他。
> 이리 돌리고 저리 돌리고 하여, 꼬리돔을 한 치도 오차가 나지 않게 그를 향하도록 하려고 했다.
> 傅家杰接过来, 小心地绕过输氧的橡皮管, 把壶嘴挨在那象两片枯叶似的唇边, 一滴一滴的清水流进了这垂危病人的口中。
> 푸쟈제가 건네받아서 산소 주입용 고무호스를 조심스레 빙 둘러서 주전자의 입구를 마른 두 나뭇잎 같은 입술에다 갖다 대니, 방울방울의 맑은 물이 그 사경을 헤매는 환자의 입안으로 흘러 들어갔다.
> 王宝斋有四十多岁, 高身量, 大眼睛, 山东话亮响而缠绵, 把'腿儿'等字带上嘟噜,

'人儿'轻飘的化为'银儿', 是个有声有色的山东人。

왕바오자이는 마흔 살은 되었고, 큰 키에 큰 눈을 가졌는데, 산동 말이 우렁차고 구성져, '腿儿(다리)' 등의 글자를 혀 굴리는 소리를 띠게 발음하니, '人儿(사람)' 발음이 날리어 '银儿(은)'으로 변하는, 아주 생동적인 산동 사람이다.

他把妈妈说的都加上一倍 : 爸有十来个铺子, 十来所房子, 钱是数不过来的。

그는 엄마가 말한 것을 모두 배로 늘렸다. 아빠는 가게가 열 개 남짓, 집이 열 채 남짓 있어서 돈이 셀 수 없을 정도로 많다고 하였다.

我的历史, 组织上会去了解, 何必把火烧到你身上去?

내 이력은 (내가 속한)조직에서 알게 될 텐데, 굳이 불똥을 너에게까지 튀게 할 필요가 있을까?

说着把袖口对住王安福的袖口一捏……

말하면서 소맷부리를 왕안푸의 소맷부리에 맞대고 꼭 잡고서는……

네 번째는 '把'의 목적어가 V의 행위자인지 피행위자인지 확정할 수 없는 경우이다. 이때 '把'의 목적어는 대부분 인체나 동물의 일부를 나타내는 명사이고, V는 대부분 인체나 동물의 어떤 구체적인 동작을 나타내는 동사이다. 그 예는 다음과 같다.

焦副部长把头扭向他夫人这边, 生气地说……

자오 부부장은 고개를 부인 쪽으로 돌리고 화가 나서 말했다.……

现在, 他把眼瞪圆了, 自己摸着算盘子儿, 没用。

지금, 그는 눈을 휘둥그레 뜨고서, 스스로 주판알을 튕겨 보았지만 소용없었다.

心头怅惘到不可说, 只无意识地把身子乱转。

마음이 실의에 빠져 말할 수 없는 지경에까지 이르자, 무의식적으로 몸을 이리저리 굴릴 뿐이었다.

人说你是"小飞蛾", 怎么一见了我就把你那翅膀耷拉下来了?

사람들은 너를 '새끼 불나방'이라고 하던데, 왜 나를 보자마자 너의 그 날개를 축 늘어뜨렸니?

小槐树身上带着刺儿, 大槐树昂首挺立, 把卷曲的树梢伸向天空。

작은 홰나무는 몸통에 가시가 있고, 큰 홰나무는 머리를 쳐들고 우뚝 서서 꼬불꼬불한 나무 꼭대기를 하늘로 뻗치고 있다.

把腿一盘, 闭上眼打坐你道容易么?

다리를 한 번 감은(책상 다리를 한) 채, 눈을 감고 앉아 있는 것이 쉽다는 말입니까?

자오위안런(赵元任 1968)에서는 일부 동사가 나타내는 동작은 확실히 어떤 방향이라고 명확하게 말할 수가 없다고 주장하였다. 그는 다음 예를 들어 이를 뒷받침하였다. '他掉泪了(그는 눈물을 흘렸다)'(눈물 스스로가 떨어졌는지 아니면 그에 의해 떨어뜨려졌는지 명확히 말하기가 어렵다. 리진시(黎锦熙)는 이를 '반피동성(半被性)'이라 하였다). 이 네 번째 종류의 '把'자문이 바로 이러한 경우이다. 예를 들면, '고개(头)'가 스스로 '그의 부인 쪽으로 돌았는가(扭向他夫人这边)' 아니면 자오(焦)부부장에 의해 '그의 부인 쪽으로 돌려졌는가(扭向他夫人这边)'? '눈(眼)'이 스스로 '휘둥그렇게 떴는가(瞪圆了)' 아니면 그에 의해 '휘둥그렇게 뜨여졌는가(瞪圆了)'? 이들 문장의 '把'는 모두 생략이 가능한데, 생략해도 문장의 의미에는 큰 변화가 없지만 문장 전체의 구조는 '주어-주어-술어'로 바뀐다. 마지막 예문은 조금 더 특별한 것이, 문두에 주어가 없다. 그렇기 때문에 '다리(腿)'가 스스로 '책상다리를 하고 앉은 것(盘)'인지 아니면 다른 사람에 의해서 '책상다리가 된 것(盘)'인지를 명확하게 말하기가 더욱 어렵다.

다섯 번째는 '把'의 목적어가 V의 동작이 발생한 장소인 경우이다. 여기에는 다음 몇 가지가 있다.

1. '把'의 목적어가 V의 동작이 발생한 장소를 나타낸다. 이때 '把'자는 '在'자로 바꿀 수 있다. 예를 들어보자.

家祥把一个红碗两个黑碗上贴了名字向大家声明道……

쟈샹은 붉은 사발 하나와 검은 사발 두 개에 이름을 붙이고 모두에게 발표하기를.……

他说的"小"字辈，就是其余的本地人，因为这地方人起乳名，常把前边加个"小"字，象小顺、小保……等。

그가 말하는 '小'자 세대는 바로 나머지 본고장 사람들이다. 왜냐하면 이 지역 사람들은 아명을 지을 때, '小顺, 小保……' 등과 같이 항상 앞에 '小'자를 붙이기 때문이다.

恒元道："山野里，块子很不规矩，每一处只要把牌子上写个数目——比方'自此以下至崖根共几亩几分'谁知道对不对？"

헝위안이 말했다. "시골은 땅이 고르지 않아서, '여기서부터 절벽 밑까지는 총 몇 무 몇 분입니다'와 같이 매 군데마다 팻말에 숫자만 적어놓으면, 맞는지 틀리는지 누가 알겠어?

2. '把'의 목적어가 주어와 비슷하고, 이때 '把'자는 '在'로 바꿀 수가 없다. 예를 들어보자.

大兵、清道夫、女招待，都烧着烟卷，把屋里烧得象个佛堂。

병사, 환경미화원, 여종업원이 모두 다 담배를 피워대니 집안을 마치 법당처럼 연기나게 만들었다.

来回六趟，把院子满都打到。走得圆，接得紧，身子在一处，而精神贯串到四面八方。

왔다 갔다 하기를 여섯 차례, 온 정원을 돌아다니며 무술을 했다. 원을 그리며 걸음을 옮기다가 바짝 붙었는데, 몸은 한 곳에 있지만 정신은 사방팔방으로 통한다.

小常觉得庙里既然有村公所、公道团，平常的老百姓就不愿意进来，……因此也不愿意把地点弄到庙里来。

샤오창은 사당 안에 마을사무소와 분쟁 등을 해결하는 공도단이 있기에, 특별한 일이 없는 국민들은 들어오기를 꺼린다고 생각하여, ……그래서 장소를 사당으로 옮기는 것을 꺼려하기도 했다.

况且还有胰皂助纣为虐呢, 辣蒿蒿的把鼻眼都象撒上了胡椒面……

하물며 비누도 주왕(악한 사람)을 도와 포악한 짓을 함에, 코와 눈을 모두 다 후추를 뿌려놓은 듯 맵고 얼얼하게 하니……

위 2번 유형의 문장에서 '把'도 '使' 또는 '让'의 의미를 가지고 있으며, 대부분 생략이 가능하다.

마전(马真 1985)은 장소에 관계된 이러한 '把'자문에 대해, '把'를 사용하는 것과 '在'를 사용하는 것은 다르다고 진일보한 주장을 하였다. 즉, '把'자는 광의의 처치를 나타내므로 '把'를 사용하면 문장 속의 행위와 동작이 의식과 목적을 가지고 행해진다는 것을 더욱 부각시키지만, '在'를 사용하면 그러한 의미가 없다는 것이다. 동시에 그는 또 '在'를 쓰면 방위사 '上', '里', '中' 등에 더욱 의존하게 되지만, '把'를 쓰면 방위사에 의존하지 않아도 되기에 바로 보통명사가 온다고 하였다. 예를 들어, '把鼻眼都撒上胡椒面'은 반드시 '把鼻眼里都撒上胡椒面(코와 눈 안에 모두 후추를 뿌리다)'으로 말할 필요는 없지만, 만약 이를 '在'자문으로 바꾸게 되면 방위사가 반드시 필요하므로 '在鼻眼里都撒上胡椒面'이라고 말해야 한다는 것이다.

잔카이디가 개괄한 위의 다섯 가지 외에, 마전(马真 1985)은 한 발 더 나아가 '把'의 목적어가 V의 도구인 경우도 있다고 보았다. 예를 들어보자.

正翁把手捂在耳朵上, 学着小贩的吆喝……

정옹은 손으로 귀를 감싸고, 장사꾼의 고함소리를 흉내 내어……

他一不小心, 把刀砍在了自己左手的大拇指上, 一下子鲜血直流。

그는 순간 실수로 칼로 자신의 왼손 엄지손가락을 베었는데 순식간에 선혈이 주르르 흘렀다.

何必把火烧到你身上去?

굳이 불똥을 너에게까지 튀게 할 필요가 있겠어?

他赶着问是谁, 那里把一根绳子往他脖子上一套, 他便叫起人来。

그가 서둘러 누구냐고 물으니, 거기에서 올가미 하나를 그의 목에 씌우자 그는 곧 사람을 부르기 시작했다.

4.1.2 '把'자문의 특수한 의미역

쉬례중(徐烈炯 2000)은 '把'자문 문형의 처치 의미를 명사로 귀결시킬 수 있는지의 문제에 대해 고민했다. 그는 "'N₁把N₂V'는 N₁이 N₂를 처치한다는 의미를 가지는데, 우리는 관점을 바꾸어 명사의 각도에서 N₂에 대한 의미 제약을 연구할 수 있다. N₂는 모종의 특정한 의미역을 나타낸다."고 하였다. 그는 이러한 '특정한 의미역'이 일반적으로 말하는 피행위자(affected, patient)나 대상(theme)과 일부 겹치는 부분이 있을 뿐 완전히 같지는 않음을 발견하고, 이 특수한 의미역에 '置事(disposed-of, 처치역)'이라는 새로운 명칭을 부여하였다. 처치역의 핵심 의미는 바로 처치이다. 그는 또 그렇지만 이 의미역을 담당하는 명사성 성분의 사물이 동작의 효과를 반드시 직접적으로 드러내는 것은 아니라고 보았다. 그래서 반드시 물리적인 변화를 생성하지도 않고, 또 반드시 공간의 위치 이동을 거치는 것도 아니며, 때로는 단지 심리적으로만 처치될 뿐이라고 주장하였다.

이러한 특수한 의미역을 설정하는 것이 어떤 도움이 될까? 혹시 이것이 단지 '把'자문만을 설명하기 위해 설정된 것으로, '把'자문 외에는 사용할 곳이 없는 것은 아닐까? 쉬례중(徐烈炯 2000)은 그렇게 생각하지 않았다. 그는 처치역의 명사가 제3인칭 대명사로 쓰일 때, 한 가지 특수한 표현이 있음을 발견하였다. 중국어 대명사는 주로 사람을 가리키며, 일반적으로 단수와 복

수를 구분한다. 하지만 단수의 3인칭 대명사가 오히려 복수 의미의 명사를
대용할 수 있다. 예를 들어보자.

> 这些东西, 你给我扔了它。
> 이 물건들은, 네가 그것을 갖다 버려줘.

쉬례죵은 위 문장이 성립하는 이유가 처치에 있다고 보았다. 즉, 명사 '这
些东西(이 물건들)'와 그것의 대용형식인 '它(그것)'가 모두 처치역이라는 것이
다. 처치의 의미가 있기 때문에 단수 형식이 복수명사를 대용하는 것이 가능
해진 것이다. 과연 사실이 그러할까?

그런데 만약 처치가 근본적인 원인이라면, 사람을 가리키는 것과 그렇지
않은 것의 구분이 없이 일률적으로 같아야 한다. 하지만 우리는 쉬례죵(徐烈
炯 2000)에서 제시한 규칙이 단지 사람이 아닌 무생성의 사물에만 적용될 수
있으며, 사람(동물 포함)을 가리키는 경우에는 모두 적용되지 않는다는 것을
확인하였다. 예를 들어보자.

> 这两个昏官, 皇上一定会收拾他们/*他的。
> 이 두 명의 아둔한 관리는, 황제가 틀림없이 그들을/*그를 혼낼 것이다.
> 这两只耗子, 你给我灭了它们/*它。
> 이 쥐 두 마리, 네가 그것들을/*그것을 없애줘.

이상으로 쉬례죵(徐烈炯 2000)의 발견은 나름의 가치가 있으며, 처치가 아
마도 충분조건이 될 수는 있지만 필요조건은 아니라는 것을 알 수 있다.

4.2 '把'자는 의미역을 할당하는가?

황정더 등(黃正德等 2009)은 '把'자문의 주어와 '把'자의 목적어를 모두 고찰한 후에, '把'자문은 반드시 그에 대응하는 비'把'자문이 있다는 것을 발견하였다. 이것이 무엇을 설명하는가? 의미역 이론(Theta-Theory, 论旨理论)에 따르면, 주어와 목적어는 모두 일반적인 문형이 원래 가지고 있는 것이기 때문에 대응하는 비'把'자문이 있다는 것은 '把'자에 의해 할당된 의미역이 없다는 것을 증명한다. 그렇다면 '把'자가 의미역을 할당하지 않는다는 것을 어떻게 논증할 수 있는가? 이를 위해서는 역시 '내부목적어(inner object, 內宾语)'와 '외부목적어(outer object, 外宾语)'로부터 논의를 시작해야 할 것이다.

4.2.1 '내부목적어'와 '외부목적어'

이는 톰슨(Thompson 1973)이 제기한 한 쌍의 개념이다. 그는 뤼수샹(呂叔湘 1948)에서 관찰한 '보류목적어(retained object)'[12]에서 논의를 시작하였는데, 이른바 '보류목적어'는 '把'자문에 대한 보통 사람들의 판단처럼 그에 대응하는 비'把'자문을 가지는 것이 불가능하다는 것을 발견하였다.

> 他跑去把大门上了大栓。 그는 뛰어가서 대문을 큰 빗장을 걸었다.
> → *他跑去上了大栓大门。

이와 유사한 상황으로는 다음 여섯 가지가 있다.

---

12) 역자주: 능동태의 이중목적어 구문을 피동태로 전환할 때, 두 개의 목적어 중 하나는 주어가 되고 나머지 하나는 원래 자리에 그대로 남는데, 이를 보류목적어라 한다.

1. '把'의 목적어가 전체이고, 보류목적어가 부분인 경우

> 他把屋子加了屋顶。 그는 집을 지붕을 덧대었다.
> 他把橘子剥了皮。 그는 귤을 껍질을 벗겼다.

2. 보류목적어가 장소인 경우

> 把桌子搬上楼去。 책상을 위층으로 옮기다.
> 老师把学生赶出了学校。 선생님은 학생을 학교에서 내쫓았다.

3. '把' 뒤의 명사가 장소인 경우

> 他把纸门踢了一个洞。 그는 종이 문을 걷어차서 구멍을 하나 냈다.
> 他把炉子生了火。 그는 난로를 불을 지폈다.

4. 동사와 보류목적어가 하나의 의미 단위를 구성하는 경우

> 我是把诸位绑了票了。 저는 여러분을 납치했습니다.
> 学校把他免职了。 학교는 그를 면직하였다.

5. 부분을 나타내는 경우

> 把奶奶的烟袋拿一根来。 할머니의 담뱃대를 한 개 가져오너라.
> 他把五个馒头吃了两个。 그는 찐빵 다섯 개에서 두 개를 먹었다.

6. 기타

> 他把这件事情写了一个报告。 그는 이 일을 보고서 한 부를 썼다.
> 你能不能把那本书减一点价? 너는 그 책을 값 좀 깎아 줄 수 있니?

문제는 바로 이들 문장 안에 동사와 문법적, 의미적 관계를 맺는 명사가 하나만이 아니라는 것이다. 화자는 왜 그 가운데 하나를 '把'의 목적어로 선

택하고, 다른 하나는 동사 뒤에 '보류' 시켰을까? 톰슨은 이것이 문장의 타동성과 관계가 있다고 보았다. 간단히 말하면, 영어에서는 구 do something to X(X에게 어떤 일을 하다)로 타동성을 표현하고, 중국어에서는 '你把X怎么了?(너는 X를 어떻게 했니?)'로 그것을 판단한다. 예를 들어, '他把纸门踢了一个洞'으로 타동성을 판단하면 다음과 같다.

> 他对纸门做了什么?—— 他把纸门踢了一个洞。
> 그는 종이 문에 무엇을 했습니까? —— 그는 종이 문을 발로 차서 구멍을 하나 냈습니다.
> 他对纸洞做了什么?—— *他把纸洞踢了门。
> 그는 종이 구멍에 무엇을 했습니까? ——

이를 근거로 톰슨은 이 개념을 사용하여 보류목적어의 구조를 설명할 수 있다고 보았다. 진정한 타동성 관계를 가지는 것은 동사와 '외부(outer)' 직접목적어의 관계이며, 또 다른 직접목적어는 구조적으로 보면 '내부(inner)'의 목적어라는 것이다. 이를 그림으로 나타내면 다음과 같다.

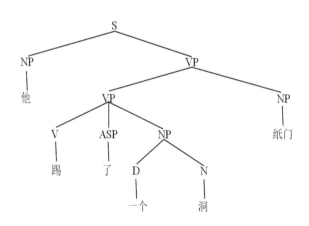

위 그림의 문제는 '纸门(종이 문)'과 '洞(구멍)'의 관계를 밝히지 않았다는 것이다. 하지만 톰슨은 위에서 서술한 바와 같이 외부목적어와 내부목적어의 관계는 적어도 6가지가 있으므로 하나로 개괄하기가 매우 어렵다고 보았다. 중요한 것은 위 그림이 복잡한 동사구조(踢了一个洞)와 외부목적어(纸门) 사이의 관계를 밝혔다는 것이다.

또 다른 예를 보자.

你把奶奶的烟袋拿一根来。할머니의 담뱃대를 한 개 가져오너라.

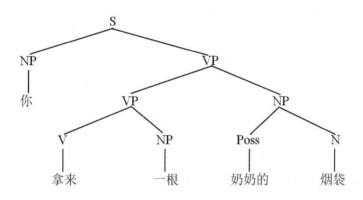

여기서 '一根(한 개)'과 '(奶奶的)烟袋((할머니의)담뱃대)' 사이에는 직접적인 통사 관계가 존재하지 않는다.

이러한 분석법의 최초 목적은, 변환 파생법의 어려움을 해결하기 위하여 타동성의 관점을 도입함으로써 '외부목적어'를 동사와 그 '내부목적어'로 이루어진 복잡한 구조의 직접목적어로 본 것이다. 톰슨의 결론은 '把'의 변환 조작에 통일성을 얻을 수 있으며, 이러한 변환은 일반적으로 '외부' 목적어를 전치하는 것이다.

4.2.2 '被'자문의 '내부목적어'와 '외부목적어'

황정더(黃正德 1992)는 톰슨(Thompson 1973)으로부터 아이디어를 얻어 '张三被土匪打死了爸爸(장싼은 지역 악당에게 아버지가 맞아 죽었다)'와 같은 종류의 문장에 대해서도 역시 내부목적어와 외부목적어로 분석을 하였다. 그는 이러한 문장 역시 복잡한 술어와 외부목적어의 관계이며, 외부목적어는 하나의 공(空)소유자를 가지는 것으로 보아야 한다고 주장하였다. 이 소유자는 흔적(trace, 语迹)이 아니라 외부목적어가 통제하는 대명사(Pro)이다. 외부목적어는 '被'자의 목적어 자리로 위치 이동을 한다.

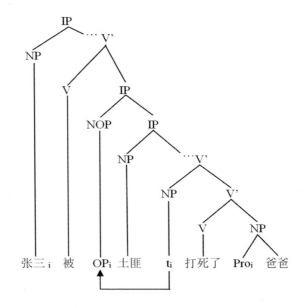

그들은 위 구조에서 동사 '打死(때려죽이다)'가 직접 NP '爸爸(아빠)'를 목적어로 삼아 함께 하나의 복잡한 술어 V'를 형성하고, V'는 또 다른 목적어,

즉 외부목적어를 가지는 것으로 보았다. 또 외부목적어는 소유자인 대명사를 통제한 후에, 공(空)연산자가 되어 IP 자리로 위치를 이동한다고 보았다. 외부목적어와 '张三'은 동일지시이다.

4.2.3 '把'자는 왜 의미역을 할당하지 않는가?

'张三被土匪打死了爸爸'에 관한 앞의 분석을 통해 하나의 중요한 결론을 도출할 수가 있다. 그것은 내부목적어는 동사 '打死'로부터 피행위자/대상이라는 의미역을 획득하고, 외부목적어는 V'인 '打死了Pro爸爸'로부터 피영향자라는 의미역을 획득한다는 것이다.(Huang et al. 2009, 본서 4.3.2)

'被'자문 주어의 피영향성은 간혹 관계가 아주 먼 의미역에서 나타나기도 한다.

> 李四又被王五击出了一支全垒打。
> 리쓰가 또 왕우에게 홈런 한 개를 맞았다.
> 我被他这么一坐, 就什么都看不见了。
> 그가 이렇게 앉으니, 나는 그만 아무것도 보이지 않았다.

그러나 관계가 아주 먼 이러한 외부목적어는 '把'자문의 목적어가 될 수 없다.

> *王五又把李四击出了一支全垒打。
> *他把我这么一坐, 就什么都看不见了。

이 차이는 '被'자는 자신의 주어에게 피영향자역을 할당할 수 있지만, '把'

자는 자신의 목적어에게 비영향자역을 할당할 수 없다는 것을 설명해준다. 황정더 등(Huang et al. 2009)은 '把' 뒤의 NP는 항상 외부목적어이며, 그 뒤에 따라오는 복잡한 VP가 비영향자역을 할당한다고 하였다.

그들의 관점은 '把'는 그 뒤의 NP 또는 '把'자문의 주어에게 의미역을 할당하지 않으며, '把'의 유일한 역할은 그 뒤의 NP에게 격을 부여한다는 것이다.

4.3 '把'자문의 생성 방식

4.3.1 통사 변환 관점에서의 설명

중국 언어학자들은 '把'자문의 형성 과정에 일찍부터 주목하였으며, 또한 '목적어 전치'설이 전체 사실을 개괄할 수 없다는 점을 아주 빨리 발견하였다. 그리하여 이후 상당히 긴 시간 동안 '把'자문의 형성 과정에 대해 문제를 제기하는 이는 거의 없었다. 주더시(朱德熙 1982)는 이 문제를 조심스럽게 언급하면서, '把'자문과 관계가 가장 밀접한 것은 '주어 - 동사 - 목적어' 문형이 아니라 '피행위자 주어문'이라고 하였다. 하지만 이것이 그의 '把'자문의 생성관인지 여부에 대해서는 명확한 언급이 없었다. 메이쭈린(梅祖麟 1990)은 주더시의 관점에 대해, "'把'자문은 피행위자 주어문 앞에 임의로 '把'자를 붙여서 만든 문형으로, '把'자문의 형성 방식은 '把' + 피행위자 주어문 → '把'자문이다"라고 명확하게 말하였다. 선양(沈阳 1997)은 이러한 관점을 '把'자문 생성의 '주어설'이라고 하였으며, 동시에 '목적어 전치'라는 전통적인 견해는 '목적어설'이라고 칭하면서 이 두 가지 관점에 대해 논의를 하였다.

그는 '주어설'이 다음과 같은 문제점이 있다고 지적하였다.

첫째는 많은 주술구조가 주어 앞에 결코 '把'를 붙일 수 없다는 점이다. 비교해보자.

> 夫妻拆散了 → 把夫妻拆散了
> 부부가 갈라졌다 → 부부를 갈라놓았다
> 那幅画挂在墙上了 → 把那幅画挂在墙上了
> 그 그림은 벽에 걸렸다 → 그 그림을 벽에 걸었다.
> 她们离婚了 → *把她们离婚了
> 그녀들은 이혼했다 →
> 那孩子考上大学了 → *把那孩子考上大学了
> 그 아이는 대학에 합격했다 →

둘째는 피행위자 주어만 '把'의 목적어가 될 수 있는 것은 아니라는 점이다. 예를 들어보자.

> 把铅笔写秃了(工具) 연필을 글씨를 써서 뭉툭하게 만들었다. (도구)
> 把屋子堆得满满的(处所) 방을 가득 쌓아서 채웠다. (장소)
> 把买卖跑成了(目的) 거래를 발로 뛰어 성사시켰다. (목적)
> 把老伴死了(施事) 반려자를 죽게 만들었다. (행위자)
> 把伙计们都累跑了(施事) 친구들을 모두 피곤해서 도망하게 했다. (행위자)
> 把孩子饿得直哭(施事) 아이들을 배고파서 계속 울게 했다. (행위자)

'목적어설'에 대해서 그가 지적한 문제점은 다음과 같다.

첫째는 '把'자의 목적어가 모두 다 동사의 목적어가 되는 것은 아니며, 일부 '把'자 목적어는 원래부터 목적어의 자리가 아예 없다. 예를 들어보자.

把孩子病了 아이를 병나게 했다
把妈妈急哭了 엄마를 애가 타서 울게 만들었다
把弟弟乐得跳了起来 동생을 기뻐서 펄쩍펄쩍 뛰게 했다

목적어로 환원할 수 없는 일부 '把'자의 목적어는 현실적인 목적어의 위치를 가지고 있지 않다.

把钱存在银行里 돈을 은행에 저축했다
把皮肤晒得黢黑 피부를 새까맣게 그을렸다
把字写得歪歪扭扭的 글씨를 비뚤비뚤하게 썼다

동사와 통제 관계가 없는 '把'의 목적어는 원래부터 목적어의 자리가 존재하지 않는다.

把他愁得整天唉声叹气 그를 걱정으로 하루 종일 탄식하게 만들었다
把眼睛笑得眯成了一条缝 눈을 웃어서 가느다란 구멍으로 만들었다
(抽烟)把牙抽得黄黄的 (담배를 피워) 이를 누르스름하게 만들었다

둘째는 동사의 목적어로 볼 수 있는 '把'자의 목적어라도 내부 유형은 상당히 다양하다. '동사-결과보어 형식 '把'자문'만 예로 들어 보아도 다량의 '예외'가 있음을 알 수 있다.

把孩子咳嗽醒了　　　　　　　*咳嗽孩子
아이를 기침을 하여 깨웠다
把脚都走大了　　　　　　　　*走脚
많이 걸어서 발까지 붓게 만들었다

把眼泪都笑出来了	*笑眼泪
너무 웃어서 눈물까지 났다	
*把锅办砸了	办砸了锅
	솥을 깨뜨렸다(일을 그르쳤다)
*把调唱走了	唱走了调
	노래를 곡조가 맞지 않게 불렀다
*把眼看傻了	看傻了眼
	눈이 삐었다
把酒喝醉了	喝酒/喝醉了酒
술을 마셔서 취했다	술을 마신다/술을 마셔서 취했다
*把这种报告听腻了	听报告/听腻了这种报告
	보고를 듣다/이러한 보고는 하도 들어
	서 지겨워졌다

선양(沈阳 1997)은 '把' 뒤 명사의 다중 위치 이동 형식은 이 성분의 중요
한 통사 특징이라고 주장하였다.

상술한 '주어설'의 문제점에 대해, 그는 다음과 같은 '다중 위치 이동' 생
성법을 제기하였다.

几个犯人跑了 → (牢房)跑了几个犯人 → 把几个犯人跑了
범인 몇 명이 도망쳤다 → (감방에서) 범인 몇 명이 도망쳤다 → 범인 몇 명
을 도망치게 했다
(他)老伴死了 → (他)死了老伴 → (他)把老伴死了
(그는)부인이 죽었다 → (그는) 부인이 죽었다 → (그는) 부인을 죽게 했다
好多人都病倒了 → (连队里)病倒了好多人 → 把好多人都病倒了
많은 사람들이 다 병으로 쓰러졌다 → (중대 안에) 많은 사람들이 병으로 쓰
러졌다 → 많은 사람들을 병으로 쓰러지게 했다
老祖宗累坏了 → (昨天)累坏了老祖宗了 → 把老祖宗累坏了

조상님이 지쳤다 → (어제) 조상님이 지쳤다 → 조상님을 지치게 했다

我愁得大病了一场 → 愁得我大病了一场 → 把我愁得大病了一场

나는 걱정으로 한 차례 크게 앓았다 → 걱정으로 나는 크게 한 차례 앓았다 → 나를 걱정으로 크게 한 차례 앓게 했다

王妈妈(想儿子)想得吃不下饭、睡不着觉 → (想儿子)想得王妈妈吃不下饭、睡不着觉 → (想儿子)把王妈妈想得吃不下饭、睡不着觉

왕씨 엄마는 (아들이 그리워)밥도 못 먹고 잠도 못 잤다 → (아들이 그리워)왕씨 엄마는 밥도 못 먹고 잠도 못 잤다 → (아들이 그리워)왕씨 엄마를 밥도 못 먹고 잠도 못 자게 했다

상술한 '목적어설'의 문제점에 대해서도 그는 다음과 같은 '다중 위치 이동' 생성법을 제기하였다.

(保姆)咳嗽醒了孩子 → (保姆)把孩子咳嗽醒了(某人咳嗽＋孩子醒)

(보모가) 기침으로 아이를 깨웠다 → (보모가) 아이를 기침으로 깨웠다(누군가가 기침을 하다 + 아이가 깨다)

(你)已经踢破了好几双鞋子了 → (你)已经把好几双鞋子踢破了(某人踢球＋鞋子破)

(너는) 공을 차서 이미 신발 몇 켤레를 찢었다 → (너는) 이미 신발 몇 켤레를 공을 차서 찢었다(누군가가 공을 차다 + 신발이 찢어지다)

(我)终于打通电话了 → (我)终于把电话打通了(某人打电话＋电话通)

(나는) 드디어 전화를 연결했다 → (나는) 드디어 전화를 연결했다(누군가가 전화를 걸다 + 전화가 연결되다)

揭开了帷幕 → 把帷幕揭开了(揭帷幕＋帷幕开)

막을 열었다 → 막을 열었다(막을 올리다 + 막이 열리다)

抓回来一个逃犯 → 把那个逃犯抓回来了(抓逃犯＋逃犯回来)

탈주범 한 명을 잡아왔다 → 그 탈주범을 잡아왔다(탈주범을 잡다 + 탈주범이 돌아오다)

叼(在)嘴上一支烟 → 把烟叼在嘴上(叼烟＋烟在嘴上)

입에 담배 한 개비를 물고 있다 → 담배를 입에 물고 있다(담배를 물다 + 담배가 입에 있다)

挂(在)墙上一幅画 → 把画挂在墙上(挂画 + 画在墙上)

벽에 그림 하나를 걸었다 → 그림을 벽에 걸었다(그림을 걸다 + 그림이 벽에 있다)

还(给)老王一笔钱→把钱还给老王(还钱 + 钱给老王)

라오왕에게 한 몫의 돈을 갚았다 → 돈을 라오왕에게 갚았다(돈을 갚다 + 돈을 라오왕에게 주다)

4.3.2 통사 생성 관점에서의 설명

생성통사론은 중국어 연구에 도입된 초기부터 '把'자문의 생성 방식에 주목하였다. 영어와 같이 사람들에게 익숙한 언어에는 이러한 통사 구조가 없기 때문에 학자들은 '把'자문이 기존의 구조에서 변환을 거쳐 '생성(生成)' 되어 나오는 방법을 고민할 수밖에 없었다. 생성의 방법은 역시 '주어설'과 '목적어설' 두 가지 사고의 맥락을 벗어나지 않는다.

'주어설'과 발상이 비슷한 것은 위아이친(余靄芹, Hashimoto 1971)이다. 그는 '把'자구조를 단순히 목적어 전치의 과정으로 보는 것은 많은 어려움에 부딪힐 것으로 보았다. 그는 "만약 '把'자구조를 일종의 단순한 구조로 본다면, 동사에 '把'를 수반할 수 있는지 여부의 통사 특징을 반드시 사전에 표기해야 한다"고 주장하였다. 우리는 '把'자구조에 들어갈 수 있는 것은 동작성을 가진 타동사 외에도 일부 복합동사, 특히 자동사로 구성된 복합동사(哭红, 累倒)도 있다는 사실을 확인하였는데, 그렇다면 이들 자동사에 '把'와 연용가능 여부라는 특징을 표기해야 하는지의 문제에 봉착하게 된다는 것이다.

위아이친은 '把'자의 구조를 하나의 내포구조로 간주할 수 있으며, '把'자를 주절의 동사로 처리하여 하나의 목적어 NP와 하나의 보어절을 가진다고 보았다. 대부분의 경우에 주절의 목적어 NP는 내포절의 목적어와 동일하다. 그렇다면 '把'자구조 안에 출현할 수 있는 자동사로 구성된 결과동사의 문제는 해결될 것이다. 왜냐하면, "하나의 전체로서 결과구조는 '把'의 목적어와 동일한 목적어를 가지므로, 마찬가지로 역시 '把' 목적어의 보어절이 될 수 있기 때문"이라는 것이다. '张三把饭吃了(장싼이 밥을 먹었다)'에서 '把'는 동사이고, '张三吃了饭'은 그것의 보어절이며, '他把橘子剥了皮(그는 귤을 껍질을 벗겼다)'에서 '橘子剥了皮'는 '把'의 보어절이라고 보았다.

현재 대다수 학자들의 견해는 여전히 '목적어설' 쪽으로 기울고 있다. 그렇지만 이는 이미 '목적어 전치'라는 의미의 '목적어'가 아니라 '외부목적어'에서 발전해 온 개념이다. 황정더 등(Huang et al 2008)의 기본 관점은 다음과 같다.

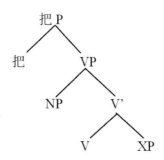

그는 대부분의 경우에 '把'와 그 뒤의 NP가 하나의 성분이 되지는 않는다고 보았다. 이와 반대로, '把' 뒤의 NP와 그 뒤의 VP가 하나의 성분을 구성한다. '把' 뒤의 NP는 영향을 받는 '피영향' 외부목적어이며, 동사와 그

보어로 구성된 복잡한 술어는 의미역을 할당한다.

앞의 4.2.3에서 서술한 바, "'把'는 그 뒤의 NP 또는 '把'자문의 주어에게 의미역을 할당하지 않으며, '把'의 유일한 역할은 그 뒤의 NP에게 격을 부여하는 것"이라는 논지의 이유에 대해 더욱 심화된 설명을 할 수 있겠다.

리옌후이(李艶惠 1990)는, 중국어는 본질적으로 핵심어 후행(head-final) 언어이므로 문장을 이루는 기본성분의 순서가 '주어-목적어-동사(SOV)'라고 주장하였다. 다시 말해, 목적어는 초기의 D-구조에서 동사의 앞에 놓인다. 지배결속이론(Government and Binding Theory)의 주장에 따르면, 명사구는 모두 적절한 격(case)과 의미역(thematic role)을 가지고 있으며, 목적어의 격과 의미역은 모두 동사에서 온다. 리옌후이는 격과 의미역을 할당할 때 동사의 방향성에서 착안하여, 중국어 동사가 왼쪽의 명사구 쪽으로는 의미역을 할당하고, 오른쪽으로는 격을 할당한다고 주장하였다. 목적어가 되는 명사구는 그 D-구조의 위치에서는 피행위자(patient)의 의미역만 획득할 수 있을 뿐이며, 필요로 하는 대격(accusative case)은 동사 왼쪽에서 획득할 수가 없기 때문에 필수불가결한 격을 얻기 위해서는 명사구가 동사의 오른쪽으로 이동하여 S-구조의 '주어-동사-목적어' 어순을 형성한다는 것이다. 만약 명사구가 동사의 오른쪽으로 이동하지 않으면, 이를 보완하는 방법은 명사구의 앞에 전치사 '把'를 붙여서 '把'가 격을 할당하게 한다고 하였다.

중국어 '把'자문에 대한 생성문법의 많은 토론 가운데, 여기서는 단지 아주 초보적인 일부분만 소개할 수 있을 뿐이다. 그들의 여러 가지 논쟁과 기울인 갖가지 노력을 통해 보건대, '목적어 전치'라는 간단한 방안이 '把'자문의 구조와 의미 표현상의 특수성을 명확히 설명하기에는 턱없이 부족하다는 것을 학자들은 날이 갈수록 더욱더 확실하게 인식하게 되었다. 만약 '把'자문이 단지 목적어를 전치하는 통사 과정일 뿐이라면 오히려 형식문법이 가장 유용하다. 하지만 '把'자문의 역할이 단순한 통사 과정만은 아니며, '把' 뒤의 목적어, 보류목적어, '把'자문의 주어와 같은 성분의 성질조차도 중국어의 간단한 문장에 단순 대응하는 것이 아니라는 점이 점점 더 많은 사실을 통해 드러나고 있다. 위에서 소개한 각종 생성 방안들은 모두 종합해 보면, 단지 중국어 통사의 형식체계가 '把'자문의 특수한 의미 표현 기능을 더욱 잘 반영할 수 있도록 하기 위한 것에 불과하다. 그러한 모든 노력들이 물론 다 소중하지만, 결국은 전면적이지 못하고 한쪽으로 치우칠 수밖에 없었다. 아마도 그 원인은 중국어의 '把'자문이 결코 단순한 통사 현상이 아니라는 데 있을 것이다. 본서의 하편에서는 의미와 화용 표현의 측면에서 '把'자문에 대해 최대한 면밀히 관찰하는 데 중점을 두고자 한다.

제5장

'把'자문은 통사 과정인가?

문법 이론에 '통사 과정(syntactic processes)'이라는 말이 있다. 이는 모든 언어가 보편적으로 기본적인 문법 관계를 가짐과 동시에, 또 대부분의 언어에 문법 관계를 변화시키는 약간의 통사적인 수단이 존재함을 가리킨다. 주어, 목적어 등 주요 통사 역할에 관한 통사 과정은 통사 승격(promotion)과 통사 강등(demotion)의 과정을 거쳐 본래의 동사 및 그 논항의 관계를 변화시킨다. 문법 논저에서 자주 논의되는 통사 과정은 주로 피동화(passivization)와 역피동화(antipassivization) 등 몇 가지가 있다. 이들 통사 과정은 언어 유형론적인 보편성을 가지는데, 예를 들면 중국어의 '被'자문이 항상 서양 언어의 피동식과 비교되는 것을 말한다. '把'자문은 중국어 특유의 문형이기 때문에, 이에 대해 언어 유형론적으로 고찰하는 경우는 드물다. 그런데 최근 들어 학자들은 중국어 '把'자문을 언어 유형론적인 관점에서 연구하기 시작하였다. '把'자문을 피동태와 결부시킨 것도 있고 역피동태와 결부시킨 것도 있는데, 이들은 모두 '把'자문이 언어 유형론적인 보편성을 가진 통사 과정으로 태(voice) 현상에 속한다는 것을 증명하고자 노력하였다.

5.1 피동화와 역피동화는 어떤 성질의 문법 과정인가?

먼저 가장 잘 알려진 '피동태'부터 논의를 시작해보자. 다음은 영어 예문이다.

Kim took the old woman to the shops. 김은 그 노파를 가게로 데려갔다.
→ The old woman was taken to the shops. 그 노파는 가게로 데려가졌다.

We stole two Ming vases yesterday. 우리는 어제 두 개의 명대 화병을 훔쳤다.
→ Two Ming vases were stolen (by us)yesterday. 어제 두 개의 명대 화병이 도둑맞았다.

Three cups of tea have revived the nurse. 차 세 잔이 간호사를 살렸다.
→ The nurse has been revived (by three cups of tea). 간호사가 (차 세 잔으로) 살아났다.

각 그룹의 예문에서 원래 문장을 '능동태(active)'라고 하고, 변환문을 '피동태 또는 수동태(passive)'라고 한다. 능동태의 문장에는 모두 하나의 타동사, 즉 주어와 직접목적어가 모두 있는 동사가 있다. 반대로 피동태의 문장에서는 모두 자동사로 변했으며, 주어만 있고 목적어는 없다. 능동태에서 주어는 피동태로 바뀌면 더 이상 주어가 아니라 by를 핵심으로 하는 하나의 전치사구 안에 나타나기 때문에, 이를 '강등되었다(降级)'라고 말한다. 능동태에서 목적어는 피동태에서는 '승격되어(提升)' 문장의 주어가 된다. 중국어에서도 능동문 '武松打死了老虎(무송이 호랑이를 때려잡았다)'가 피동문 '老虎被武松打死了(호랑이가 무송에 맞아 죽었다)'로 바뀌면, '武松(무송)'은 강등되고 '老虎

(호랑이)'는 승격되는 현상이 발생한다. 강등된 성분은 심지어 생략될 수도 있다.

왜 피동문에서 승격된 성분을 주어라고 하는가? 그것은 각 언어에서 이 통사 과정을 실현하는 NP가 문장의 주어 자리를 차지할 뿐 아니라 주어의 통사적인 특성을 나타내기 때문이다. 예를 들면, 첫 번째 그룹에서 the old woman이 단수이므로 피동문에서는 조동사 was를 썼고, 두 번째 그룹에서 two Ming vases가 복수이므로 피동문에서는 조동사 were를 사용하여 주어와 핵심 동사의 일치 관계를 나타내었다. 이는 또 인칭대명사의 주격, 목적격 변화에서도 뚜렷이 관찰할 수 있다.

이것은 우리에게 익숙한 '주격-대격(nominative-accusative, 主格-受格)' 언어의 상황일 뿐이다. '주격-대격' 언어의 타동사는 하나의 주어(A)와 하나의 목적어(O)라는 두 논항을 가지지만, 자동사문은 유일한 논항(S)을 주어로 본다. 만약 자동사문의 유일한 논항을 목적어로 처리한다면, '능격-절대격 언어(Ergativ-Absolutiv, 作格-通格)' 언어가 된다. '주격-대격' 언어에서 가장 주요한 통사 과정은 피동화이고, '능격-절대격' 언어에서 가장 주요한 통사 과정은 역피동화이다.

역피동화는 바로 비피행위자 성분을 초점화시키는 일종의 문법적인 조작이다. 예를 들면 다음과 같다.

[nguma$_i$ yabu-nggu   bura-n]   [Ø$_i$ banaga-n^{y}u]
father:ABS$_O$ mother-ERG$_A$ see-PAST   [ ]$_S$ return-PAST
'Mother(A) saw father(O) and [he](S) returned.'
'어머니는(A) 아버지를(O)   보았고 [그는](S) 돌아왔다.'
→ [yabu$_i$ bural-**nga**- n^{y}u nguma-gu]   [Ø$_i$ banaga-n^{y}u]

mother:ABS$_S$　　see-ANTIPASSIVE-PAST　　father-DATIVE　　[　　]$_S$
return-PAST
'Mother(S) saw father and (S) returned.'
'어머니는(S) 아버지를 보고 (S) 돌아왔다.'

보편적인 문법 조사에서 주격-대격 언어는 목적격이 주격보다 특수한 통사표지를 가지는 것이 더 흔하며, 능격-절대격 언어는 능격이 절대격보다 특수한 통사표지를 가지는 것이 더 일반적이다. 이것은 주격-대격 언어에서는 주격이 더욱 기본적이고 중요하며, 능격-절대격 언어에서는 절대격이 더욱 기본적이고 중요하다는 것을 말해준다. 이를 명확하게 말하면 다음과 같다.

주격-대격 언어 : S + A = Subject NPs, 주어와 술어의 관계가 주요 문법 관계이다.
능격-절대격 언어 : S + O = Absolutive NPs, 절대격어와 술어의 관계가 주요 문법 관계이다.

이러한 체계적인 인식에 이어 '능격성의 A → 절대격성의 S'의 문제를 되짚어 보면, 이는 사실 통사의 강등이 아니라 통사의 승격이라는 것을 알 수 있다. 체계적으로 볼 때, 주격-대격 언어의 피동태와 능격-절대격 언어의 역피동태라는 두 통사 과정에는 다음과 같이 상당히 강한 유사성이 존재한다.

주격-대격 언어 :

주격A → 사격(oblique case, 旁格)[13](또는 생략) : 통사 강등, 하나의 주요 문

---

13) 역자주: 인도유럽어에서 주격(主格), 호격(呼格) 외의 명사/대명사의 격으로 명사가 동사나 전치사의 목적어가 되는 격을 말한다.

법 관계가 감소

대격 → 주어S : 통사 승격, 하나의 주요 문법 관계가 새로이 생성

능격-절대격 언어 :

절대격O → 사격(또는 생략) : 통사 강등, 하나의 주요 문법 관계가 감소

능격 → 절대격S : 통사 승격, 하나의 주요 문법 관계가 새로이 생성

위에서 두 가지 유형에 대해 간단명료한 대비를 하였지만, 이는 결코 전 세계의 모든 언어가 단순히 이 두 가지 유형에 귀속된다는 것을 의미하지는 않는다. 사실, 순수한 대격언어와 능격언어는 많지 않고, 절대 다수는 모두 혼합형 언어이다. 중요한 것은 혼합 방식과 그 원인이 바로 위의 설명에 바탕을 두고 있다는 점이다. 예를 들어, 호주의 디르발어(Dyirbal)[14]가 바로 혼합형 언어인데, 자세히 관찰해 보면 두 가지 유형이 아무런 규칙 없이 혼합된 것이 아니라는 것을 발견할 수 있다. 여기에는 뚜렷한 경향성이 있는데, 주어 화제성이 강한 것(예를 들면 인칭대명사)은 대격 구조를 선택하고, 신정보의 특징이 두드러질 때는 능격 구조를 선택한다는 것이다. 이것은 담화의 기초가 되는 두 가지 유형의 보편성을 정확히 증명한 것이다. 중국어는 전체적으로는 대격언어의 특징을 나타내는데, 어느 정도 능격성은 없을까? 능격성이 있다고 해도, 능격 구조의 담화 동인이 분명하게 드러날까? 그런데 '把'자문을 사용하는 경우가 마침 이러한 담화 기능을 나타내는 것에 해당되지는 않을까?

---

14) 역자주: 호주 원주민의 언어 가운데 하나.

5.2 '把'자문과 능격언어 역피동태의 비교

예쾅·판하이화(叶狂·潘海华 2012)는 통사적, 의미적으로 유사한 표현 8개를 제시하면서 이들이 '把'자문과 능격언어의 역피동문이 동사의 직접목적어를 간접목적어로 바꾸는 동일한 통사 조작으로, 모두 태 현상에 속한다는 것을 논증하고자 하였다. 이를 통해 '把'자문은 '언어 보편성의 행렬에 들어갈 수 있다'고 보았다. 그들이 제시한 통사적 유사성 네 가지는 다음과 같다.

첫째, 역피동은 타동문의 목적어 논항에 작용하는 일종의 통사 조작인데, 이는 중국어의 '把'자문도 마찬가지다. 차이는 중국어의 목적어 강등은 '把'를 사용하고 앞으로 이동시키지만, 능격언어는 사격표지를 사용하며 위치 이동을 하지 않는다.

둘째, 이중목적어 또는 이중타동문에 적용될 수 있다. 예를 들면, 일부 언어는 역피동화 구조에서 직접목적어가 부차적 격/사격을 가지며, 심지어는 이중의 부차적 격을 형성하기도 한다. 이는 중국어 '给'자문의 이중타동문이 '把'자문으로 변환하는 것과 유사하다.

> 我送一份礼物给了张三 → 我把一份礼物送给了张三
> 나는 장싼에게 선물을 하나 보냈다 → 나는 선물 하나를 장싼에게 보냈다.

셋째, 자동사에 작용할 수 있다. 언급되는 구체적인 동사는 다르지만, 이것은 자동사 '把'자문의 경우와 매우 유사하다. 예를 들면 다음과 같다.

> 把个凤姐病了 펑언니를 병나게 했다

把个父亲死了 아버지를 죽게 했다
把个犯人跑了 범인을 달아나게 했다

넷째, 절 안에서 강제성을 가진다. 능격언어는 절이 병렬할 때 동일한 성분은 반드시 절대격이어야 한다. 만약 능격이라면 강제적인 역피동화가 진행되어 전경화(前景化)된 피동문을 형성한다. 중국어에도 이와 유사한 경우가 있는데, 목적어가 대명사이고 동사 뒤에 전치사구가 있을 경우에는 반드시 '把'자문을 사용해야 한다는 것이다. 예를 들면 다음과 같다.

把它放在桌子上 그것을 책상 위에 놓아라.
*放它在桌子上
把书放在桌子上 책을 책상 위에 놓아라
?放书在桌子上

또한, 능격언어는 통사적인 중추가 절대격 논항이다. 따라서 능격문의 능격 논항이 분열(cleft), 의문 및 관계화가 될 때에는 반드시 모두 절대격으로 역피동화되어야 한다. 중국어에서 이와 유사한 경우는 능동문의 동사에 대해 질문을 제기할 때 반드시 '把'자문을 사용해야 한다는 것이며, 그렇지 않을 경우에는 질문이 불가능하다.

*张三怎么样了李四?
张三把李四怎么样了? 장싼이 리쓰를 어떻게 했어?

그들이 제시한 의미적 유사성 네 가지는 다음과 같다.
첫째, 동사의 동작 의미를 부각시킨다. 역피동문은 하층의 목적어 논항을 강등시킴과 동시에 하층의 주어 논항을 부각시킨다. 주어가 대상을 가리켜 어떤 동작을 하는데, 초점은 동작 그 자체에 있다. 그들은 왕리(王力)의 견해를 인용하여 서술하고 있다. "'把'자가 소개하는 것은 일종의 '做(하다)'의 행위인데, 이는 실시나 집행(execution)으로 일종의 처치이다." "처치식은······ 목적어를 전치함으로써 그것이 처치이자 목적에 도달하는 행위임을 나타낸다. 이로 인해 언어가 더욱 힘을 가지게 되는데, 이는 동작성이 더 강해지는 것이다."

둘째, 중복 사건을 묘사하고 중복 의미를 나타낸다. 이러한 의미 기능은 마침 '把'자문의 복잡한 형식과 상응한다. 예를 들면, 동사 뒤의 보어가 음절이 적은 수량구조일 때는 '把'자문을 주어-동사-목적어 문장으로 바꿀 수 있지만, 음절이 많은 경우에는 그것이 불가능하다. 예를 들면 다음과 같다.

> 他把书读了三遍 → 他读了三遍书
> 그는 책을 세 번 읽었다 → 그는 세 번 책을 읽었다.
> 他把书读了一遍又一遍 → *他读了一遍又一遍书
> 그는 책을 한 번 또 한 번 읽었다. →
> *他刷了又刷衣服
> ?他来回地刷衣服
> 他把衣服刷了又刷 그는 옷을 솔로 닦고 또 닦았다.
> 他把衣服来回地刷 그는 옷을 이리저리 솔로 닦았다.

셋째, 지속의 의미를 나타낸다. 중국어에도 유사한 경우가 있는데, 'V着'를 사용한 '把'자문은 동작의 지속 의미가 능동문보다 더욱 두드러지게 나타난다. 즉, '把碗端着(그릇을 들고 있다)'는 동작의 지속을 나타내고, '端着碗(그릇을 들고 있다)'은 상태의 지속을 나타낸다. 연동구조에서 능동식은 '着'를 수반하여 주로 상태의 동반이나 배경에 대한 정보를 나타내지만, '把'자문은 '着'를 수반하면 반대로 전경에 대한 정보를 나타낸다.

他把头侧着去看觉民, ⋯⋯(巴金『家』)
그는 고개를 옆으로 돌려 줴민을 바라보았다, ⋯⋯
→ 他侧着头去看觉民, ⋯⋯
그는 고개를 옆으로 돌려 줴민을 바라보았다, ⋯⋯

넷째, 역피동화 이후의 사격 목적어는 화제성이 낮다. 역피동문은 목적어에 대한 일종의 탈화제화(detopicalisation)로, 역피동화 후의 사격 목적어는 주어보다 화제성이 약하다. '把'자문 역시 이와 유사하다. '把' 뒤 NP의 화제 연속성(Topic continuity)은 주어보다 훨씬 약하다. '把'자문 후속절은 주어가 연속 화제인 경우가 다수를 차지하고, '把' 뒤의 NP가 화제인 경우는 소수이다. 라오서(老舍)의 『낙타샹즈(骆驼祥子)』를 대상으로 한 소규모 통계를 보면, 후속절에서 '把'자문의 주어가 화제인 것은 16개이다. 반면, '把' 뒤의 NP가 화제인 것은 3개에 불과했는데, 그 중 하나는 영조응(zero anaphora, 零形回指) 형식이고, 두 개는 주요 화제와 부차적 화제가 있는 틀-격자(Frame lattice, 框楔)형식15)의 화제 연속이다.

他把脸仿佛算在四肢之内, ø 只要硬棒就好。
그는 얼굴이 마치 사지 안에 있는 것같이, ø 튼튼하기만 하면 되었다.
拉去吧, 你就是把车拉碎了, 要是钢条软了一根, 你拿回来⋯⋯
끌고 가시오, 당신이 인력거를 끌다가 망가져서, 만약 쇠꼬쟁이가 한 가닥 휘

---

15) 역자주: 큰 화제라는 '틀' 뒤에 설명어 부분에 또 하나의 작은 화제인 '격자'가 있는 것을 말한다.

어지면 가지고 오시오……

晚饭的号声把出营的兵丁唤回, **有几个扛着枪的**牵来几匹骆驼。

석식 나팔소리가 출영한 병사들을 다시 불러들였고, 총을 메고 있던 몇 명은
낙타 몇 마리를 끌고 왔다.

위의 여덟 가지 유사성에 대한 비교를 통해, 예쾅·판하이화는 이러한 유
사점들이 '把'자문과 역피동문이 유사성을 가지는 동일한 통사 조작이거나
'把'자문이 곧 역피동문이며, 태 현상에 속한다는 것을 말해준다고 보았다.

5.3 '把'자문을 역피동태로 처리할 때의 문제점

예쾅과 판하이화는 중국어 '把'자문을 역피동태로 간주하면서 주로 두 가
지 방면의 문제에 직면한다. 하나는, '把'자를 목적어 전체에 대한 통사 조작
이라고 할 수 없다는 것이고, 다른 하나는 중국어는 능격언어가 아니기 때문
에 역피동태를 사용할 화용적, 통사적 이유가 없다는 것이다.

5.3.1 중국어의 '把'자문은 목적어에 대한 통사 조작인가?

예쾅·판하이화의 논의의 출발점은 '把'자문을 '타동문 논항 구조의 목적
어에 작용하는' 일종의 통사 조작으로 보는 것이다. 타동문 논항 구조의 목
적어란 무엇인가? 이들은 "중국어는 격표지가 없으므로 어순과 위치를 통해
서만 관찰할 수 있다"고 하였다. 이러한 견해는 국내에서 통용되며 주더시
(朱德熙 1982)로 대표되는 문법체계의 목적어에 대한 정의와 일치한다. 이러
한 문법체계에서 '把'자의 역할을 목적어에 대한 통사 조작이라고 볼 수 있

을까? 주더시(朱德熙 1982)는 "과거 일부 문법서에서 '把'자의 역할이 동사 뒤의 목적어를 전치하는 것이라고 하였으나,……이러한 견해는 문제가 있다. 왜냐하면 '주어-동사-목적어'의 문장구조로 환원할 수 없는 '把'자문도 많이 있기 때문이다"라고 명확하게 말했다. 그가 든 예는 다음과 같다.

把换洗衣服包了个包袱 옷을 갈아입고 보자기를 쌌다
把大门贴上封条 대문에 봉인을 붙이다
把壁炉生上火 벽난로에 불을 지피다
把画挂在墙上 그림을 벽에 걸다
把铁块儿变成金子 쇳덩이를 금으로 만들다
把话说得婉转些 말을 좀 완곡하게 하다
把所有的东西都搬到新房子里去 모든 물건을 새 집 안으로 옮기다
把一个南京城走了大半个 난징 하나를 반 이상이나 걸었다

실제로 본서의 앞부분에서 서술한 것처럼, 중국어 '把'자문의 연구는 뤼수샹(吕叔湘 1948)에서부터 시작되었다. 그는 '목적어 전치'의 견해에 대해 의문을 제기하면서, '把细磁碗盏和银镶的杯盘逐件看了一遍(가느다란 사기그릇과 은으로 상감한 잔과 접시들을 하나하나 한 번 살펴보았다)'와 같이 '把'자의 목적어가 그 뒤 동사의 목적어로 환원되기 어려운 많은 예를 제시하였다. 뤼수샹(吕叔湘 1965)은 한걸음 더 나아가 '중립문 변환'이 불가능한 많은 종류의 '把'자문 예도 함께 제시하였다.

炸弹把教室楼炸坏了一个角。
폭탄이 강의동 한 모퉁이를 폭파시켰다.
我已经把大门上了闩。
나는 이미 대문을 빗장을 걸었다.

他随手把这本杂志翻了几页。

그는 손 가는대로 이 잡지를 몇 페이지 넘겼다.

咱们一定要把这个工作搞出个名堂来。

우리는 반드시 이 일을 성과가 나게 만들어야 한다.

我已经把这段唱词录下音来。

나는 이미 이 부분의 가사를 녹음했다.

把这块地分成三小块。

이 땅을 세 개의 작은 덩어리로 나누었다.

请你今天就把这个报告起个草。

오늘 이 보고서를 작성해 주십시오.

不能把节约叫做小气。

절약하는 것을 옹졸하다고 할 수는 없다.

이 예문들의 공통적인 특징은 문장에서 동사 뒤에 모두 목적어가 하나 있으며, 만약 '把'자의 목적어를 동사의 뒤로 '환원'한다면 합리적인 통사적 위치가 없다는 것이다.

톰슨(Thompson 1973)에서부터 황정더 등(Huang et al. 2009)에 이르기까지 학자들은 줄곧 통사론적으로 이러한 예문들을 설명할 각종 방법들을 고민하였다. 이른바 '외부목적어'(피영향자)와 '내부목적어'(통사상의 피행위자 목적어)라는 이름을 사용하여 서로 다른 명사를 통사적으로 설명하였으나, 이는 이미 존재하는 '把'자문의 구조에 대한 설명이었다. 따라서 '목적어 조작'의 통사 과정에 대해서는 여전히 증명할 수가 없었다.

위의 사실이 수십 년 동안 중국어 문법학계의 공통된 인정을 받아왔다는 데에는 이견이 없다. 이를 여기에 다시 서술하는 주된 이유는, '把'자문을 목적어에 대한 통사 조작이라고 주장하는 것은 커다란 어려움에 직면할 것임을 다시 한 번 강조하기 위해서이다. 위 사실 외에도, 더 나아가 일부 예들은 '把'자의 통사 변화를 목적어에 대한 조작이라기보다는 차라리 주어에 대한 조작이라고 하는 것이 더 낫다는 것을 확인하였다.

把你懶的橫针不拈, 竪线不动。
너는 게을러서 누워있는 바늘도 쥐지 않고, 세워져 있는 실도 까딱하지 않는 구나. (『红楼梦』)
把你怕成那样?
너를 그렇게 겁먹게 만들어? (詹开第 1983에서 인용)
真把老太太乐坏了。
정말 노부인을 기쁘게 만들었다. (詹开第 1983에서 인용)

일부 예는 소유자에 대한 것도 있다.

他不服从命令, 所以把他免了职。
그는 명령에 복종하지 않아서, 그를 면직시켰다.
我把论文拟好了提纲。
나는 논문의 요강을 작성했다.
我把牛仔裤剪去裤脚。
나는 청바지에서 바짓가랑이를 잘라냈다.

어떤 통사론 학파는 상술한 부분의 사실을 처리할 때 '소절(small clause, 小句) 분석' 방법을 사용한다. 예를 들어 '炸弹把教室楼炸坏了一个角(폭탄이 강의동 한 모퉁이를 폭파시켰다.)'의 경우, '教室楼坏一个角(강의동 한 모퉁이가 망가졌다)'를 먼저 결과절로 분석한 다음, 그 안 절의 주어를 주요 동사 '炸'의 목적어로 격상시키고, 마지막에 '把'를 사용하여 이를 다시 격상시킨다. 하지만 이렇게 한다고 해도 위에서 제시한 많은 예는 여전히 이른바 '결과절'이 무엇인지 판단하기가 어렵다. 예를 들면 다음과 같다.

*这段唱词下音来 (＜我已经把这段唱词录下音来)

*这个报告一个草 (＜请你今天就把这个报告起个草)

*这个工作出个名堂来 (＜咱们一定要把这个工作搞出个名堂来)

*节约做小气 (＜不能把节约叫做小气)

*牛仔裤去裤脚 (＜我把牛仔裤剪去裤脚)

 형태변화가 있는 언어에서는 하나의 통사 조작이 목적어를 대상으로 하는 것인지 여부를 판단하는 데에 근거로 할 만한 명확한 형식적 표지가 대부분 있다. 중국어에는 변별 근거로 삼을 만한 명확한 목적어표지가 없다. 그렇지만, 만약 어떤 통사 성분이 목적어 통사 조작의 잘못된 결과라고 단언한다면, 적어도 납득시킬 만한 조작 과정의 전개가 제시되어야 한다. 이상의 토론에 따르면, 목적어의 일반적인 통사 위치로 '환원'하는 전통문법의 요구를 따르든, 형식구문론(formal syntax, 形式句法)의 절 분석법에 따르든 상관없이 모두 다 중국어의 '把'자문이 목적어에 대한 일종의 체계적인 통사 조작이라는 것을 증명할 방법이 없다. 이는 '把'자문이 '타동문 논항구조의 목적어에 적용된다'라는 설명을 논증의 전제로 삼기에는 큰 어려움이 있다는 것을 말해준다.

5.3.2 중국어에 역피동태의 사용 이유가 있는가?

 앞서 5.1에서 서술한 바와 같이, 역피동은 능격언어의 통사 과정에 속한다. 그런데 중국어가 만약 능격언어가 아니라면, 어떻게 역피동태가 존재할 수 있는가?

 뤼수샹(吕叔湘 1987)은 일찍이 "중국어는 능격언어 쪽으로 밀어 넣기가 매우 어렵다"라고 단언했고, 현재 국내외 학자들도 중국어를 능격언어에 귀속

시키는 경우는 아직 찾아보지 못했다.

　연구 결과, 세상 사람들이 이 두 가지 문법역 배열형식을 선택하려는 경향성 이면에는 깊은 담화 기능적인 원인이 있다. 두 보이스(Du Bois 1985, 1987)는 이에 대해 아주 훌륭한 설명을 내놓았다. 통사 형식은 종종 화용 기능이 응결된 역사적 산물인데, '주어-술어(主语-谓语)'라는 통사 관계는 바로 화용 기능인 '화제-설명(话题-说明)' 관계가 고착화된 결과라는 것이다. 타동사문에서 A는 흔히 통사상 주어로 선택되는데, 그것은 또 동시에 화용에서의 화제이며, V+O는 화용에서의 설명이다. 자동사문에서는 S가 바로 화제이고, V는 설명이다. S를 타동사문의 A로 간주하는 것, 즉 통사상의 주어로 처리하는 것은 S와 A가 화용적으로 서로 동일한 화제 신분이라는 것을 나타내기 위해서이다. 이것이 바로 많은 언어가 대격 체계를 선택하는 이유이다.

　그렇다면, 일부 언어들이 능격 체계를 채택하는 이유는 무엇일까? 이들 언어를 사용하는 사람들은 '화제-설명'이라는 화용 원칙을 따르지 않는다는 말인가? 연구 결과, 또 다른 화용 원칙이 이들 언어에서 중요한 역할을 하는데, 그것은 바로 문장에서 새로운 정보를 어떻게 처리하느냐 하는 중요한 원칙이라는 것을 발견하였다. 일반적으로 하나의 문장은 하나의 새로운 정보 성분만을 받아들인다. 타동사문의 A는 이미 알려진 정보 성분에 가깝고, 새로운 정보 성분은 O의 위치에 놓인다. 자동사문의 새로운 정보는 S의 위치에 놓인다. 그렇다면 S와 O는 새로운 정보라는 점에서 성질이 서로 같으므로 통사적으로 동일하게 처리한다. 이러한 정보 분포 구조는 청자가 새로운 정보를 자연스럽게 받아들이도록 하는 데 유리하다. 이것이 절대격이 주도하는 능격 체계가 형성되는 화용적인 원인이다. 대격 체계의 형성은 '화제-설명'이라는 화용 원칙이 새로운 정보처리 원칙과의 경쟁에서 이긴 것인데

반해, 능격 체계의 형성은 후자가 전자를 이긴 것이라 말할 수 있다.

이러한 담화적인 원인은 인류 언어의 두 가지 기본적인 통사 구조를 이해하는 근본이기도 하다.

예쾅·판하이화(叶狂·潘海华 2018)는 역피동문에 대한 정의의 특징은 타동사 술어의 논리 목적어가 강등되는 것이라 보았으며, 동시에 의미 화용적 특징은 단지 이에 수반되는 것일 뿐이라는 주장을 견지하였다. 그런데 이는 납득하기가 어렵다. 통사 과정의 기본 동력은 일반적으로 모두 통사 승격이고, 강등은 수반되는 특징이다. 통사 변화의 근본적인 원인은 화용인데, 만약 화용적 특징이 통사 변화에 수반되는 특징이라고 한다면, 이는 본말이 전도된 것이다.

중국어의 '把'자문을 다른 언어의 역피동태와 비교하는 것은 설득력이 떨어진다. 5.2에서 예쾅·판하이화의 네 가지 통사적 특징과 네 가지 의미적 특징을 제시하였지만 그 내부적인 관계는 밝혀내지 못했으며, 중국어 통사 체계에서 왜 '역피동'이라는 표현이 필요한지도 도출해내지 못했다. 장보쟝(张伯江 2014)은 '把'자 목적어의 역할의 중요성을 강조한 반면, 예쾅·판하이화(叶狂·潘海华 2012, 2018)는 통사 강등을 강조하였다. 이 두 가지 견해는 서로 다른 이론적 배경에서 출발하여 각자 자신의 주장을 한 것이므로 모두 다 정상인 셈이다. 중요한 것은, '把'자문에 어떠한 이름표를 붙이든 간에, 결국은 '把'자문 체계의 가치에 대한 인정을 근본 목적으로 삼아야 한다는 것이다. 만약 '把'자문이 역피동태라는 것을 논증하고자 한다면, '把'자 목적어의 '강등'을 논증하는 데에 중점을 둘 것이 아니라 '把'자문의 주어가 어떻게 통사적인 강화(아쉬운 점은 '把'자문은 흔히 주어가 없기 때문에 중국어의 사실이 이를 뒷받침하지 않는다는 점이다)가 되었는지를 최대한 논증해야 할 것이다.

5.4 '피동능동(被动主动)'설

예쾅·판하이화가 중국어 '把'자문을 역피동화의 방법이라고 주장한 것과
는 달리, 주쟈레이·화둥판(朱佳蕾·花东帆 2018)은 '把'자문을 '피동능동문(被动
主动句)'에 대응시키려고 노력하였다. 그들은 많은 언어(영어, 중국어, 만주어, 힌
디어 등)에는 영어의 'have + V피동'문과 같이 복합 술어를 포함하는 일종의
문형이 있어서 능동과 피동의 대립을 중화시킬 수 있다고 하였다. 이러한 문
형은 전체적으로는 능동태이지만, 문장의 주요 술어는 피동화 조작을 거친
다. 이를 통해 중국어 '把'자문을 보면 'have + V피동'문과 유사하다는 것을
알 수 있다. 즉, 능동문처럼 보이지만 실제로는 '把' 뒤의 술어가 피동화 또
는 재귀화(reflexivization)의 조작을 거쳤다는 것이다. 이러한 조작은 음성적
일 수도 있고, '把'자문과 함께 출현하는 '给'에 의해 양성적으로 나타날 수
도 있다.

주쟈레이·화둥판의 관점은 '把' 뒤의 술어가 타동사일 때 그 술어는 피
동화 조작을 거친다는 것이 주요 골자이다. 반면, '把' 뒤의 술어가 비대격동
사(unaccusative verb, 非宾格动词)일 때는 어떠한 조작도 거칠 필요 없이 바로
'把'자문에 들어갈 수 있다. 또 비대격동사 자체의 성질과 피동동사가 유사
성을 가지므로 '给'로 표기할 수도 있다. 그들은 '把' 뒤의 비능격 술어는 일
종의 재귀화를 거쳐 조작될 수 있다고 보았다. 재귀화와 피동화가 일부 언어
에서는 흔히 같은 통사표지를 사용하기 때문에 '把'자문에서 재귀화 조작을
거친 비대격동사는 피동화를 거친 타동사 및 조작되지 않은 비대격동사와
마찬가지로 모두 '给'로 표기할 수 있다는 것이다.

이러한 비교도 마찬가지로 억지스러워 보인다. 지적할 것은, 이들의 논술

에서 가장 주요한 두 가지 언어 사실에 모두 중대한 과실이 있다는 것이다.

첫째, 이들은 "'把' 뒤의 술어는 행위자를 내포한다"는 관점을 뒷받침하기 위해서 "내포된 피사역자(caused, 被致使者)가 양성적으로 나타날 수 있다"는 예를 6가지 제시하였다.

> 不定那时他会一跤跌到山涧里, 把骨肉被野鹰啄尽。
> 그때쯤이면 그는 산골짜기에 떨어져 뼈와 살을 야생 매에게 다 쪼일지도 모른다.
> 这所坐落在市中心的学校把操场让人家占用了。
> 도심 한복판에 자리 잡은 이 학교는 운동장을 사람들에게 점유당하였다.
> 小树把根叫洪水冲出来了。
> 어린 나무는 뿌리가 홍수에 휩쓸려 드러났다.
> ……把事件由国际法庭处理。
> …사건을 국제사법재판소가 처리한다.
> 房主说, 不想把房子被银行收走。
> 집주인은 집을 은행에 넘어가게 하고 싶지 않다고 했다.
> 赵四张着大嘴笑的把舌根喉孔都被看见。
> 자오쓰는 혀뿌리와 목구멍까지 다 보일 정도로 입을 크게 벌리고 웃었다.

위 6개의 문장은 예외 없이 모두가 비문이다. 중국어 '被'자문은 관례에 따르면 '把NP' 뒤에 출현할 수 없기 때문이다. 쉐펑성(薛凤生 1989)도 "'把'자문의 동사에는 피동의 의미가 있다고 했지만, '把'자구가 '被'자구 앞에 위치하는 문장은 수용할 수 없다"고 선을 그었다.

둘째, '把'자문 안의 통사표지 '给'이다. 주쟈레이·화동판은 '把'자문의 동사구 앞에 있는 '给'와 중국어 방언에서 피동을 나타내는 '给'는 동일한 형태소로, 재귀의 의미를 나타낸다고 보았다. 하지만 이 견해는 중국어학계의 주류 관점과 다르며, 언어적인 사실의 근거도 없다.

중국어에서 동사 앞의 '给'는 '把'자문에 의해 생겨난 것이 아니다. 이러한 용법은 일반적으로 수혜자(beneficiary, 受惠者)와 여격(dative, 与事)[16]을 소개하는 전치사로 목적어가 생략된 것이거나 또는 '给予' 의미의 동사 '给'가 직접 문법화된 것으로 본다. 앞의 견해는 역사 문법적인 언어 사실로 방증이 가능하다.

> 他当时也没说甚么, 赶人家把房子盖得了, 给他加几两银子的房钱, 他不答应, 叫人家总得给Ø加十两银子的房租, 人家不肯给他加, 他说若不依着他那个数儿办, 就叫人家搬家, 上别处做买卖去。
>
> 그는 당시에 아무 말도 하지 않고, 사람들에게 집을 빨리 완성하도록 재촉하였는데, 그에게 은 몇 냥의 집세를 더 얹어 주겠다고 하였지만, 그는 거절하고는, 사람들에게 (Ø에게)은 열 냥의 집세를 더 얹어 달라고 했지만, 그는 그 사람에게 더 얹어 주려고 하지 않았다. 그 사람은 만약 자기가 생각한 그 숫자대로 하지 않으면, 그를 이사 보내서 다른 곳으로 가서 장사하게 하겠다고 했다. (早期北京话材料『谈论新篇』第五十六章)
>
> 直过了一年多, 他们才查出来是别人给Ø泄漏的, 这才把我们舍弟洗出来。
>
> 1년 남짓 지나서야 그들은 다른 사람이 누설했다는 것을 알아냈고, 그제서야 우리 동생을 누명에서 벗어나게 하였다. (『谈论新篇』第五十七章)

위 두 예는 왜 수혜자가 생략된 것이라고 단정할까? 첫 번째 문장에서는 '给加十两银子(은 열 냥을 보태주다)' 뒤에 '人家不肯给他加(그 사람이 그에게 보태

---

16) 역자주: 체언이 가지고 있는 격의 일종. 부사격으로도 생각할 수 있으며 체언으로 하여금 무엇을 받는 자리에 서게 하는 기능 외에 동작의 상대를 나타내기도 한다. '에게·께·한테·더러·보고' 등이 있는데 각각 약간의 특징이 있어서 '께'는 존칭으로 쓰이며, '더러·보고'는 그 분포가 제약되어 있고 구어(口語)에서 나타나는 수가 많다. 여격은 대개 유정물(有情物) 명사에 나타나는 특징이 있어서 처격과 대조된다. [네이버 지식백과] 여격 [dative, 與格] (국어국문학자료사전, 1998., 이응백, 김원경, 김선풍)

주려 하지 않았다)'라는 표현이 바로 붙어 있다. 두 번째 문장에서 '別人给泄漏的(다른 사람이 누설했다)'란 말은 앞의 가까운 곳에 있는 '他们就不免疑惑我给他们泄漏的(그들은 내가 누설했다는 의심을 피할 수 없다)'에 호응하여 말한 것이다. 두 예 모두 확실한 수혜자가 드러나 있다는 것이 분명한 증거가 된다.(张伯江 2013)

'把'자문의 예는 다음과 같다.

> 又托他家的门馆先生管待程相公, 又嘱咐把酒先给收在仓里, 闲来自己去收。
> 한편으로는 그 집 식객에게 청상공을 대접하라고 부탁하고, 한편으로는 술을 먼저 창고에 넣어 놓으면, 틈이 날 때 자기가 정리하겠다고 당부하였다. (『儿女英雄传』第三十九回)
>
> 你在外头耽搁了这么几天, 差一点儿把你们大掌柜的给急死。
> 네가 밖에서 이렇게 며칠을 지체한 게 하마터면 너희 사장님을 화가 나 죽게 만들 뻔 했다. (『谈论新篇』第四十三章)

이 두 개의 예문에서 수혜자/여격 성분을 추가하는 것은 좀 무리가 있지만(?把酒给他收在仓里／?把大掌柜的给他急死), 행위자 성분을 추가하는 것은 절대로 불가능하다. (*把酒给＝被他收在仓里／*把大掌柜的给＝被他急死)

5.5 '把'자문은 통사 과정인가?

언어학에서 자주 언급되는 통사 과정은 주로 피동과 역피동이다. 5.1-5.3의 논의에서 얻은 피동태와 역피동태에 대한 체계적인 인식을 바탕으로 중국어 '把'자문을 가지고 다음과 같이 간단한 비교를 할 수 있다.

	피동태	역피동태	'把'자문
주요 문법 역할: 강등(혹은 생략)	+	+	-
부차적인 문법 역할: 승격	+	+	(-)
술어: 탈타동화	+	+	(-)
의미: 저영향성	+	+	-

위 도표의 내용을 상세히 서술하면 다음과 같다.

· 피동태: 행위자 성분은 전치사의 목적어로 강등되어 사격어(oblique, 旁语)로 되거나 생략되고, 피행위자 성분은 주어로 승격되며, 술어는 타동성 구조에서 자동성 구조로 바뀌고, 문장의 의미는 영향성이 낮아진다.

· 역피동태: 피행위자 성분은 전치사의 목적어로 강등되어 사격어로 되거나 생략되고, 행위자 성분은 절대격 단어로 승격되며, 술어는 타동성 구조에서 자동성 구조로 바뀌고, 문장의 의미는 영향성이 낮아진다.

· '把'자문: 행위자 성분은 원래의 통사 지위를 유지하여 강등도 승격도 되지 않고, 피행위자 성분은 어느 정도 승격되어 '把' 표지를 사용하여 나타나며, 일부 술어는 타동성 구조에서 자동성 구조로 변하고, 문장의 의미는 영향성이 높아진다.

중국어의 '被'자문은 분명히 피동화 과정을 포함하고 있는 문형이다. 초기의 형식 통사론은 문두의 주어를 단순히 목적어가 위치 이동을 거쳐 만들어진 것으로 간주하였다. 하지만 최근의 대표적인 처리 방법은 더 이상 주어가 목적어에서 이동한 것은 아니라고 보면서도, 여전히 목적어가 이동한다고 강제적으로 가정한다. 단지 이 이동이 하나의 공연산자(empty operator, 空算子)의 이동을 통해 실현된다는 점에서만 다를 뿐이다.(Huang et al. 2008, 이 책 4.1.2 참조). 이 방안은 여전히 위에서 기술한 '행위자 성분은 강등되고 피행위자 성분은 승격하며, 타동문은 자동문화 된다'라고 하는 전체적인 특징을 나타내고 있다. 이와 동시에, '把'자 구조의 도출 방식이 '被'자 구조와는 다르고 '把'는 어떠한 의미역도 할당하지 않으며, '把'자문의 주어와 '把' 뒤의 NP가 모두 '把'로부터 의미역을 얻지 못한다는 점들을 통사론자들도 발견하게 되었다. '把'자 구조는 연산자의 위치 이동과는 관련이 없다는 것이다.(같은 책 5.1-5.3) 이것은 그들도 '把'자문이 행위자와 피행위자의 승격이나 강등을 강제하지 않음을 알게 되었다는 것을 설명한다.

이러한 비교는 중국어 '把'자문이 전형적인 통사 과정이 아님을 보여준다. 본서의 하편에서는 한발 더 나아가 '把'자문이 주로 의미와 화용의 목적을 위해 사용된다는 점을 서술할 것이다.

'把'자문의
의미와 화용
문제

제6장

주어의 의지성

　'把'자문의 의미 중 가장 주목을 끄는 것은 전체 문형의 의미이며, 각 성분의 의미 중에서는 역시 '把'자의 목적어에 대한 관심이 가장 많다. '把'자문의 주어가 처음에는 주목을 끄는 부분이 아니었다. 하지만 '把'자문에 대한 연구가 심화됨에 따라 주어의 의미역이 점점 더 중시되었고, 심지어 전체 문형 의미에 대한 새로운 관점도 생겨나게 되었다.

6.1 행위자와 사역자

　라오창룽(饶长溶 1990)은 일찍이 '把'자문 주어의 의미 유형을 논의한 바 있다. 본서 1.2에서 '把'자문 주어의 형식 유형에 대한 토론을 소개했는데, 여기서는 의미의 각도에서 '把'자문 주어의 의미 유형을 살펴보고자 한다. 라오창룽은 '我把冬天的衣服全带了(나는 겨울옷을 전부 챙겼다)'에서 '我(나)'와 '好心的街坊把淑红拉回了自己的家(마음씨 좋은 이웃이 수홍을 끌고 자기 집으로 돌아갔다)'의 '好心的街坊(마음씨 좋은 이웃)'과 같이 어떤 주어 명사가 나타내는 사람은 그 뒤 동사가 나타내는 동작의 행위자가 된다고 하였다. 행위자 외에 피행위자가 주어가 되는 경우도 있는데, '山楂糕把牙给吃软了(산사열매 떡이 이빨을 약하게 만들었다)'의 '山楂糕(산사열매 떡)', '这衣裳把人洗怕了(이 옷은 사람을 세탁하기 무섭게 만든다)'의 '这衣裳(이 옷)'과 같은 것이 그러하다. 또 구의 형식으로 그 뒤 술어 동사 및 그 결과의 원인을 나타내는 경우도 있다. 예를들면, '吃螃蟹把孩子吃吐了(게를 먹은 것이 아이를 토하게 만들었다)'에서의 '吃螃蟹(게를 먹다)'는 '吃吐(먹고 토하다)'의 원인이 되고, '大家盼雨把眼盼红了(모두들 비를 기다리느라 눈까지 빨개졌다)'에서 '大家盼雨(모두들 비를 바라다)'는 '眼(눈)'이 '盼红(어떤 일을 갈망하여 붉어지다)'의 원인이 된다.

그는 특별히 명사성 단위가 주어가 되는 두 가지 예와 비명사성 단위가 주어가 되는 두 가지 예는 서로 비교가 가능하다고 지적하였다. '山楂糕'는 '吃'의 피행위자라는 것 외에도, 이에 겸하여 원인을 나타내는 것으로도 볼수 있다. 왜냐하면, 다름 아닌 '山楂糕'가 '把牙吃软了'의 결과를 초래하기 때문이다. 이는 '吃螃蟹' 때문에 '把孩子吃吐了'를 초래한 것과 비슷하며, '这衣裳'도 '把人洗怕了'의 원인으로 볼 수 있다. 이는 다시 말하면 다음과 같다.

> 吃山楂糕把牙给吃软了。
> 산사열매 떡을 먹은 것이 이빨을 약하게 만들었다.
> 洗这衣裳把人洗怕了。
> 이 옷을 세탁하는 것은 사람을 세탁하기 무섭게 만든다.

주목할 만한 것은, 이때 "'把'자문형 전체가 결과초래(致使)의 의미를 내포한다"라는 라오창룽의 지적이다. 그는 또 매우 의미심장한 예들을 제시하였다.

这声低柔的"祥子"把他的怒气打消了好些。

나지막하고 부드러운 '샹즈' 소리가 그의 화를 좀 가라앉혔다.

一个通宵把小弟眼睛熬红了。

밤샘 하나가 동생의 눈을 빨갛게 만들었다.

几步路把我走累了。

몇 걸음 길이 나를 걷다가 지치게 만들었다.

라오창룽의 이러한 관찰은 이미 '결과초래'라는 대극의 서막을 열었다고 보아야 할 것이다.

예상양(叶向阳 2004)은 '把'자문 주어의 의미 유형에 관한 다양성을 논할 때 독특한 관점을 가지고 있었다. 그는 '把'자문에 대한 이전의 연구는 단일 사건에 대한 설명이라고 지적하였다. 즉, '把'자문에는 하나의 주요 동사가 있으며, A는 주요 동사의 행위자, B는 주요 동사의 피행위자로 보았다는 것이다. 하지만 이러한 견해는 많은 어려움에 봉착하였다. 예상양(叶向阳 2004)에서는 단일한 사건의 타동적 관점에서 A, B 두 가지 성분이 담당하는 의미역을 다음과 같이 나열하였다.

电话铃把我吵醒, 我仍沉溺在纷乱的梦中。

전화벨이 나를 깨웠지만, 나는 여전히 어지러운 꿈속에 빠져 있다. (A: 행위자, B: 피행위자)

两杯酒就把他喝醉了。

술 두 잔이 그를 취하게 했다. (A: 피행위자, B: 행위자)

五里山路就把他走累了。

5리 산길이 그를 지치게 했다. (A: 범위, B: 행위자)

那事儿把他都急哭了。

그 일로 그는 다급하게 울었다. (A: 원인을 나타낼 뿐 '急'의 논항은 아님, B: 경험자)

他 / 那块石头把刀都砍钝了。

그는 / 그 돌은 칼을 베어서 무디게 만들었다. (A: 행위자/피행위자, B: 도구)

他把眼睛哭红了。

그는 눈을 울어서 벌겋게 만들었다. (A: 행위자, B: 행위자의 일부)

他 / 玩牌把时间都玩没了。

그는 / 카드놀이가 시간을 노느라 다 날렸다. (A: 행위자 / 과정 자체, B: 과정에서 흐른 시간)

看你把桌子吃成了什么样!

네가 밥 먹느라 식탁을 어떻게 만들었는지 봐라! (A: 행위자, B: 과정이 진행되는 장소)

小王 / 一杯水就把他救活了。

샤오왕이 / 물 한 컵이 그를 살렸다. (A: 행위자 / 도구, B: 피행위자)

他把客人都哭走了。

그는 손님을 모두 울려서 보냈다. (A: 행위자, B: 피영향자일 뿐 '哭'의 논항은 아님)

사실에 대한 나열 결과, A는 주요 동사의 행위자, 피행위자, 범위, 도구, 비논항의 원인 또는 과정 그 자체 등이 될 수 있고, B는 주요 동사의 피행위자, 행위자, 행위자의 일부, 경험자(experiencer, 当事), 도구, 사용한 시간, 발생한 장소 등이 될 수 있으며, 심지어 동사와 논항 관계가 없는 피영향자가 될 수도 있다는 점을 분명히 확인할 수 있다. 예상양은 "타동성의 각도에서 '把'자문을 관찰하면, A, B와 주요 동사의 의미 관계는 상당히 복잡하여 통일된 의미역이 없다. 하지만 결과초래성(致使性)이라는 각도에서 '把'자문을 관찰하면, A와 B는 통일된 의미역을 얻을 수 있다"고 주장하였다. 예상양의 결론은 다음과 같다.

결과초래의 각도에서 살펴보면, '把'자문 형식에서의 세 위치와 결과초래 상황의 각 의미 요소가 간결하면서도 규칙적인 대응을 이룬다. A는 상황을 초래한 촉발자인 사역자(causer, 致使者)가 되고, B는 결과초래 상황에서 영향을 받아 변화가 생기는 피사역자(causee, 被使者)로, 피사역사건의 주체이다. VP는 결과초래 상황(E1, E2)이다. B는 결과초래 사건(致使事件)과 결과 사건(被使事件)을 연결하는 중추로 필수 불가결한 요소이다. 하지만 A는 상대적으로 별로 중요하지 않아서 있어도 되고 없어도 된다. 이들은 결과초래 상황에서 사역자와 피사역자의 지위와 일치한다.

'행위자(agent, 实施者)'에서 '사역자'로의 변화는 연구자들이 발견한 사실들이 더욱 풍부해지고 사실에 대한 이해도 더욱 깊어졌음을 말한다. 다우티(Dowty 1991)가 제시한 원형 행위자(原型施事)의 의미 등급에서 1위를 차지한 것은 행위자가 의도적으로 행위를 하는 '자주성(自主性)'이다. 2위는 사건이나 상태에 대한 행위자의 느낌을 뜻하는 '감지성(感知性)'이며, 3위는 사건의 주체가 사건이나 또 다른 참여자의 상태 변화를 초래하는 '원인성(使因性)'이다. 이 세 가지 행위자 특성은 의미 등급의 뒤로 갈수록 약해진다. 과거 학자들은 '把'자문의 처치 의미에 주목하여 처치 능력이 있는 것은 당연히 높은 자주성, 높은 염원성이 있을 것이기 때문에 '把'자문 주어의 염원성이 높고 낮음을 의심한 적이 없었다. 그러나 새로운 사실의 발견으로 인하여 학자들은 처치 사건을 실현 가능하게 하는 것이 의도적인 동작 행위자뿐만 아니라 의도하지 않은 행위자일 수도 있다는 것을 알게 되었다. 이것은 어떻게 설명해야 할 것인가?

6.2 의지와 책임

1985년 8월, 제1회 국제 중국어 교육 세미나가 베이징(北京) 시산(西山)에서 열렸다. 미국 스탠퍼드대학교에서 온 가오궁이(高公亿)와 베이징대학교의 루젠밍(陸俭明), 마시원(馬希文)은 함께 모여 '把'자문 주어의 비행위자성 문제에 대한 토론을 진행하였다. 예를 들면, '大虾把我的肚子吃坏了(대하가 내 배를 탈나게 했다)'에서 '大虾(대하)'는 분명히 동작의 주체가 아닌데 어떻게 행위자 주어와 같다고 설명할 수 있을까하는 문제이다. 논의 결과, 그들은 '把'자문 주어의 의미 신분을 '책임자(责任者)'로 개괄해야 한다는 결론을 내놓았다. 그렇다면 '大虾把我的肚子吃坏了'와 '张三把我的肚子打疼了(장산이 내 배를 때려서 아프게 했다)'는 모두 '大虾'와 '张三'이 각각 술어 사건의 책임자가 되는 것이다. 하지만 안타깝게도 이러한 관점은 줄곧 논문 형식으로 발표되지 못했다.

장보쟝(张伯江 2000)은 '책임설'에 대해 진일보한 해석을 내놓았다. 그는 당대(当代) 소설 코퍼스에서 '자주성'은 없고 '원인성'만 있는 예가 적지 않음을 발견하였다. 예를 들면 다음과 같다.

> 我告诉自己不要看那轮子, 但另一种巨大的力量把我的目光牢牢吸引在那两对后轮上, 直到那两对后轮蓦地停止转动……
> 나는 스스로에게 그 바퀴를 보지 말라고 말했지만, 또 다른 거대한 힘이 나의 시선을 그 두 쌍의 뒷바퀴에 단단히 고정시켰다. 그 두 쌍의 뒷바퀴가 갑자기 회전을 멈출 때까지……
> 这些缝隙积累积起来, 便产生了一个巨大的空间, 把我和事实本身远远隔开, 自成一家天地。
> 그 틈새가 조금씩 쌓이면서 하나의 거대한 공간이 생겼다. 그것은 나를 사실 자체와 멀어지게 하여 스스로 하나의 세상을 만들게 하였다.
> 我用力地推开她, 猛地翻身坐起, 拧亮台灯, 下地找着一枝烟点上吸, 第一口就把我呛得连连咳嗽。
> 나는 힘껏 그녀를 밀치고는, 벌떡 몸을 뒤척이고 앉아서 스탠드를 켜고 바닥

에서 담배 한 개비를 찾아 흡입하자, 첫 모금부터 사레가 들려서 연신 기침을
해댔다.

他们说你撞了车, 把我吓坏了, 我还以为……

그들이 네가 차에 부딪혔다고 해서 나를 깜짝 놀라게 만들었다. 난 또 ……인
줄 알았어.

他竟把这个誓忘记了那么多年, 忘记得这么彻底……

그는 뜻밖에도 이 맹세를 그렇게 몇 년씩이나 잊고 있었지, 그토록 철저하게
잊고 있었지……

我跟你下棋把手都下臭了。

내가 너와 바둑을 두는 것은 손에서도 악취를 풍기게 만드는 거야.

이들 예문에서 '一种巨大的力量(일종의 거대한 힘)', '一个巨大的空间(하나의
거대한 공간)'과 같은 무형의 추상적인 사물 또는 '第一口烟(첫 모금의 담배)'과
같은 유형의 무생성 사물, 그리고 '你撞了车(네가 차에 부딪혔다)', '我跟你下棋
(내가 너와 바둑을 두다)'와 같은 사건에 상관없이, '책임 추궁(追究责任)'이라는
전체 문장의 의미 안에서는 모두가 '사건을 책임지는 책임자'의 역할을 한
다. 이러한 인식을 가지고 있으면, '他竟把这个誓忘记了那么多年'과 같은 문
장에 대해 '他'가 자주적인 능력을 갖춘 존재라고 해서 행위자로 판정하거나
동사 '忘记(잊어버리다)'로 인해 '他'를 경험자(experiencer)로 판정하지 않게
된다. '책임을 지는 사람'이라는 말이 바로 이 문장의 '他'에 대한 가장 정확한
의미 해석이 되는 것이다.

의도적으로 행한 자주적인 행위에 대해서는 당연히 행위자가 책임을 져야
하지만, 때로는 그가 의도하지 않게 어떤 사건의 발단이 되어도 책임에서 자
유로울 수 없는 경우도 있다. 이는 원형 행위자의 몇 가지 특징 가운데 '자
주성'이 '원인성'을 포함한다는 규칙을 보여주는 것이다. 왜 이러한 포함 관

계가 존재할 수 있는가? 사실 이 역시 이해하기 어렵지 않다. 왜냐하면 언어는 원래 화자가 말하는 일종의 진술이이어서 한 마디의 말(행위자가 문두에 오는 일반적인 평서문의 경우)은 한편으로는 행위자가 행하는 행위에 대한 묘사이기도 하면서, 다른 한편으로는 화자의 태도의 표현이기도 하기 때문이다. 이때 문장의 시점은 엄밀히 말하면 행위자 지향(agent-oriented)과 화자 지향(speaker-oriented)의 두 가지가 있다.

'荊軻故意靠近秦王(형가는 일부러 진왕에게 다가갔다)'는 행위자의 관점에서 말한 것이고, '荊軻顯然刺不死秦王(형가는 확실히 진나라 왕을 찔러 죽일 수 없었다)'는 서술자의 관점에서 말한 것이다. 후자는 단지 화자의 견해를 표현한 것일 뿐, 글 속에 있는 행위자의 염원과 반드시 일치하지는 않는다. 중국어 '把'자문에는 반드시 '책임 추궁'의 의미가 있다고 말할 때, 그 의미의 본질을 따져보면 결국은 화자가 가져다 준 것이다. 그래서 '把'자문은 화자가 책임 추궁의 의미를 나타내기에 적합한 문장구조라고 말할 수 있다.

'책임 추궁'이라는 의미가 통사 형식으로 증명될 수 있을까? 장보쟝(张伯江 2000)은 중국어에서 '是……的' 문형이 책임자를 두드러지게 나타내는 문장구조이며, '把'자문은 모두 '是……的' 구조로 변환함으로써 책임자가 강조될 수 있다고 보았다.

> 是另一种巨大的力量把我的目光牢牢吸引在那两对后轮上的
> 또 다른 거대한 힘이 나의 시선을 그 두 쌍의 뒷바퀴에 단단히 고정시켰다
> 是那个巨大的空间, 把我和事实本身远远隔开的
> 그 거대한 공간이 나를 사실 자체와 멀어지게 했다
> 是第一口烟把我呛得连连咳嗽的
> 담배 첫 한 모금이 나를 사레들려서 연신 기침을 하게 했다
> 是你撞了车的消息把我吓坏的

네가 차에 부딪쳤다는 소식이 나를 깜짝 놀라게 만들었다
是他把这个誓忘记了那么多年的
그가 이 맹세를 그렇게 몇 년이나 잊은 것이다
是跟你下棋把手都下臭的
너와 바둑을 두는 것이 손에서도 악취를 풍기게 만들었다

'책임자'와 '사역자'는 동일한 것인가? 이들은 서로 같은 해석력을 가지는가? 주쟈레이·화둥판(朱佳蕾·花东帆 2018)은 '결과초래설'이 포괄적이지 않아서 "일부 '把'자문은 결과초래나 처치의 의미를 나타내지 않는다"고 지적하였다. 예를 들면 다음과 같다.

张三把钱看得很重。
장산은 돈을 아주 중요하게 생각한다.
看守把个犯人给跑了。
간수가 범인을 달아나게 했다.
比赛到了最后这个重要关头, 他竟然把条腿给断了。
경기가 막판에 이 중요한 고비에 이르렀을 때, 그는 뜻밖에도 한쪽 다리를 부러뜨렸다.

'결과초래'는 원인을 따라 결과로 향하는 순방향의 서술이지만, '책임'은 심각한 결과가 나타나는 경우가 많기 때문에 흔히 누가 책임을 져야 하는지를 추궁한다. 위 예문 가운데 최소한 뒤의 두 가지는 책임 추궁의 의미가 비교적 분명하게 드러난다.

'결과초래설'을 주장하는 학자들은 두 사건 사이에 전자가 후자에 영향을 미치는 관계라는 것을 주장한다. 이때 특히 더 강조하는 것은 앞의 사건이다. '사역자'는 가장 큰 관심사가 아닌데, 이는 그들이 제시한 예문이 일반적

으로 주어가 없다는 점을 통해 알 수가 있다.

제7장

목적어의 확정성(상)

7.1 확정: 특칭? 범칭? 확칭?

'把'자문 목적어의 확정성(有定性)은 '把'자문 연구에서 가장 '오래된' 화제이자 가장 많이 제기되었던 문제이다. 본서 1.1.1에서는 형식적인 관점에서 확정(有定)/불확정(无定)의 문제를 서술하였다. 확정성 문제의 실체는 의미이기 때문에 여기에서는 확정성의 의미에 대해 중점적으로 서술하고자 한다.

뤼수샹(呂叔湘 1948)은 '把'자의 목적어는 반드시 확정적인 대격(the determinate accusative)이어야 한다는 뮬리(Mullie 1932)의 주장을 언급하였다. 뤼수샹은 또 다음과 같이 평가하였다.

중국어에서 명사의 확정·불확정은 반드시 형식적인 표지로 나타나지는 않는다. 따라서 뮬리가 이러한 설명 뒤에 제시한 두 예문, '我把这一本书儿看完了(나는 이 책을 다 봤다)', '我把桌子挪了(나는 탁자를 옮겼다)'에서 하나는 무엇인지를 분명히 나타내는 '这'자가 있고, 다른 하나는 '这'나 '那'가 없다. 그렇지만 두 번째 문장의 '桌子' 역시 당연히 아무 의자는 아니다. 뮬리의 이 같은 관찰은 대단히 정확한 것이다. '把那杯茶拿来(그 잔의 차를 가져와라)'와 '拿杯茶来(차 한 잔 가져와라)'를 비교해 보면, 한 문장의 '茶'는 확정적이고 다른 한 문장의 '茶'는 불확정적이다. 또 한 문장에서는 '把'를 사용하였고 다른 한 문장에서는 '把'

를 사용하지 않았는데, 이 둘은 교체가 불가능하다. '把茶拿来((그) 차를 가져와라)'와 '拿茶来(차를 가져와라)'도 역시 차이가 있다. 앞의 문장을 말할 때는 그곳에 준비된 차가 있다는 것을 알고 있는 경우이고, 뒤의 문장을 말할 때는 이러한 가정이 존재하지 않는 경우이다.

'확정'은 서양 언어에서는 종종 관사의 형식으로 판별이 가능한데, 이것이 중국어에 반드시 적합하지는 않다. 뤼수샹은 위의 말에서 이미 이 점을 언급하고 있다. 그것은 확정과 불확정이 중국어에서는 형식보다는 의미의 개념이라는 것을 말해준다.

확정성의 의미가 무엇인가에 대해서 중국어 학계에서는 오랫동안 명확한 설명이 없었다. 왕환(王还 1957)의 견해를 살펴보자.

한 마디의 말에 '把'를 쓸 수 있는지 여부는 때로는 확실히 목적어의 성격과 매우 큰 관계가 있다. 하지만 '확정', '불확정'이라는 표현이 아주 정확하지는 않다. 만일 확정은 특칭(专指)이고 불확정은 범칭(泛指)이라고 말한다면, 다음 말들이 성립하는 이유를 설명하기가 어렵다.

他这人太浪费, 总把钱不当钱花。
그 사람은 너무 낭비가 심해서, 항상 돈을 돈으로 보지 않고 쓴다.
他目空一切, 从来不把人放在眼里。
그는 안하무인이어서, 지금까지 사람을 안중에 둔 적이 없다.
我想把一本俄文小说译成中文, 你说译哪一本好?
내가 러시아어 소설 한 권을 중국어로 번역하고 싶은데, 어느 책을 번역하는 것이 좋은지 네가 말해 볼래?

여기서 '钱(돈)', '人(사람)', '小说(소설)'는 모두 특정한 '一笔钱(한 몫의 돈), 一个人(한 사람), 一本小说(한 권의 소설)'를 가리키는 것이 아니다. 우리는 '把'자문에서 확정적인 목적어가 불확정적인 목적어보다 확실히 훨씬 더 많다는 점은 인정한다. 하지만 목적어의 확정과 불확정은 외형만으로는 알아보기가 어렵다. '주어-술어-목적어' 형식의 문장에서 '他怎么老写信?(그는 왜 항상 편지를 쓰나요?)'과 같이 수식어가 없는 원형 명사가 목적어가 되면 불확정적인 것이 될 수 있다. 그렇지만 '把'자문에서 '我把信写了(나는 편지를 썼다)'와 같이 수식어가 없는 원형 명사가 목적어가 되면 그것은 주로 확정적인 것으로, 반드시 모종의 편지 한 통(某一封信) 또는 모종의 편지들(某些信)을 가리킨다.

20여 여년이 지난 후, 왕환은 이를 돌이켜보며 다음과 같이 말하였다.

필자는 1959년 상하이교육출판사[7]의 『중국어 지식 강연(汉语知识讲话)』 총서에 『'把'자문과 '被'자문('把'字句和'被'字句)』이라는 소책자를 썼다. 여기서 '把'자의 목적어를 언급할 때 내린 결론은, '把'자문의 목적어는 반드시 다음의 조건 중 하나를 만족해야 한다고 말할 수 있다는 것이다.

가. 어느 하나 또는 여럿의 특칭인 사람이나 사물
나. 동작 전에 이미 존재하는 어느 하나 또는 여럿의 사람이나 사물로, 특칭
   과 범칭 모두 가능

필자가 말하는 '특칭'은 일반적으로 말하는 '확정'적인 것이고, '범칭'은 일반적으로 말하는 '불확정'적인 것이다. 쑹위주(宋玉柱)는 『어문연구(语文研究)』(1981년 제2기)에 수록된 「'把'자문에 관한 두 가지 문제(关于'把'字句的两个问题)」에서 다음 세 가지의 예를 들어 필자의 위 결론에 문제가 있음을 설명하였다.

你总不能把房子盖到别人家去吧。
너는 아무래도 집을 남의 집에까지 지을 수는 없잖아.
他是一位有才华的作家, 能把文章写得引人入胜。
그는 재능 있는 작가로, 글을 사람이 황홀해지게 쓸 수 있다.

---

17) 저자주: 1957년 신지식출판사(新知识出版社)일 것이다.

你以后可要把信写清楚, 别这么云山雾罩的。

너 앞으로는 편지를 정확하게 써라. 이렇게 구름 낀 산에 안개 덮이듯 쓰지 말고.

위 세 문장에서 '把'의 목적어는 분명히 동작 이전에는 존재하지 않는 것들이 면서 범칭이지만, 이 세 문장은 아주 좋은 '把'자문이다.

작년에 『중국어 지식 강연』 총서의 재판을 내기 위해서 나는 '把'자문을 다시 한 번 더 살펴보았고, 1959년 '把'자의 목적어에 대해 내린 결론이 확실히 틀렸 다는 것을 발견하였다. 나의 현재 생각은 다음과 같다.

첫째, 동작 이전에 존재하지 않는 범칭의 사람이나 사물도 '把'자의 목적어가 될 수는 있지만, 일정한 조건이 있어야 한다.

둘째, 동작 이전에 존재하지 않는 범칭의 사람이나 사물이 단순한 처치성의 동사를 사용하여 '把'자문을 구성할 수 없는 이유는, 사물이 존재하지 않기 때문 에 범칭과 특칭이 상관없는 것이 아니라 그 동사가 그러한 상황 하에서는 비처 치성으로 바뀌기 때문이다.

셋째, '把'자의 목적어는 특칭과 범칭의 두 종류만 있는 것이 아니라 제3의 종류, 즉 동작을 통해서 확정된 어느 하나 또는 여럿의 사람이나 사물도 있다. (王还 1985)

왕환은 중국어 명사 앞에 수량 수식어가 붙는 구조가 불확정적인 것으로 인식되는 이유는 영문법의 영향 때문이라고 보았다. 영어의 이른 바 '관사 (article)'는 두 종류로 나눌 수 있는데, 정관사 the와 부정관사인 a 또는 an 이다. 영어의 a나 an은 흔히 중국어의 '一个'에 해당하기 때문에 명사 앞에 '一个'와 같은 수식어를 붙이면 일반적으로 불확정적인 것이라는 것이다. 하 지만 영문법에도 두 그룹의 서로 다른 개념이 있으므로 혼동해서는 안 된다. 한 그룹은 definite(한정)와 indefinite(비한정)로 각각 the와 a 또는 an 두 종류의 관사를 가리키고, 다른 한 그룹은 specific과 generic으로 각각 '특칭'과 '범칭'에 해당된다. 중국어에는 관사가 없으므로 당연히 definite와 indefinite라는 개념도 없다. '把'자의 목적어와 관련된 것은 사실 '특칭'과 '범칭'인데, 이는 마침 영어의 specific과 generic에 해당한다.

그는 한발 더 나아가 '小张生了一个女孩儿(샤오장은 여자아이 하나를 낳았다)'는 '把'자문으로 나타낼 수 없다고 주장하였다. 이 문장이 '把'를 쓸 수 없는 이유는 '一个女孩儿(한 여자아이)'이 불확정적이기 때문이라는 것이 일반적인 설명이다. 그런데 왜 '我不小心把一个杯子砸了(나는 실수로 컵 하나를 깨뜨렸다)'는 가능한 표현일까? 이들 두 문장의 목적어는 성질이 같으므로 원인을 동사에서 찾을 수밖에 없다. '砸了(깨뜨렸다)'와 '生了(낳았다)'의 차이는, '生了'의 목적어인 '一个女孩儿'이 '生'이라는 동사 이전에는 존재하지 않았다는 것이다. 이러한 동사 뒤에 만약 복잡한 성분이 아닌 하나의 수량 수식어만 있는 목적어가 온다면 이 문장들은 모두 다 '他写了几首诗(그는 시 몇 수를 썼다)', '老李买了三斤苹果(라오리는 사과 3근을 샀다)', '小林织了一件毛背心(샤오린은 털조끼 하나를 짰다)', '你给他倒一杯茶喝(그에게 차 한 잔을 따라 마시게 해라)'와 같이 '把'자문을 만들 수는 없다. 다음은 문학작품에서 발췌한 예들이다.

它们酿造一斤蜜, 大约要采五十万朵左右的花粉。
그들이 꿀 한 근을 만들려면 약 50만 송이의 꽃가루를 채취해야 한다.
生产队……曾打算在果园旁给他盖一间屋……
생산팀은… 일찍이 그에게 과수원 옆에다 집 한 칸을 지어주려고 했는데……
如果有人把这一方面的材料收集起来, 一定可以编出一部好书。
만약 누군가가 이 방면의 자료를 수집한다면, 반드시 좋은 책 한 권을 만들 수 있을 것이다.
他涂得挺认真, 象是一位画家正在精心创作一幅图画。

그는 아주 열심히 칠했다. 마치 한 화가가 정성껏 그림 한 폭을 창작하듯이.

他找来一些废铁丝, 精心扎了一个小笼子。

그는 못 쓰는 철사를 좀 구해 와서, 정성껏 작은 새장 하나를 만들었다.

이 문장들에서 동사는 이미 확정되었거나 존재하는 사물에 대해 어떤 처리를 하는 것이 아니라 뒤에 있는 사물을 무에서 유로 생성하는 기능을 한다. 하지만 이러한 동사는 영원히 '把'자문에 사용될 수 없을까? 그렇지는 않다. 다음 예를 보자.

你赶快把两篇文章写了吧, 编辑部又来催了。

얼른 글 두 편을 써라. 편집부에서 또 독촉하러 왔다.

他把几首诗写得一点诗味都没有。

그는 시 몇 수를 조금도 시의 느낌이 나지 않게 썼다.

小林把一件毛背心织得又肥又长。

샤오린은 털조끼를 크고 길게 짰다.

小张把个孩子生在火车上了。

샤오장은 아이를 기차에서 낳았다.

他把个小笼子扎得玲珑剔透, 精致异常。

그는 작은 새장 하나를 상당히 정교하고 아름답게 만들었다.

첫 번째 예문의 '两篇文章(글 두 편)'은 집필하기로 이미 편집부와 합의한 것이기 때문에 특칭이 되고, '写(쓰다)'는 이미 확정된 '文章(글)'에 대한 처치 방법이므로 당연히 '把'자문을 사용할 수가 있다. 만약 일반적으로 남에게 글을 청탁하는 상황이면 단지 '你给我们写两篇文章吧(저희에게 글 두 편을 써 주세요)'라고만 말할 수 있을 뿐, '把'자문을 사용할 수는 없다. 나머지 네 문장에서 '把'의 목적어는 특칭도 아니지만 범칭도 아니다. 왜냐하면 지칭하는 사물이 임의의 어느 하나가 아니라 문장 속 동사의 통제를 받는 그 하나로, 동작을 통해서 확정된 것이기 때문이다. 따라서 왕환은 이를 '확칭(确指)'이라고 칭하였다. 그는 이러한 확칭의 목적어가 '把'자문에 쓰이기 위해서는 조건이 필요하다고 보았다. 그것은 바로 동사가 뒤에 부가성분을 수반하여 목적어가 어떤 처치를 받는지를 설명하거나 아니면 무에서 유에 이르던 원래의 문장 초점이 이제는 목적어가 동작을 통해 어떤 상태가 되었는지를 설명하는 쪽으로 옮겨가야 한다는 것이다. 무엇보다 흥미로운 것은, '小张把个女儿生在火车上了(샤오장은 딸을 기차에서 낳았다)'를 절대로 불가능한 표현이라고 할 수는 없지만, 중국어 화자들은 대체로 중성적이면서 어떠한 정보도 제공하지 않는 목적어를 사용한 '把个孩子生在火车上了(아이를 기차에서 낳았다)'를 보다 더 자연스럽게 말할 것이다. 왜냐하면 이 말의 주요 정보는 딸이나 아들이 아닌 '生在火车上(기차에서 낳다)'이기 때문이다.

이러한 '확칭'의 목적어는 두 종류의 동사에만 쓸 수 있다. 그것은 위에서 말한 것처럼 목적어가 동사의 결과로 생성된 것이거나 '他的汽车昨天把一棵小树撞倒了(그의 자동차가 어제 작은 나무 한 그루를 박아서 쓰러뜨렸다)', '冰雹把一片麦地全砸了(우박이 보리밭 한 뙈기를 모두 망가뜨렸다)', '我一不小心, 把一杯酒全洒在衣服上了(나는 실수로 술 한 잔을 전부 옷에 쏟았다)'에서와 같이 일종의 의외의 행위인 경우이다. 의외의 행위를 나타내는 동사의 피행위자는 물론 특칭일 수도 있지만 확칭일 가능성도 있다. 확칭은 동작 전에는 불확정적이던 것이 동작을 거친 후에 확정되는 것이기 때문에 특칭도 범칭도 아니다. 또 '把'자문에 출현하는 이러한 확칭의 목적어는 조건이나 가정 또는 시간성이 없는 일반적인 이치에 대한 서술이 아니라 반드시 이미 이루어진 사실에 대한 서술이어야 한다.

이상의 논의를 바탕으로 왕환(王还 1985)은 '把'자문에서 '把'의 목적어를 세 가지로 분류하였다.

첫째는 확칭이다. 위에서 서술한 두 종류의 동사의 목적어는 문장이 이미 실현된 사건을 설명한다는 것이 조건이다. 만약 목적어가 나타내는 사물이 동작 이전에 존재하지 않는다면, 이 동작을 나타내는 동사는 반드시 뒤에 목적어가 어떻게 영향을 받았는지를 설명하는 부가성분을 수반해야 한다.

둘째는 범칭이다. 이러한 '把'자문에서 가장 흔하게 볼 수 있는 것은 일반적인 이치를 설명하는 것이어서 시간성이 없다. 다음은 그의 글에서 따온 몇 가지 예이다.

最近苏联也有人把<u>意义</u>看做是语言之外的范畴。

최근에는 소련에서도 의미를 언어 외의 범주로 보는 이가 있다. (宋振华·刘伶『语言理论』)

我们平常把<u>大豆</u>拿去榨油, 主要目的是为了提取它所含的脂肪……

우리는 평소에 대두를 가져다가 기름을 짜는데, 주요 목적은 그것이 함유한 지방을 추출하기 위한 것으로…… (『燕山夜话·大豆是个宝』)

他们正好可以把<u>自学</u>与家传相结合。

그들은 마침 독학을 대대로 내려오는 집안 내력과 결합시킬 수 있었다. (『燕山夜话·自学与家传』)

这种宇宙观把<u>世界一切事物, 一切事物的形态和种类</u>, 都看成是永远彼此孤立和永远不变化的……

이러한 우주관은 세상의 모든 사물, 모든 사물의 형태와 종류를 모두 영원히 서로 고립되고 변하지 않는 것으로 간주하는데……(毛泽东『矛盾论』)

他们把<u>一般真理</u>看成是凭空出现的东西……

그들은 일반적인 진리를 아무 이유 없이 나타나는 것으로 간주하는데……(同上)

那末, 应该怎样努力才能把字写好呢?

그렇다면, 어떻게 노력해야 글씨를 잘 쓸 수 있나요? (『燕山夜话・大胆练写字』)

셋째는 특칭이다. 이는 가장 흔히 볼 수 있는 '把'자문의 목적어로, 동사가 처치성이기만 하면 모두 '把'자문을 사용할 수 있으며, 아무런 조건을 필요로 하지 않는다.

7.2 의미를 통한 한정과 총칭의 정의

1987년, 천핑(陈平)은 훗날 엄청난 영향을 끼친 「중국어 명사성 성분과 관련된 4쌍의 개념 분석(释汉语中与名词性成分相关的四组概念)」이라는 글을 발표하였다. 이는 중국어 문법 학계에서 처음으로 문법에서 지칭의 의미와 형식을 체계적으로 연구한 성과이다. 이 글은 지금까지 상세하게 설명되지 못했던 확정(有定), 확칭(确指), 특칭(专指), 범칭(泛指) 등의 개념을 처음으로 4쌍의 대립된 개념으로 체계적인 구분을 시도하였다.

지시(referential, 有指)와 비지시(nonreferential, 无指)
한정(identifiable, 定指)과 비한정(nonidentifiable, 不定指)
특정(specific, 实指)과 비특정(nonspecific, 虚指)
총칭(generic, 通指)과 개별칭(individual, 单指)

'把'자문과 관련이 있는 것은 주로 '한정 / 비한정', '총칭 / 개별칭'인데, 한정과 비한정에 대해 천핑이 내린 정의는 다음과 같다.

발화자가 어떤 명사성 성분을 사용할 때, 만약 가리키는 대상을 청자가 언어 환경 내 특정한 사물과 동일화시킬 수 있고, 또 그것을 동일한 언어 환경 내에 존재할 수 있는 다른 동류의 실체와 구분할 수 있을 것으로 예상한다면, 우리는 이 명사성 성분을 한정적 성분이라고 한다. 여기에는 또 두 가지 상황이 있다. 하나는 언어 환경에서 동종의 다른 실체가 없어서 가리키는 대상이 특정 언어 환경 내에서 유일무이한 것일 경우이다. 다른 하나는 동종의 다른 실체가 있더라도 청자가 여러 가지 언어 정보와 비언어 정보에 근거하여 가리키는 대상과 다른 실체를 구분할 수 있는 경우이다. 이와 반대로 발화자가 어떤 명사성 성분을 사용할 때, 만약 이 가리키는 대상을 청자가 언어 환경 내 동종의 다른 성분과 구분할 수 없다고 예상한다면, 우리는 이를 비한정 성분이라고 한다. 이 역시 두 가지 상황으로 나눌 수 있다. 하나는 발화자가 가리키는 대상을 처음으로 담화에 끌어들여 그것을 하나의 낯선 실체로 청자에게 소개하는 경우이다. 다른 하나는 발화자가 이 명사성 성분을 사용하여 단지 그 성분이 대표하는 일반적인 사물을 지칭하는 경우이다. 이때 이 사물이 특정 언어 환경에 실제로 존재하는지 여부에 대해서는 발화자 본인도 알지 못한다.

천핑은 중국어에서 일부 문장성분이 한정 형식의 명사성 성분으로 이루어지는 강한 경향성이 있을 때, 먼저 언급되는 것이 바로 주어와 ' 把'자의 목적어라고 주장하였다. 그는 다음과 같은 문장을 그 예로 제시하였다.

他派周摄影把玉莲送到县招待所, 安排食宿。
그는 저우 사진사를 보내 위롄을 현 초대소로 데려가서 숙식을 마련하게 했다.
他慢慢地踱到一土坟前, 缓缓地从怀中掏出一本≪中国作家≫杂志, 翻过了几页, 把登载着小说≪黑纽扣≫的那几页撕了下来。
그는 천천히 한 무덤 앞으로 가서, 천천히 품속에서 『중국작가』라는 잡지 한 권을 꺼내서 몇 페이지를 넘기더니, 소설 『검은 단추』가 실린 그 페이지를 찢었다.

총칭과 개별칭에 관한 천핑의 정의는 다음과 같다.

명사성 성분의 지칭 대상이 한 부류의 사물 전체(class)라면, 우리는 이 명사성 성분을 총칭 성분이라고 한다. 반대로 지칭 대상이 한 부류 중의 개체(individual)라면, 우리는 그것을 개별칭 성분이라고 한다.

앞 절의 논의를 통해 우리는 왕환이 자신의 이른바 '범칭'을 최대한 '한정' 쪽으로 붙이려고 한다는 느낌을 받는다. 사실 여기서 핵심은 명사가 개체화(individualization)로 이해될 수 있느냐의 문제이다. 한정명사와 비한정명사는 모두 개체화의 실물을 나타내지만, 왕환(王还 1985)에서의 명사는 사실상 총칭성 성분이다. 앞에서 왕환이 토론한 예문 '小林把一件毛背心织得又肥又长', '小张把个孩子生在火车上了'에서 '一件毛衣'와 '(一)个孩子'는 모두 비한정 성분으로 볼 수 없으며, 이들은 현실에 맞게 '毛衣'와 '孩子'라는 종류의 사물로만 이해해야 한다. 총칭 성분 앞에 왜 수량사가 올 수 있는지에 대한 천핑(陈平 1987)의 논술은 다음 절에서 집중적으로 서술하고자 한다. 또 여기에서 논의되는 문장은 종류로 보면 모두 서사문이 아닌 묘사문이어서 사건의 과정에 대한 진술이 아닌 상태에 대한 묘사일 뿐이라는 점도 지적할 필요가 있다. 이러한 문형에는 비개체성의 명사가 자주 사용된다.

이상의 대조를 통해, 왕환이 말한 '특칭'은 천핑이 말한 '한정'에 속하고, 왕환이 말한 '범칭'은 천핑이 말한 '총칭'과 같다는 것을 알 수 있다. 그렇다면 왕환이 말한 '확칭'은 '한정'에 속하는가?

7.3 원형-피행위자의 특징을 통한 한정성의 이해

'把'자 목적어의 의미에 대해 이해하기 위해서는 더 많은 이론적 관점의 뒷받침을 필요로 한다. 장보장(张伯江 2000)은 '把'자 목적어의 '피행위자성(受事性)'에 대해 상세하게 연구하였는데, 행위자와 피행위자라는 한 쌍의 일반적인 개념에 대해 다우티(Dowty 1991)에서는 보다 더 심도 있는 분해를 하였다. 다우티는 행위자와 피행위자 등이 최초의 개념이 아니며, 동사와 여러 가지 의미 관계를 맺는 성분 가운데 가장 기본적인 의미역은 원형-행위자(Proto-Agent, 原型施事)와 원형-피행위자(Proto- Patient, 原型受事) 두 가지뿐이라고 지적하였다. 원형-행위자는 자주성(volition, 自主性), 지각성(sentience or perception, 感知性), 원인성(cause, 使因性), 이동성(movement, 位移性)과 자립성(independent existence, 自立性)의 다섯 가지 주요 특징을 가진다고 하였다. 또 원형-피행위자는 변화성(change of state, 变化性), 점진성(incremental theme, 渐成性), 피동성(causally affected, 受动性), 정태성(stationary relative, 静态性) 다섯 가지 주요 특징을 가진다고 하였다.

전형적인 주어/목적어는 원형-행위자/원형-피행위자의 특징을 많이 가지고 있는 성분이다. 도구, 장소, 관련자(系事) 등의 성분이 비교적 자유롭게 주어, 목적어가 될 수 있는 이유는 바로 이들이 항상 원형-행위자의 일부 특징과 원형-피행위자의 일부 특징을 겸유하여 서로 다른 방식으로 조합하기 때문이다. 따라서 각종 의미역과 문법 관계는 사실 모두 이 두 그룹의 특징을 가지고 대체로 분명하게 묘사할 수가 있다.

중국어에서 동사의 앞은 주어의 정상적인 위치이고, 동사의 뒤는 목적어의 정상적인 위치이다. 여기서 우리는 원형-행위자, 원형-피행위자 이론에 근거하여 하나의 가설을 도출할 수 있다. 즉, 동사 뒤에 있는 성분은 그것이 가장 전형적인 피행위자인지 여부와 상관없이 모두 어느 정도는 피행위자의 성질을 가지고 있으며, 마찬가지로 동사 앞에 있는 성분은 그것이 가장 전형적인 행위자인지 여부와 상관없이 모두 어느 정도는 행위자의 성질을 획득한다는 것이다. 앞의 관점에 대해서는 런잉(任鷹 2005)에서 이미 상당히 전반적인 논의가 진행되었다. 뒤의 관점은 중국어 '把'자문이 아주 좋은 증거가된다.

가장 전형적인 행위자와 피행위자의 대립인 '자주성'과 '변화성', '원인성'과 '피동성'에 대해서 말하자면, '把'자의 목적어는 피행위자의 특징을 더 많이 가지고 있다. 이것이 바로 과거에 사람들이 '把'자의 역할을 '목적어 전치'라고 말한 근거이다. 그러나 이와 함께 우리는 '把'자의 목적어가 오히려원형-행위자의 두 가지 특징인 '자주성'과 '이동성'을 가지면서, 피행위자의두 가지 특징인 '종속성'과 '정태성'은 배척한다는 것도 관찰하였다.

먼저 '把'자의 목적어가 나타내는 자립성의 특징을 살펴보자. 자립성은 사물이 행위의 결과나 진행에 따라 사실로 나타나는 것이 아니라 행위 이전에먼저 존재한다는 것을 가리킨다. 다음의 대비는 '把'자 목적어의 '자립성' 특징을 잘 보여준다.

我把房子拆了 나는 집을 철거했다　　*我把房子盖了
他把字儿擦了 나는 글씨를 지웠다　　*他把字儿写了
他把烟戒了 나는 담배를 끊었다　　*他把烟抽上了

왼쪽의 예에서 '把'자의 목적어는 모두 행위 이전에 존재하는 것이고, 오른쪽의 '盖房子(집을 짓다)', '写字(글씨를 쓰다)', '抽上烟(담배를 피우다)'은 모두행위에 따라 현실이 되는 과정이다. 이는 자립성의 전형적인 표현이다.

과거에도 '他把房子卖了(그는 집을 팔았다)'와 '*他把房子买了'의 대립에 주목한 학자들이(张国宪 1995, 沈家煊 1999b)이 적지 않았지만, 사람들로부터 또 다른 시각에서 의혹을 받기도 하였다. 즉, 어떤 사람은 '집은 그것을 사기 이전에도 이미 존재했다'고 주장하였고, 또 실제로 '把房买了(집을 샀다)', '把 路修起来了(도로를 보수하기 시작했다)' 등의 표현도 존재한다. 따라서 '자립성'을 어떻게 이해할 것인가의 문제는 좀 더 논의가 필요해 보인다.

'자립'이라는 개념에 대해 무제한적인 이해를 해서는 안 되고, 이를 '인지 장면(cognitive scene, 认知图景)' 속에서 논의해야 한다. '买(사다)'라는 행위를 예로 들면, 사야 할 물건은 현실 세계에서는 주로 상점에 존재한다. 하지만 '买'라는 행위의 입장에서 보면, 화자가 사기 전에 그 물건은 현실이 되지 않았다. '자립' 여부를 이해하기 위해서는 사물을 사건의 장면 속에 넣어서 살펴보아야 한다. 즉, 하나의 사물이 사건을 벗어나서 독립적으로 존재하는 지 여부를 따져보아야 하는 것이다. 다음의 예를 보자.

把小背心脱了。작은 조끼를 벗었다.
→ *把小背心穿了

사람의 몸에는 태어날 때부터 옷이 있는 것이 아니다. 따라서 사람의 신체 입장에서 말하면, 입으려는 조끼는 '穿(입다)'이라는 행위를 떠나서 독립이 불가능하다. 하지만 이와 반대로, 입은 조끼는 동작 '脱(벗다)'를 떠나서 독립이 가능하다. 따라서 이 예문의 첫 번째 문장의 '背心(조끼)'은 자립적인 것이고, 두 번째 문장의 '背心'은 자립적인 것이 아니다. 다음 예들도 모두 유사한 분석이 가능하다.

把那排刷扔了，怪碍事的。
그 솔 한 줄을 버려라. 정말 거치적거린다.
→ *把那排刷捡了

杜梅笑完把纸一把撕了：“少来这套。”

두메이는 웃고 나서 종이를 쭉 찢으며 말했다. “이런 수작 부리지마라.”

→ *把纸粘了

你给我点钱, 我来布置, <u>把沙发套、窗帘都换了</u>……

네가 돈 좀 줘, 내가 꾸밀게. 소파커버, 커튼은 다 바꾸었고...

→ *把沙发套、窗帘都买了

我今天可是<u>把心里话都跟你说了</u>, 一丁点都不隐瞒,

나는 오늘 속마음을 너에게 모두 털어놨어. 하나도 숨기지 않았어.

→ *把心里话从你那儿听了

她笑, 手拿一只打火机“啪啪”地打着火苗：“你要走, 我就<u>把这家点嗦</u>。”

그녀는 웃으며 라이터 하나를 손에 들고 '퍽퍽' 하며 불꽃을 튀겼다. “네가 떠나겠다면, 내가 이 집을 불 지를 거야.”

→ *把这房灭了

마지막 예는 특히 더 흥미롭다. '点(불을 붙이다)'과 '灭(불을 끄다)'라는 반대의미의 동사쌍만 놓고 보면, 이들의 논항이 자립적인지 여부를 확정하기가 어렵다. 하지만 이를 서로 다른 사건의 장면 속에 넣어 보면 상반된 결과를 얻을 수 있다. 즉, '把这家点了(이 집을 불 지르다)'라고 말할 수는 있지만, '*把这家灭了'라고 말할 수는 없다. 그런데 '*把这火点了'라고 말할 수는 없지만, 또 '把这火灭了(이 불을 껐다)'라고 말할 수는 있다.

'자립성'과 분명하게 대립되는 것이 '종속성'이기 때문에 '把'자문은 결과목적어를 배척한다. 예를 들면, 앞뒤 문맥이 없는 경우에는 일반적으로 '*把房子盖了', '*把文章写了', '*把孩子生了'라고 말하지는 않는다. 하지만 다음 문장들은 또 성립하므로 그 이유에 대해서는 설명이 필요하다.

你总不能把房子盖到别人家去吧。

너는 아무래도 집을 남의 집에까지 지을 수는 없잖아. (宋玉柱 1981)

> 他是一位有才华的作家, 能把文章写得引人入胜。
> 그는 재능 있는 작가로, 글을 사람이 황홀해지게 쓸 수 있다. (상동)
> 你以后可要把信写清楚, 别这样云山雾罩的。
> 너 앞으로 편지를 분명하게 써라, 이렇게 구름 낀 산에 안개 덮이듯 쓰지 말고. (상동)

주목할 점은 위 문장들이 모두 비현실적인 문장(irrealis clause)이라는 점이다. 즉, 일종의 가정된 상황에서 하나의 설정된 개념에 대해 논한 것이다. 이와 관련된 행위는 단지 하나의 전체적인 활동(activity)일뿐 하나의 구체적인 사건(event)이 아니기 때문에 과정의 의미가 없으며 담화 안에서 전경(foreground)에 속하지 않는다(Hopper & Thompson 1980). 이러한 상황에서 가장 두드러지는 것은 보어로 표현되는 결과성 성분들이다. 따라서 예문 속의 '房子(집)', '文章(글)'과 '信(편지)'은 모두 현실에 존재하는 물리적 실체(physical entity)가 아니라 말하는 사람의 마음속에 있는 개념적 실체(conceptual entity)들이다. 이들은 하나의 구체적인 사건의 일부가 아니라 전체 활동의 일부분을 구성한다. 다음과 같이 이들을 한정화 할 수 없다는 것이 바로 그 증거이다.

> *把那座房子盖到别人家去
> *把那篇文章写得引人入胜
> *把那封信写清楚

따라서 이러한 현상은 '把'자 목적어의 '자립성'에 대한 반례가 될 수 없으며, '자립 개념'에 대한 일종의 심리적인 처치 행위를 나타낸다.

그렇다면 자립성과 확정성의 관계는 어떻게 이해해야 하는가? 만약 '확정'과 '불확정'을 일반적으로 '이지(已知, 이미 아는 것)'와 '미지(未知, 아직 모르는 것)'로 이해한다면, '자립-이지-확정'의 3자 사이에는 일종의 자연적인 연관성이 존재한다. 이는 또한 '把'자문에 대한 초기의 논술이 모두 '把'자의 목적어는 반드시 '확정'적이어야 한다는 주장을 견지한 근거이기도 하다. 하지만 이후에 이러한 견해는 의심을 받으면서, '불확정' 형식의 예('一+양사'의 형식)를 제기하는 사람들이 끊임없이 나오게 된다. 또한 중국어 문법 논저에서 '확정', '불확정'과 같은 개념의 사용도 상당히 모호하여서, 화자 자신이 식별 가능한 것인지 아니면 청자가 식별할 수 있다고 화자가 생각하는 것인지 등 여러 가지 상황을 명확하게 구분하지 못한 것도 있다. 일반적으로 말하면, 청자가 식별할 수 있을 것이라고 화자가 생각하면 확정 형식을 사용하고, 청자가 식별할 수 없을 것으로 화자가 생각하면 불확정 형식을 사용한다. 단지 화자 자신만 식별할 수 있는 경우에는 반드시 확정 형식을 사용할 필요가 없으며, 문장 안에서의 기타 요소도 고려해야 한다. 몇 가지 '불확정 목적어'의 예를 분석해보자.

　　但他没有直截了当地提出请求, 而是在饭后主动积极地去刷碗, 扫地, 擦桌子, 把一切归置完了, 像个有事要求主人的丫环把<u>一杯新沏的茶和一把扇</u>递到正腆着肚子剔牙的马林生手里,

　　그러나 그는 단도직입적으로 부탁하지 않고, 식사 후에 적극적으로 설거지를 하고, 바닥을 쓸고, 식탁을 닦고, 모든 것을 다 정리한 다음, 마치 주인에게 요구할 일이 있는 하녀처럼 새로 우려 낸 차 한 잔과 부채 한 개를 배를 내민 채 이를 쑤시고 있는 마린성의 손에 건네주었다.

　　齐怀远……把<u>一杯早已沏好的茶</u>从茶几那头推到这头, "请喝茶。"

　　치화이위안은……. 오래전에 우려 놓은 차 한 잔을 테이블 이쪽 끝에서 저쪽 끝으로 밀면서 말했다. "차 드세요"

　　同事、街坊没少把<u>一些有"掌"的</u>女同志发给他,

동료와 이웃들이 '하자'가 좀 있는 여자들을 적지 않게 그에게 보내주었다.

他绘声绘色地讲述那天他有票却没能现场看的故事，把一个倒霉、令人沮丧的经过讲成了一场有趣的、唐老鸭式的冒险。

그는 그날 표를 가지고 있었지만 현장에서 볼 수 없었던 자기 이야기를 생생하게 들려주며, 운이 나쁘고 우울했던 과정을 재미있는 도날드 덕 식의 모험처럼 이야기했다.

"啪——"马锐把一瓶酱豆腐摔碎在地上, 褐红的卤汁流了一地……

'퍽-' 마루이가 절임두부 한 병을 바닥에 떨어뜨려 깨뜨리자, 갈홍색의 간수가 바닥에 흐르고…

앞의 두 예문에서 '茶(차)', '扇(부채)' 등은 모두 일상생활에서 반드시 있어야 하는 물건으로, 사건 현장에서 이미 알고 있는 것들이다. 네 번째 예문은 사실상 묘사성 수식어로, 실체는 바로 앞 문장 속의 '那天他有票却没能现场看的故事(그날 표가 있었지만 현장에서 볼 수 없었던 그의 이야기)'이다. 마지막 예문은, 앞 문장에서 마루이가 '天源酱园(티엔위안 장 상점)'으로 장아찌를 사러 갔다가 막 돌아왔다는 배경 설명이 있으므로 '一瓶酱豆腐(절임두부 한 병)' 역시 유추가 가능한 정보가 된다. 이는 의식을 실시간(immediate) 의식과 탈현장(displaced) 의식으로 나눈 체이프(Chafe 1994)의 관점을 참고하여 분석할 수 있다. 3인칭 소설의 문체에서는 보통 이야기 속 주인공의 의식을 통해 지칭 대상의 식별가능성(differentiability, 可辨性)을 결정한다. 즉, 소설의 세계에서 주인공이 이미 의식한 성분은 식별 가능한(identifiable) 것이고, 주인공이 의식하지 못하는 것은 식별 불가능한(inidentifiable) 것으로 다루어지게 된다는 것이다. 그런데 소설은 또 독자의 독서 욕망이라는 요소의 제약도 작용하기 때문에 작가가 주인공의 의식으로 완전히 전이될 수는 없다. 따라서 때로는 작가가 양쪽의 요소를 균형 있게 조절하여 불완전 일치의 상황을 만들기도 한다. 이러한 관점에서 위의 문장들을 다시 살펴보면, 주인공의 의식 속에서는 이미 알고 있는 성분이지만 독자의 입장에서는 아직 알지 못하는 것은 바로 작가가 독자의 욕망을 충족시키기 위해서 미지의 것으로 다루고 있는 것이다. 따라서 '把'자문의 '확정성' 문제는, 3인칭 서사체에서 '把'자문 속 '把'의 목적어는 반드시 소설 세계의 주인공이 이미 알고 있는 것이어야 한다가 정확한 표현이다. 이것이 '把'자문 안에서 구체적으로 나타난 'ㅡ+양사' 형식의 자립성이다.

제8장

목적어의 확정성(하)

논의가 여기에 이르니 '확정성(有定性)'의 개념이 다소 모호해져버렸다. 이에 두 그룹의 개념에 대해 정리를 할 필요가 있겠다. 한 그룹은 '확정성'과 관련이 있는 '확정(有定)'과 '불확정(无定)'으로, 각각 영어의 definite와 indefinite에 대응한다. 다른 그룹은 '식별 가능성'과 관련이 있는 '한정(定指)'과 '비한정(不定指)'(사실 '식별가능(可辨)'과 '식별불가능(不可辨)'으로 번역하는 것이 더 적절하고 정확할 것이다)으로, 각각 영어의 identifiable과 nonidentifiable에 대응한다. 타오훙인·장보쟝(陶红印·张伯江 2000)은 이 두 그룹의 개념을 다음과 같이 명확하게 구분하였다.

> 우리는 확정(有定)과 불확정(无定)을 일종의 순수한 표층 형식의 특징('一个' 또는 '个'를 가진 명사 성분)으로 간주한다. 하지만, 명사가 지칭하는 것에 대한 화자와 청자의 판단은 또 다른 성질의 문제로 본다. 여기에는 정보에서의 이지성(given과 new의 대립, 已知性) 및 이해에서의 식별가능성(identifiability, 可辨性)이 포함된다.

이러한 구분은 이른바 '불확정' 형식 '把'자문의 의미 특징을 깊이 인식하는 데 매우 유리하다. 이 장에서는 현대 중국어에서 어떻게 불확정식 '把'자문'이라는 문형이 있을 수 있는지, 그 목적어는 어떠한 의미에서 불확정성을 나타내는지, 문형 의미는 어떤 특징이 있는지 등의 문제에 대해 집중적으로 서술하고자 한다.

8.1 역사 발전 추세

'把'자문의 목적어가 불확정 형식을 사용하는 것은 새롭게 나타난 현상이 아니다. 이는 이미 근대 중국어에서 출현하여 많이 사용되었는데, 현대 중국 어와 비교하면 약간의 차이가 있다. 역사적 근원으로 본다면, 불확정식 '把' 자문 속 불확정 명사의 두 형식인 '把 + 个'('个'는 다른 단위의 양사도 포함)와 '把 + 一个'에 대해 각각 나누어서 고찰할 필요가 있다. 일찍이 이에 대해 주목 한 뤼수샹(呂叔湘 1948)은 "'把자 뒤의 목적어는 '个'자를 가지는데,…… 이 '个'자는 '一个'에서 '一'가 생략된 축약형이지만 반드시 뒤 명사의 불확정성 을 나타내지는 않는다"고 주장하였다. 타오훙인·장보쟝(陶红印·张伯江 2000) 은 근·현대 중국어에 대한 고찰 결과, '把一个'와 '把个'가 단어 결합의 선 택, 문형의 선택 그리고 시대별 출현 빈도 등에서 모두 서로 관련이 있으면 서도 상이한 분포 특징을 보인다는 것을 발견하였다.

8.1.1 '把个'의 발전

정말 뤼수샹(呂叔湘 1948)의 말과 같이 '把个'가 '把一个'의 축약형일까? 이 와 관련하여 타오훙인·장보쟝은 14세기부터 19세기까지의 몇몇 대표적인 백화소설들을 간략히 관찰한 바 있다. 그 결과, 그들은 『수호전(水浒传)』에서는 '把一个'가 '把个'보다 훨씬 많았지만, 『아녀영웅전(儿女英雄传)』에 와서는 그 반대(구체적인 숫자는 다음과 같다. 『수호전(水浒传)』 50:7, 『유림외사(儒林外史)』(1745 ~1749 추정) 12:12, 『홍루몽(红楼梦)』 10:25, 『아녀영웅전(儿女英雄传)』 19:108)라는 것을 발견하였다. 이 수치는 '把个'가 확실히 후대에 본격적으로 쓰이기 시작한 구조임을 보여준다. 하지만 타오훙인·장보쟝은 이러한 변화에는 '把'자 자체의 의미 변화를 포함한 기타 요인이 작용하고 있다고 보았다.

'把'자 자체의 허화(虚化) 정도를 살펴보면, 근대 중국어 내부의 차이도 상당히 크다. 『수호전』은 물론, 심지어 『홍루몽』에서도 '把'에는 '拿(잡다)', '用(사용하다)'의 단어 의미가 아직도 뚜렷이 남아있다. 예를 들면, '把个碗去白盆内舀那酒来只顾吃(그릇 하나를 가져가서 흰 대야 안에 있는 그 술을 떠먹는 데만 정신이 팔려 있다)', '把个衲头与他替下湿衣服来烘(누더기 옷 하나를 그에게 주고는 젖은 옷을 갈아입고 말리게 하였다)'에서 '把个'와 '把一个'는 실질적인 큰 차이가 없다. 그런데 이러한 상황은 『유림외사』와 『홍루몽』에 이르러 상당히 큰 변화를 보이는데, 이 두 작품에서 '把个'는 이미 '把一个'와는 확연히 다른 기능의 추세가 나타났다. 가장 흔히 보이는 용법은 '把个' 뒤에 주로 고유명사, 특히 인명 형태의 고유명사 하나를 붙인다는 것이다. 이와 동시에, 자동사는 주로 '唬(위협하다), 气(화내다), 吓(놀라다), 急(초조해 하다), 臊(부끄러워하다), 乐(즐거워하다)' 등과 같이 심리상태와 기분의 변화를 나타내는 단어들이 자주 사용된다. 예를 들면 다음과 같다.

说罢, 把头一掉, 就几步跨出去了。把个权勿用气的眼睁睁, 敢怒而不敢言, 真是说不出来的苦。

말을 마치자, 고개를 돌리더니 곧바로 몇 발자국 큰 걸음으로 달려나갔다. 권물용을 화가 나서 눈을 부릅뜨게 하였지만, 화가 나도 감히 말을 하지 못하니 정말 말할 수 없는 고통이다. (『儒林外史』)

两个月讨回, 足足二百两, 兑一兑还余了三钱, <u>把个陈正公欢喜的要不得</u>。

두 달 뒤에 돌려받은 것이 무려 이백 냥이 되었는데, 현금으로 바꾸니 그래도 3전이 남아 진정공을 몹시 기쁘게 했다. (상동)

话未说完, <u>把个贾政气得面如金纸</u>, 大叫"拿宝玉来!"

말을 채 마치기도 전에 가정을 얼굴이 금종이처럼 노랗게 될 정도로 화나게 하니, "보옥을 데려와!"라고 크게 소리쳤다. (『红楼梦』)

话未说了, <u>把个宝钗气怔了</u>, 拉着薛姨妈哭道 : "妈妈, 你听哥哥说的是什么话!"

말을 하기 전에 보차를 화가 나서 멍하게 만들어서 설이모를 붙잡고 울먹였다. "엄마, 오빠가 무슨 말을 하는지 들어보세요!"(상동)

平儿……便一五一十的告诉。<u>把个刘姥姥也唬怔了</u>, 等了半天, 忽然笑道……

평아는……곧바로 하나하나 낱낱이 다 고하였다. 유씨 할머니도 놀라 ― 어리둥절하게 하니 한참 있다가 갑자기 웃으면서 말하기를…… (상동)

宝玉虽也有些不好意思, 还不理会。<u>把个宝钗直臊的满脸飞红</u>, 又不好听着, 又不好说什么。

보옥은 좀 겸연쩍었지만 그래도 아랑곳하지 않았다. 보차를 얼굴이 온통 새빨개질 정도로 부끄럽게 만들어, 무슨 말을 듣기도 말하기도 거북하게 하였다.(상동)

타오훙인·장보쟝은 이 동사들이 모두 자주적인 상태와 타동을 나타내는 두 가지 기능을 겸하고 있음을 발견하였다. 즉, 외재적인 사물로 인해 주체 자체가 변화한 것(타동)일 수도 있고, 주체 스스로가 자신의 정서 상황에 대해 묘사한 것(상태)일 수도 있다는 것이다. 행위자가 목적어인 '把'자문의 생성 기제는 이러한 어구들로부터 시작된 것으로 추측된다.

이 시기 '把个' 구조의 특징 가운데 또 하나 주목할 점은 '把'자 앞의 주어 항목이 하나의 구체적인 명사가 아니라 빈자리이며, 이 빈자리가 나타내는 것은 하나의 전체적인 사물이나 사건이라는 것이다. 예를 들면, '便一五一十的告诉。[ ] 把个刘姥姥也唬怔了, 等了半天……(바로 하나하나 다 고하였다. 유씨 할머니도 놀라 어리둥절해져서 한참을 있다가……)'이 그러하다. 이때 '把' 앞의 빈자리는 하나의 상황으로 이해해야 한다. 다시 말해, 구체적인 사람이 나 사물이 아니라 전체 사건이 유씨 할머니를 어리둥절하게 만들었다는 것 이다.

일부 '把个' 문장의 자동사는 '沒(없다)'나 '哭(울다)'와 같이 다른 유형의 동사들이다. 『아녀영웅전』에 와서는 '把个'가 대량으로 출현하면서 인물의 심리적 감정 상태를 묘사하는 것이 이 구조의 중요한 의미 특징이 되었다. 이러한 동사에는 '急, 忙(서두르다), 慌(당황하다), 羞(부끄러워하다), 乐' 등이 포 함된다. 예를 들면 다음과 같다.

怎么忽然把个晴雯姐姐也没了? 到底是什么病?

어떻게 갑자기 청문언니마저 죽게 했지? 도대체 무슨 병일까? (『红楼梦』)

黛玉白日已经昏晕过去, 却心头口中一丝微气不断, 把个李纨和紫鹃哭的死去活 来。

대옥은 대낮에 이미 혼절하였으나 가슴과 입안에서는 한 가닥 희미한 숨이 끊어지지 않아, 이환과 자견을 죽도록 울게 하였다. (상동)

这句话没说完, 就放声大哭起来。把个舅太太慌的, 拉着他的手说道……

이 말이 채 끝나지도 않았는데 목 놓아 울기 시작했다. 외숙모님을 너무 당황 하게 만들었는지, 그의 손을 잡고서 말했다.…… (『儿女英雄传』)

十三妹离坐一把拉住, 按在身旁坐下, 说 : "不许跑。" 把个张姑娘羞的无地自容, 坐又不是, 走又不能。

열셋째 여동생은 자리를 뜨면서 한 손으로 끌어당겨 옆에 앉히며 말했다. "도 망치지 마." 장씨 아가씨를 부끄러워 몸 둘 곳이 없게 하니, 앉지도 못하고 가지 도 못한다. (상동)

텍스트 기능(textual function, 篇章功能)으로 보면, 이러한 '把'자문은 앞의 인물이나 사건에 대한 묘사로부터 뒤의 인물에 대한 심리 묘사로 넘어가면서, 양자 사이에 인과관계를 나타내는 묘사 전환의 기능을 한다.(张旺熹 1991 참고). 행위자가 있는 '把'자문 그 자체는 눈앞에 있는 인물의 심리와 정서에 대해 묘사를 하고 있지만, '把'자의 사용은 앞의 사건이나 인물이 뒤의 인물의 심리와 정서를 촉발시키는 작용을 내포한다. 그런데 '把'자가 여기에서는 잉여성분인 것처럼 보이지만(왜냐하면 '把'를 사용하지 않아도 문장 내부의 행위자문은 그대로 성립되기 때문이다), 텍스트의 관점에서 보면 결코 잉여성분이 아니다. '把个张姑娘羞的无地自容(장씨 아가씨를 부끄러워 몸 둘 곳이 없게 만들었다)'와 '张姑娘羞的无地自容(장씨 아가씨는 부끄러워 몸 둘 곳이 없다)'를 비교해 보자. 전자는 독립적이지 않고 전후 인과관계를 내포하지만, 후자는 독립적인 묘사로 어떠한 원인도 내포하지 않는다.

8.1.2 '把一个'의 발전

타오홍인·장보장(陶红印·张伯江 2000)은 『수호전』에서 '把一个'의 뒷 성분에 관한 중요한 사실을 발견하였다. 그것은 바로 '把一个' 뒤의 명사가 주로 새로운 담화 성분이 된다는 것이다. 하지만 이 성분은 담화 사건의 주요 참여자는 아니어서 화제 연속성(topic continuity, Givón 1983)을 가지지는 않는다. 이러한 성분은 관련 문헌에서 '부수적인(incidental 또는 trivial, 偶现)' 새로운 성분으로 불린다(Chafe 1994). 일반적인 타동사는 텍스트에서 흔히 이러한 화제 성분을 대동한다(Du Bois 1987). 예를 들면 다음과 같다.

> 及至引见, 到了老爷这排, 奏完履历, 圣人望下一看, 见他正是服官政的年纪, 脸上一团正气, 就在排单里"安学海"三个字头上, 点了一个朱点, 用了榜下知县。
> 알현할 때가 되어 나리가 있는 줄에 가서 이력을 아뢰고 나니 황제께서 아래로 한번 내려다보시더니 그가 마침 관직에 종사할 나이이고, 얼굴에 바른 기운

이 한 가득 서려 있는 것을 보시고는, 곧바로 등수가 적힌 문서에 '安学海'라는 세 글자 위에 붉은 점을 찍어, 황제 알현 후 바로 임용되는 지현으로 등용하였다. (『儿女英雄传』)

여기에서 동사 '点(점을 찍다)' 뒤에 나오는 목적어 성분이 바로 화제 연속성을 갖추지 못한 부수적인 새로운 성분이다. 다음『수호전』속 몇몇 불확정적인 '把'자의 목적어를 예로 들어보자. 예문에서 '一把锁(자물쇠 한 자루)', '一条铁索(쇠줄 한 가닥)'는 앞뒤 성분 모두와도 연결되지 않는 부수적인 새로운 성분이다.『수호전』에 나타난 다량의 불확정 '把'자문은 이러한 유형에 속한다. 이때 '把'자는 '拿'와 '用'으로 대체할 수 있는데, 이는 이 시기의 '把'가 일반적인 타동사와 상당히 가깝다는 것을 말해준다. 아래 '把'와 '将'이 함께 출현한 두 번째 예문이 좋은 증거가 된다.

又见班里两个人提着灯笼出来关门, 把一把锁锁了, 各自归家去了。
또 반에서 두 사람이 등롱을 들고 나와서 문을 닫고, 자물쇠를 잠그고는 각자 집으로 돌아가는 것이 보였다.
两个公人自去炕上睡了。把一条铁索将卢员外锁在房门背后, 声唤到四更[18]。
관청 잡역부 두 사람은 그냥 온돌방으로 자러 갔다. 쇠줄 한 가닥을 가지고 노원외(노준의)를 방문 뒤에다 묶어 놓았더니 사경까지 소리를 질러댔다.

『유림외사』와『홍루몽』에 이르게 되면 '把一个'의 용법이 다소 확대된다. 상술한 부수적인 새로운 성분을 끌어들이는 기능 외에, 총칭(通指)과 임의지시(任指), 전칭(全称)의 의미를 나타내는 새로운 용법이 있다는 것이 발견되었다.

18) 역자주: 四更: 하룻밤을 다섯 부분으로 나눈 넷째 시각. 대개 새벽 1시에서 3시까지의 시간.

无论那马先生不可比做亢龙，只把一个现活着的秀才拿来解圣人的经，这也就可笑之极了!

그 마선생이 항룡(완고한 사람)에 비유될 수 없든 말든, 단지 현재 살아 있는 수재 한 사람만을 데리고 와서 성인의 경전을 풀이하게 하는데, 이 또한 정말 가소롭기 짝이 없다! (『儒林外史』)

我就怕和别人说话：他们必定把一句话拉长了，作两三截儿，咬文嚼字，拿着腔儿，哼哼唧唧的，急的我冒火……(『红楼梦』)

저는 정말 다른 사람과 말하는 것이 두려워요. (왜냐하면) 그들은 꼭 한 마디 말을 길게 늘여서 두세 마디로 만들고, 일부러 어려운 문자를 써가며 허세를 부리면서 웅성거리는 것이 제가 화가 날 정도로 속이 타게 하거든요……

这堂客有见识，预先把一匣子金珠首饰，一总倒在马桶里。

이 여자는 눈치가 있어 미리 금 구슬 장신구 한 상자를 몽땅 변기 안에 쏟아 넣었다.(『儒林外史』)

难道为我的生日，由着奴才们把一族中的主子都得罪了，也不管罢?

설마 내 생일 때문에 하인들이 일족 중의 주인어른 모두에게 잘못을 저질러도 그냥 내버려 두는 건 아니겠지?(『红楼梦』)

앞의 두 개는 총칭과 임의지시의 용법으로, '任何(모든)'의 의미를 나타낸다 ('一个' 앞에 '任何'를 '보충'할 수 있다). 뒤의 두 개는 '전칭' 용법으로, '完全(완전하다/완전히)', '穷尽(다 하다)'의 의미를 나타낸다('一总'과 '都' 등의 부사가 바로 '完全'이라는 의미의 증명이다). 총칭과 임의지시, 전칭은 상당히 가깝기 때문에 동일한 언어 형식을 사용한다.

8.1.3 '이중문법화'

『아녀영웅전』에 대한 타오홍인·장보장(陶红印·张伯江 2000)의 고찰 결과 '把一X'의 총칭과 임의지시, 전칭 용법이 85%를 차지하였고, 소수의 일부

사례만이 부수적인 새로운 성분을 도입하기 위해 사용된 것으로 파악되었다. 이는 '把'의 허화 정도와 '个', '一个'의 변화가 서로 밀접한 관련이 있음을 말해준다. 구체적으로 말하면, 초기에 '把'가 일반 타동사의 특징을 가지고 있을 때는 '把' 뒤의 '一个'가 단지 새로운 담화 성분의 표지로만 쓰였다. 이때 '把个'는 '把一个'의 축약 형식에 불과하며, 의미와 화용상의 대립은 뚜렷하지 않았다. 그런데 '把'의 허화 정도가 높아짐에 따라 '把' 용법의 범위가 확대되었고, '把'와 '一个'의 결합에 질적인 변화가 생기면서 '一个' 자체에도 변화가 나타났다. 이처럼 양자가 서로 영향을 주고받으면서 변하는 현상을 이중문법화(double grammaticalization)라고 한다. 이 이중문법화 과정에서 '把'가 만들어낸 변화는 도입한 대상의 범위를 확대시켰다는 것이다. 즉, 새로운 담화 성분을 도입하는 원래의 기능에서 새롭지 않은 담화 성분을 도입하는 것으로 확대시켰고, 점차 이미 알고 있는 정보(행위자 성분)에까지 이르게 되었다. 또 '把'자 뒤 '一个'의 경우, 새로운 담화 성분을 나타내는 것이 이미 그 주요 기능이 아니기 때문에 '一'와 '个'의 '수사+양사' 조합 방식도 깨질 수가 있다. 이로써 결국 하나의 단일성분 '个'로 간략화 된 것이다. 이로 인해 마침내 '把个'의 수량이 지속적으로 증가하게 되었다. 이것이 더욱 발전하여 '把'자 뒤의 대상이 행위자 목적어로까지 확장이 되면, '个'는 단독으로 사람을 가리키는 고유명사와 결합하여 '把个宝钗气怔了'와 같은 형식을 만들게 되는 것이다.

'把一个'의 또 다른 변화는, 이런 조합의 형식적인 구조는 그대로 유지하면서 총칭, 임의지시, 전칭 등의 용법을 가져오는 것이다. '一个'는 원래 총칭을 나타내는데, 임의지시와 전칭이 근대 중국어 후기에 와서야 비로소 출현한 것은 아니다(呂叔湘 1944). 하지만 이러한 용법이 '把'자문 속에 나타난 것은 아마도 『유림외사』와 『홍루몽』에서 단초를 보이고, 『아녀영웅전』에 와서 절정에 이르게 된 듯하다.

위의 서술을 종합하면, 근대 중국어에서 '把一个'가 원래 형식이고, 이 형식을 바탕으로 적어도 두 개의 변화가 생겼다. 하나의 변화는 '把个'의 탄생이다. '把一个'와 '把个'가 초기에는 공존하였으며, 성질 역시 대체로 동일하였다. 그 후 '把' 자체의 허화 정도가 높아지면서 '把' 뒤의 수량구조도 더욱 간소해졌고, '把个'와 같은 조합도 더욱 흔히 나타나게 되었다. '把个'의 용법이 후기에 증가한 것은 단지 표면적인 현상에 불과하며, 그 실질은 '把'자의 의미 변화와 확장 이후 '把'자 구조의 텍스트 기능 변화이다. 다시 말해, 원래의 동사-목적어 성질이 매우 강했던 '把一个'는 부수적인 새 성분을 도입하는 데 주로 쓰였고, 확장 이후의 '把个'는 외부 사물이 어떻게 인물의 심리적, 정서적 변화를 일으키는지 묘사하는 데 치중하게 되었다는 것이다. 또 다른 변화는 '把一个' 자체의 기능 확장이다. 즉, 일반적인 '처치'의 의미에서 총칭/임의지시와 전칭의 의미를 도입하는 것으로 확장되었다.

8.2 현대 중국어의 불확정 형식 '把'자문

명·청 양대의 불확정 '把'자문의 발전을 잘 살펴보면, 현대 중국어에 이르러 상당히 큰 변화가 발생하였음을 알 수 있다. 그것은 '把一个'와 '把个'가 모두 상대적으로 감소하였다는 것이다. 이는 이러한 구조가 근대 중국어 말기에만 유행하였을 뿐, 현·당대 중국어에 와서는 이미 비주류 형식으로 변했다고 말할 수 있다. 이 절에서는 현대 중국어에서 '把一个'와 '把个'라는 두 가지 불확정 '把'자구조의 구성과 기능에 대해 각각 논의하고자 한다.

8.2.1 현대 중국어의 '把一个'

현대 중국어의 '把一个'는 근대 중국어의 특징을 상당부분 계승하였다. 다시 말해, 그것은 적어도 아래와 같은 몇 가지 각기 다른 성질의 존재를 나타낼 수 있다.

1) 전칭

他恨不得把一肚子玩艺儿全都掏给孙子, 一口气把孙子吹成个羊把式。

그는 머릿속의 양치는 방법들을 전부 꺼내어 손자에게 주어 단숨에 손자를 양치기로 만들고 싶은 마음이 간절했다.(浩然『夏青苗求师』)

2) 총칭

听说能手能把一张画儿揭成两幅, 画儿韩莫非有此绝技?

고수는 그림 한 장을 두 폭으로 만들 수 있다고 하는데, 화얼한이 이런 절묘한 재주를 가지고 있는 게 아닐까?(邓友梅『寻访"画儿韩"』)

数学教员外号"杨半本", 他讲代数、几何, 从来没有把一本书讲完过, 大概后半本他自己也不甚了了。

수학 교사는 별명이 '양 반 권'으로, 그는 대수와 기하학을 강의하면서 지금까지 책 한 권을 모두 다 강의한 적이 없는데, 아마도 후반부는 그 자신도 그리 잘 알지 못하는 것 같다.(汪曾祺『徙』)

3) 숫자

'一'는 원래 수를 나타내는 글자이고, '一个'라는 조합은 주로 관사와 유사한 역할을 포함하는 각종 문법 기능을 파생시킨다.(吕叔湘 1944) 이때 '一'이라는 원래 숫자의 의미가 어느 정도는 여전히 '一' 안에 남아있다. 여기에 숫자를 열거한 주된 목적은, 나중에 나타난 '一个'의 문법적 의미는 뚜렷하지 않고 숫자의 의미가 부각되는 경우도 있음을 설명하기 위해서이다. 예를 들면 다음과 같다.

"这么着也行," 祥子的主意似乎都跟着车的问题而来, "<u>把一辆</u>赁出去, 进个整天的份儿。那一辆, 我自己拉半天, 再赁出半天去……"

"그래도 되겠군," 샹즈의 생각은 온통 인력거 문제를 따라서 오는 것 같다. "한 대를 세를 주면, 하루치의 노임의 돈이 들어오지. 저 인력거 한 대를—반나절 은 내가 끌고, 나머지 반나절은 세를 주면……" (老舍『骆驼祥子』)

4) 불확정 성분

那时候有庆刚<u>把一篮</u>草倒到羊棚里, 羊沙沙地吃着草, 那声响像是在下雨, 他提着空篮子站在一旁, 笑嘻嘻地看着羊吃草。

그때 요우칭이 풀 한 바구니를 양 우리에 쏟아 붓자, 양들이 사각사각 풀을 갉아먹는, 그 소리가 마치 비가 내리고 있는 것 같은데, 그는 빈 바구니를 들고 한쪽 옆에 서서 싱글벙글 웃으며 양이 풀을 뜯는 것을 보고 있—다.(余华『活着』)

天佑太太刚<u>把一根</u>镀金的簪子拔下来 : "卖了这个, 弄两斤白面来吧!"

티엔요우 부인이 금으로 도금한 비녀 하나를 뽑고서 말했다. "이것을 팔아서 밀가루 두 근 사오너라!"(老舍『四世同堂』)

본 장의 첫머리에서 확정·불확정과 이지·미지 정보는 서로 다른 두 그 룹의 개념이라는 것을 이야기하였다. 본서에서는 체이프(Chafe 1987, 1994)에 따라 확정·불확정을 순수한 문법 형식의 문제로 본다. '一, 个, 一个, 几' 등의 형식은 불확정을 나타내고, '这/那＋명사'와 고유명사 등은 확정을 나 타낸다. 알려진 정보인지, 새로운 정보인지는 주로 명사의 지칭 대상이 윗글 에 이미 출현한 적이 있는지 여부로 결정된다. 어떤 명사는 윗글에 출현하지 는 않았지만, 이미 출현한 명사가 지칭하는 것으로부터 유추가 가능하다. 체 이프는 이를 반활성 개념(semi-active concept, 半激活) 또는 접근 가능한 정보 (accessible information, 易推信息)라고 하였고, 프린스(Prince 1981)는 유추 가능한 정보(inferable, 能推信息)라고 하였다. 상술한 '把一个'의 네 가지 용법 가운데 앞의 두 가지는 모두 일반적으로 새로운 정보를 나타내는 전형적인 형식이 아니다. 전칭을 나타내는 첫 번째 용법은 하나의 확정된 범위를 지칭하기 때문에 접근 가능한 정보로 볼 수 있다. 총칭을 나타내는 두 번째 용법은 전칭을 나타내는 용법과 매우 가깝다. 총칭 성분은 표면적으로는 새로운 정보라 할 수 있다. 왜냐하면 그 앞에는 최대 하나의 관련된 개체가 출현하였는데, 이때 화자는 전체 종류를 통틀어서 총칭하고 있기 때문에 '새로운 의미'를 가진다. 하지만 총칭 성분은 담화 속에 새로운 실체를 도입하는 것이 아니라 청자의 의식 속에 이미 존재하는 하나의 종류를 활성화시킨 것에 불과하다. 따라서 총칭 성분은 반은 새롭고 반은 오래 된 반신반구(半新半旧) 또는 반활성화의 특징을 가진다. 그렇기에 이는 새로운 정보로 볼 수 없고, 접근 가능한 정보에 속한다고 하겠다.

논의가 필요한 것은 세 번째와 네 번째 유형이다. 이 두 가지 유형, 특히 네 번째 유형은 일반적으로 새로운 정보의 전형적인 형식을 나타낸다. 위의 예는 새로운 정보의 도입과 이를 대용하는 담화 과정('一篮草……吃着草' 풀 한 바구니……풀을 먹으며, '一根镀金的簪子……这个' 도금한 비녀 하나……이것)을 분명하게 나타낸다. 하지만 이러한 용법이 모두 새로운 정보를 도입하는 기능이 있을까? 또 새로운 정보를 도입하는 것이 일반적인 경우일까?

대량의 언어 자료에 대한 검색 결과, 불확정 '把'자문의 실례 가운데 이처럼 명확한 화제 연속성을 가진 경우는 소수에 불과하다는 것을 발견하였다. '把' 뒤의 명사가 앞의 어떤 성분을 대용하지도 않고, 뒷부분의 어떤 성분에 의해 대용되지도 않는 경우가 더 많았다. 이는 다시 말해 앞에서 말한 부수적인 새로운 성분인 것이다.

他立刻去开门。可是急忙的收回手来。他须小心, 他知道日本人的诡计多端。他转了身, 进到院中。把一条破板凳放在西墙边, 他上了墙头。双手一叫劲, 他的身子落在二号的地上。

그는 즉시 문을 열러 나간다. 그러나 급히 손을 거두어들인다. 그는 조심해야 했는데, 왜냐하면 일본인들의 흉계가 많다는 것을 알고 있었기 때문이다. 그는 몸을 돌려 뜰로 갔다. 낡은 나무 걸상 하나를 서쪽 담벼락에 놓고 그는 담벼락 위로 올라갔다. 두 손에 힘을 주자 그의 몸은 2호 집 마당에 떨어졌다.(老舍『四世同堂』)

이것은 한 사람의 연속적인 행위를 서술한 것으로, '把' 뒤의 명사 '一条破板凳(낡은 걸상 하나)'은 그것이 속한 언어 단락 안에서 새로운 정보이기는 하지만, 사건을 도입하는 주요 참여자는 아니다.

타오훙인·장보쟝(陶红印·张伯江 2000)의 통계에 따르면, 현대 중국어에서 불확정 '把'자문의 여러 가지 용법 가운데 총칭(및 전칭)을 나타내는 용법과 부수적인 새 정보를 나타나는 용법이 주류를 차지하는 것으로 나타났다.

총칭성 명사의 출현 빈도가 가장 높다는 것은 무엇을 의미하는가? 타오훙인·장보쟝(陶红印·张伯江 2000)은 현대 문어체 중국어에서 특정 문맥과 독립된 아주 전형적인 문체인 사전의 의미 풀이 표현을 고찰하였다. 그 결과, 『현대한어사전(现代汉语词典)』의 의미 풀이 표현 가운데, 개별적인 특수 상황을 제외한 '把一个N' 형식은 모두 총칭을 나타내는 것으로 밝혀졌다. 예를 들면 다음과 같다.

【转达】把一方的话转告给另一方。
【전달하다】한쪽의 말을 다른 한쪽에게 전하다.

【重读】把一个词或一个词组里的某个音节或语句里的某几个音节读得重些, 强些。

【강세를 주어 읽다】 한 단어나 구 안의 어느 음절 또는 어구 안의 몇 음절을
약간 무겁고 강하게 읽는다.

【洗劫】 把一个地方或一家人家的财物抢光。

【몽땅 약탈하다】 한 지역 혹은 한 집안의 재물을 모두 빼앗다.

【黄金分割】 把一条线段分成两部分, 使其中一部分与全长的比等于⋯⋯

【황금 분할】 한 선분을 두 부분으로 나누고, 그 중 일부분과 전체 길이의 비
율을 같게 하여⋯⋯

사전의 의미 풀이에서 제시된 것은 모두 일반적인 상황이다. 전후 문장이
많이 있는 경우는 거의 없으며, 특정한 담화 상황이 있는 경우는 더더욱 없
기 때문에 이러한 문체는 문장구조의 무표적 의미를 대체로 분명하게 부각
시킨다고 할 수 있다. 이 조사의 결과는 불확정 형식의 '把'자문 안에서 총
칭 의미가 기본적이라는 것을 설명한다.

총칭성은 또한 '一个 + 고유명사' 현상도 설명할 수 있다. 총칭의 실질은
종류의 의미이다. 다음 몇 예는 '一个 + 고유명사'가 획득한 종류의 의미를
보여준다.

正因为这一切, 白书记宁肯暂时把一个哪怕是大坏蛋的马某人扶上台, 也不忍心
伤害了郑全章。

바로 이 모든 것 때문에, 바이서기는 차라리 정말 나쁜 놈인 마아무개를 요직
에 오르도록 도와줄지언정 차마 정취안을 다치게 할 수는 없었다.(邹志安『哦, 小
公马』)

这时他躺在炕上, 光顾抽大烟, 把一个老实巴交的老田头晾在一边。

이때 그는 온돌방에 누워 아편만 피워대면서, 고지식하고 조심성이 많은 늙은

경작지 관리인을 한쪽 구석에 내버려두었다.(周立波『暴风骤雨』)

我们坚信各成员通过共同努力, 加强合作, 一定能够克服东亚金融危机所造成的 暂时困难, 迎接经济全球化和知识经济的挑战, 把一个发展前景广阔的亚太地区带 入新的世纪, 为本地区和世界的发展与繁荣作出更大的贡献。

우리는 각 구성원들이 공동의 노력을 통해 협력을 강화하여 동아시아 금융위 기로 야기된 일시적 어려움을 반드시 극복하고, 경제 글로벌화와 지식경제의 도 전을 맞아, 발전 전망이 드넓은 아시아·태평양 지역을 새로운 세기로 인도함으 로써, 이 지역과 세계의 발전 그리고 번영을 위해 더욱 큰공헌을 하게 될 것이 라고 굳게 믿는다.(『人民日报』1998年11月20日社论)

双方一致认为, 把一个健康、稳定、持久的中日关系带入新的世纪, 符合两国人 民的根本利益, 也将对亚太地区和世界的和平与发展产生积极贡献。

양측은 건전하고 안정적이며 영속적인 중·일 관계를 새로운 세기로 가져가 는 것이 양국 국민의 근본 이익에 부합하고, 아시아·태평양 지역과 세계의 평 화와 발전에도 적극 기여할 것이라는 데 인식을 같이 하였다.(『人民日报』1998 年12月1日社论)

예문에서 설명적인 성격의 수식어 '哪怕是大坏蛋的(아무리 나쁜 놈이라도)', '老实巴交的(고지식하고 조심성이 많은)', '发展前景广阔的(발전 전망이 밝은)', '健 康、稳定、持久的(건전하고 안정적이며 영속적인)'는 일종의 종류를 나타낸다. 뒤 에 있는 고유명사는 이러한 종류를 예시하는 구성원에 불과하거나 명사가 가리키는 바를 그 종류에 귀납시킴으로써 화자의 일종의 기대를 나타낸다.

뤼수샹(吕叔湘 1944)은 인명 앞에 '(一)个'를 붙이는 현상에 대해 설명을 한 적이 있다. 그는 '自尧舜以下, 若不生个孔子, 后人去何处讨分晓? 孔子后若无 个孟子, 也未有分晓。(요순 이후에 만약 공자 같은 사람을 낳지 않았다면, 후세 사람들은 어디로 가서 일의 진상을 가릴 것인가? 공자 이후에 만약 맹자 같은 사람이 없었다면, 역시 분별도 없을 것이다.)'(『朱子语类』)라는 문구의 의미는 '生孔子这么个人(공자 같은 사람을 낳다)……; 没有孟子这么个人(맹자 같은 사람이 없다)……'과 같다고 하였다. 뤼수샹은 이러한 용법을 '종류(类)'의 의미, 즉 '총칭'의 의미라고 분명하게 귀결하였다.

8.2.2 현대 중국어의 '把个'

현대 중국어에서 '把个'는 출현 빈도에 있어서 감소세를 보이고, 용법에도 뚜렷한 변화가 생겨났다. 먼저, 근대 중국어 '把个' 구조의 술어 성분으로 흔히 보이는 것은 자동 심리동사(즉, '타동(他动)'과 '상태(状态)'를 겸유하는 동사)이지만, 현대 중국어 구조에서는 동사 대다수가 타동사이다.

> 金三爷不能把个常叫"打倒日本鬼子"的小外孙子带着到处跑……
> 김씨 집안 셋째 할아버지는 늘 "일본 놈 타도"를 외치는 어린 외손자를 데리고 다니지 못하고……(老舍『四世同堂』)
> 正是历史上最乱的时候。工地上工伤不断，那回，从三米高的地方掉下东西，顿时把个娃子打得七窍流血，眼看着就不行了。
> 역사상 가장 어지러운 시기다. 공사 현장에서는 산업재해가 끊이지 않고 있다. 지난번에는 3미터 높이에서 물건이 떨어져 갑자기 어린아이를 덮쳤는데, 눈, 귀, 코, 입 등 일곱 개의 구멍에서 피가 흘러 가망이 없어보였다. (张辛欣·桑晔 『北京人·龙门阵』)

'个' 뒤의 성분이 고유명사라는 것 외에도, 명사 성분의 유형 역시 사람이 아닌 것으로까지 확대되었다.

> 临走，贾凤楼把个红纸包塞在那五手中说："进茶社给小费，总得花点。"
> 떠날 무렵, 지아펑로우는 붉은 종이 봉지를 손에 쥐어주며 말했다. "찻집에 들어가서 팁을 좀 주는 것은, 아무래도 좀 써야 할 테니." (邓友梅『那五』)
> 曾作过一任知县，却缺少处理行政能力，只想改革，不到一年，却把个实缺被自己

的不现实理想革掉了.

　　한차례 지현을 지낸 적이 있는데, 행정능력은 부족하면서 오로지 개혁을 하겠
다고 생각만 하다가 1년도 안 되어 맡았던 관직을 자신의 비현실적인 이상으로
인해 잃어버리고 말았다. (沈从文『一个传奇的故事』)

　　문장구조로 보면 말기 근대 중국어의 '把个' 문장은 흔히 주어가 없는 영
주어(null-subject, 零主语)로 나타나며, 문장은 주체가 외부 사건의 영향으로
어떠한 심리적, 정서적 변화를 일으켰음을 나타낸다. 이 사건은 일반적으로
윗글에서 이미 출현되었기 때문에 '把'자문의 첫머리에 하나의 어구를 사용
하여 나타내지 않았다. 그런데 현대 중국어의 '把个'문은 주로 주어가 있다.

　　윗글에서는 근대 중국어(특히 근대 중국어 후기)에서 '把个' 구조는 인물의 심
리적, 정서적 변화를 나타내는데 자주 사용했다고 서술하였다. 그런데 이러
한 용법은 현·당대 중국어에서는 이미 거의 찾아볼 수가 없다. 한때 가장
중요했던 기능을 상실한 이후에 '把个'는 현대 중국어에서 설 자리를 잃은
듯하다. 따라서 문체 분포와 정보 유형의 표현에 있어 일부분은 근대 중국어
의 용법을 계승한 것이고, 일부분은 '把一个'의 용법을 분담한 것이어서 뚜
렷이 나타나는 표현 기능은 이제 없다는 것을 확인하였다.

8.3 불확정 '把'자문의 이론적 함의

　　현대 중국어에서 불확정 '把'자구조의 지위를 확인하는 것은 상당한 이론
적 의미를 지닌다. 예를 들어, 당대當代의 일부 형식 통사론 논저에서 학자들
은 문맥을 떠난 '把(个)+행위자+자동사' 문장('没想到那次运动把一个大姐死了(그
운동이 큰 언니를 죽게 할 줄은 생각지도 못했다)')을 가지고 현대 중국어 '把'자문의

성질('把'는 가치를 부여할 수 있는 기능 핵심이며, '把'자문은 저층구조에서 명사의 위치 이동과 동사의 격상 과정이 존재하고 있다 등)을 설명한다(Zou 1993). 이러한 논저에서 불확정 형식의 자동사 '把'자구조는 종종 현대 중국어에서 주요하고 흔히 보이는 유형으로 여겨진다.(Zou 1993). 하지만 타오훙인·장보쟝(陶红印·张伯江 2000)의 연구 결과, 이러한 구조가 현대 중국어에서는 거의 존재하지 않는 것으로 밝혀졌다. 따라서 이러한 문장을 바탕으로 '把'자문의 이론적인 문제를 논하는 것은 상당히 위험하다. 다른 한편으로 말하면, 이러한 구조의 추상적인 생성 과정에 얽매여 언어 체계 안에서 그것의 지위와 실제 용법을 살펴보지 않는다면 큰 의미가 있는 실질적인 문제들을 간과하게 될 것이다. 일부 전통적인 묘사문법학 논저에서는 중국어 '把'자문을 크게 '把'자의 목적어가 피행위자인 것과 행위자인 것의 두 가지로 나눈다. 이러한 분류도 나름의 일리는 있지만, 무의식중에 불확정 '把'자구조의 지위를 왜곡해(의식적으로 치켜 올려)버렸다. 또 실제 자료에 대한 고찰 결과를 보면, 행위자와 피행위자의 의미 관계를 핵심으로 하는 분류 방법은 다른 분류 방법과 연계하여 고려해야 더욱 의미가 있다. 예를 들면, '把'자구조에 도입한 명사가 가리키는 정보의 성격에 따라 [+이지 정보 +화제 연속성], [−이지 정보 +화제 연속성], [−이지 정보 −화제 연속성] 등으로 구분하는 것을 생각할 수 있다. 그들은, 통사 구조를 연구할 때 경험적 자료를 바탕으로 언어 현실에서 연구하는 현상의 지위에 대해 명확히 설명할 필요가 있으며, 이러한 지위 확정 작업 자체가 통사 연구의 한 유기적인 구성 요소가 되어야 한다고 생각한다.

제9장

동작의 결과성

9.1 결과초래의 결과

'把'자문의 술어가 결과성을 가진다는 것을 가장 먼저 언급한 학자는 왕리(王力)이다. 그는 "처치식 서술어의 뒤에는 말품보어(末品补语) 또는 형용사가 있어서 처치의 결과를 나타낸다"고 하였다. 그가 말한 '말품보어'란 결과보어가 되는 동사와 방향보어가 되는 방향동사를 가리킨다. 그의 결론은 "처치식은 아주 단순한 사상을 표현하기에는 적절하지 않다"는 것이다. 왕리는 다음 예를 통해 처치에는 항상 결과가 있음을 설명하였다.

紫鹃又把镯子连袖子轻轻褪上。
자견은 또 팔찌를 소매까지 함께 살짝 걷어 올렸다.
把酒烫得滚热的拿来。
술을 따끈따끈하게 데워서 가져오너라.

이후 학자들은 '처치'의 의미를 논할 때 줄곧 이 주장을 인용하였다. 라오창룽(饶长溶 1990)의 다음 주장이 그 예이다. 그는 '把'자식의 처치성은 술어동사의 동작이 관념적으로 '把'자 목적어 명사가 나타내는 사물에 대해 어떤 처리를 하였음을 가리킨다고 보았다. 이러한 처리는 주로 영향이 있는 행위이고, 결과가 있는 동작이라는 것이다. 그는 '他把车放在城门西的停车处(그는 차를 성문 서쪽의 주차장에 주차했다)'를 예로 들어 분석하고 있다. 차가 '주차장에 있는 것(在停车处)'이 바로 '차를 주차하다(放车)'라는 행위의 결과이고, '把枪拿油布包好(총을 방수포로 잘 싸라)'에서 '좋다(好)'가 바로 '총을 싸다(包枪)'의 결과라는 것이다. 라오창룽은 심지어 '把'자문의 동사 앞에 부사어를 붙이는 것도 뒤에 보어를 붙이는 것과 마찬가지로 의미상의 요구를 만족시키는 것이라고 하면서, 두 경우 모두 동작의 결과성을 나타낸다고 보았다.

> 祥子把头往被里埋。 → 埋到被子里
> 샹즈는 머리를 이불 속으로 파묻었다. → 이불 속으로 파묻었다
> 叶老将旧作诗词在『浙江画报』刊载。 → 刊载在『浙江画报』
> 예노인은 과거에 지어 놓은 시와 사를 『저장화보』에 게재했다. → 『저장화보』
> 에 게재했다
> 他把昨晚的事都对他说。 → 说给他
> 그는 어젯밤 일을 모두 그에게 말했다. → 그에게 말했다
> 我把头一扭, 心里嘀咕。 → 扭过头去
> 나는 머리를 휙 돌리고 속으로 중얼거렸다. → 머리를 돌렸다
> 你别把纸满地扔。 → 扔满地
> 종이를 여기저기에 버리지 마라. → 여기저기에 버리지 마라

이는 뤼수샹(吕叔湘)이 지적한 '술어 부분의 복잡성'과 왕리가 발견한 '처치 행위의 결과성'이 자연스럽게 부합한다고 여기는 일종의 낙관적인 관점을 나타낸다. 그러나 예상양(叶向阳 2004)은 이와 다른 사실을 발견하였다. 그는 술어가 복잡한 형식이라고 해서 '把'자문이 반드시 성립하는 것은 아님을 지적하였다. 구조가 동일한 다음 a, b 두 그룹의 예문을 비교해 보자.

a. 把他累病了 그를 과로로 병나게 했다   b. *把他走远了
a. 把书乱扔 책을 이리저리 던져놓다   b. *把书认真看
a. 把马遛遛 말을 산책시키다   b. *把马骑骑
a. 把饭端着 밥을 받쳐 들다   b. *把饭吃着
a. 帮我把屋子收拾一下   b. *帮我把屋子看(kàn)一下
  내가 방을 치우는 거 좀 도와줘

예샹양은 '把'자문 술어 형식의 이러한 제약은 그 문법적 의미와 관련이
있으며, 결과초래성(致使性)이라는 '把'자문의 문법적인 의미가 바로 '把'자문
술어 형식의 제약을 결정하는 근본적인 원인이라고 보았다. 예샹양의 연구
는 지금까지 '把'자문의 의미 가운데 결과 의미의 내력에 대한 가장 충분한
분석이라고 할 수 있다.

예샹양의 연구는 결과초래 의미에 관한 일반언어학의 두 가지 관점을 바
탕으로 한다. 하나는, 결과초래가 단일 사건의 내부 과정과 참여자의 관계가
아니라 두 가지 또는 그 이상의 사건이 하나의 상황을 구성한다는 것이다.
다른 하나는, 결과초래 상황을 구성하는 사건들 간에 긴밀한 '작용-효과(作用
-效应)'의 관계가 존재한다는 것이다. 한 사건이 다른 사건의 발생을 초래할
때, 전자는 '결과초래 사건(致使事件)'이 되고, 후자는 '결과 사건(被使事件)'이
된다. 예샹양은 '把'자문 술어의 '작용-효과' 관계를 다음 세 가지 경우로 나
누어서 논증하였다.

9.1.1 양성적인 두 사건의 술보식

이 문장들의 술어 부분은 모두 술보식(述补式)으로 되어 있는데, 술어는 결
과초래 사건을 나타내고 보어는 결과 사건을 나타낸다. 결과초래 사건과 결

과 사건은 모두 명시적이고 구체적인 동사로 표현된다.

电话铃把我吵醒。

전화벨이 시끄럽게 울려 나를 깨웠다.

사건₁: 电话铃吵我 전화벨이 나에게 시끄럽게 울렸다

사건₂: 我醒 내가 깼다

繁重的劳作把他累弯了腰。

과중한 노동이 그를 피곤으로 허리가 휘게 만들었다.

사건₁: 他累 그는 피곤하다

사건₂: 他的腰弯 그의 허리가 휘었다

他把菜炒咸了。

그는 요리를 짜게 조리했다.

사건₁: 他炒菜 그는 요리를 했다

사건₂: 菜咸 요리가 짜다

把他吓得钻到了床底下。

그를 놀라 침대 밑으로 들어가게 하였다.

사건₁: 吓他 그를 놀라게 했다

사건₂: 他钻到了床底下 그가 침대 밑으로 들어갔다

他恨不得今儿晚上就把事情弄个水落石出。

그는 오늘 저녁에 일의 진상을 밝히기를 간절히 바란다.

사건₁: 弄 처리하다. 만들다

사건₂: 事情水落石出 일의 진상이 밝혀지다

我把闲人统统轰出去。

나는 관계없는 사람들을 모두 내쫓았다.

사건₁: 轰闲人 관계없는 사람을 내쫓았다

사건₂: 闲人出去 관계없는 사람이 나갔다

我把腿搭在练功杆上。

나는 다리를 연습봉 위에 걸쳤다.

사건₁: 搭腿 다리를 걸쳤다
사건₂: 腿在练功杆上 다리가 연습봉 위에 있다

위 예문들은 '사건1'이 명시적으로 존재하므로 '사건2'는 '사건1'에 의해
초래된 결과가 되며, 이들의 관계는 아주 명확하다.

9.1.2 음성적인 두 사건의 술목식

술목식 '把'자문은 술보구조처럼 분명한 두 개의 동사를 가지지는 않는다.
하지만 예샹양(叶向阳 2004)에서는 이 두 사건 역시 어렵지 않게 '작용-효과'
의 관계로 분석할 수 있다고 보았다. 예를 들어보자.

把笔扔桌上。
펜을 책상 위에 던졌다.
사건₁: 扔笔 펜을 던지다
사건₂: 笔到桌上 펜이 책상 위에 도달했다

回去取钥匙吧, 又把我爸锁屋里了。
돌아가서 열쇠를 찾아봐, 또 우리 아버지를 집안에 가두었다.
사건₁: 锁门 문을 잠그다
사건₂: 我爸在屋里 아버지가 집안에 계시다

她怕由她把阿梅的死讯告诉小沈。
그녀는 자기가 아메이의 사망 소식을 샤오선에게 알릴까 봐 두려웠다.
사건₂: 消息传到小沈那里 소식이 샤오선에게 전해졌다

他把书给了图书馆。
그는 책을 도서관에 주었다.
사건₂: 书到了图书馆那里 책이 도서관에 도착했다

他把花瓶里插了花。

그는 꽃병에 꽃을 꽂았다.

사건₂: 花瓶里有了花 꽃병에 꽃이 생겼다

他把车上装了土。

그는 차에 흙을 실었다.

사건₂: 车上有了土 차에 흙이 생겼다

把花布做了裙子。

꽃무늬 천으로 치마를 만들다.

사건₂: 布成了裙子 천이 치마가 되었다

把他的头打了个包。 그의 머리에 혹이 생겼다.

사건₂: 头上起了包 머리에 혹이 생겼다

把苹果削了皮。

사과를 껍질을 벗겼다.

사건₂:皮削了, 苹果不同了 껍질을 깎았더니, 사과가 달라졌다

把大门贴上封条。

대문에 봉인을 붙이다.

사건₂: 封条移到大门上, 大门状态发生了变化 봉인이 대문으로 이동하자, 대문의 상태가 변했다

把工资都喝了酒。

월급으로 모두 술을 마셨다.

사건₂: 用工资买酒喝, 并且工资都没了 월급으로 술을 사 마셨고, 월급이 모두 없어졌다

위의 예에서 '사건1'은 모두 명시적으로 존재하지만, '사건2'는 '扔桌上(책상 위로 던지다)', '锁屋里(방 안에 갇히다)'와 같이 눈으로 확인할 수 있는 것도 있지만, 대다수는 확인이 불가능하다. 예상양(叶向阳 2004)은 이 경우 사건2는 의미에서 유추한 것이라고 설명하였다.

9.1.3 비명시적인 두 사건의 단일 동사식

이 경우 역시 위와 유사하다. '사건1'은 명확히 존재하지만, '사건2'는 대부분 눈으로 확인할 수가 없기 때문에 역시 의미로부터 유추해야 한다. 하지만 위의 의미 유추는 뒤에 있는 목적어 명사를 근거로 하였지만, 이 경우는 동사가 나타내는 상태를 근거로 한다는 점에서 차이가 난다.

这写小说不就是把汉字串起来么?
소설을 쓴다는 것은 곧 한자들을 꿰어 놓는 것 아닌가요?
사건1: 串汉字 한자를 꿰다
사건2: 汉字成串连接 한자를 꿰미로 만들어 연결했다

静了好一会, 陈毅又把扇子摇起来, 主意打定了。
한참을 조용히 있다가, 천이는 다시 부채를 흔들기 시작하더니 생각을 정하였다.
사건1: 摇扇子 부채질하다
사건2: 动作达成时相 동작이 시간 위상에 도달했다/이루어졌다

把坑填了。 구덩이를 메웠다.
사건1: 填坑 구덩이를 메우다
사건2: 坑不存在了 구덩이가 없어졌다

我建议今儿就把那本书买了。
나는 오늘 바로 그 책을 살 것을 제안한다.
사건1: 买书 책을 사다
사건2: 买书这件事了结 책 구매라는 일이 완료되었다

把门开着。 문을 열어 놓아라.
사건1: 开门 문을 열다
사건2: 门处于敞开的状态 문이 활짝 열린 상태에 있다

把稿子看过了。 원고를 읽었다.
사건1: 看稿 원고를 읽다

사건₂: 稿子作为信息载体的价值对看者发生了变化 정보 운반체로서 원고의 가
치가 독자에게 변화를 발생시켰다

把马遛遛。말을 산책시켜라.
사건₁: 遛马 말을 산책시키다
사건₂: 马解除疲劳 말이 피로를 풀었다

把上衣一脱。상의를 벗어라.
사건₁: 脱上衣 상의를 벗다
사건₂: 上衣脱下了 상의가 벗겨졌다

세 가지 경우의 설명을 통해, 예샹양은 '把'자문의 술어는 의미상 두 개의
사건으로 구성되며 이 두 사건 사이에는 결과초래의 관계가 존재한다고 보
았다. 이전의 연구는 '把'자문 술어의 결과 의미를 언급하면서 예샹양이 논
증한 첫 번째 경우인 보어가 있는 예만을 언급한 반면, 그의 연구는 오히려
명시적이지 않은 결과 의미를 도출해냈다는 점에서 독창적이라고 할 수 있다.

9.2 완전한 영향

쉐펑성(薛凤生 1989) 등과 같이 이전에도 '把'자문의 '결과초래'설을 주장하
는 사람들이 있었다. 이에 대해 쟝사오위(蒋绍愚 1997)는 결과초래가 '把'자문
의 기능이 아닌 동결식(动结式, 동사결과보어 형식)의 성질이라고 보았다. 왜냐하
면, '把花姑娘急疯了(화씨 처녀를 조급해서 미치게 했다)'와 '急疯了花姑娘(화씨 처
녀를 애태웠다)'은 모두 결과초래를 나타내기 때문이다. 예샹양은 '把'자문과
일반적인 결과초래문을 어떻게 구분하는가에 관해 나름의 고민 결과, '把'자
문과 '使'자문은 모두 결과초래를 나타내지만 표현 형식에서 차이가 있다고

보았다. '把'자문의 술어는 두 가지 사건을 나타내는데, 그 가운데 결과를 초래하는 사건은 반드시 어휘를 통해 표현되지만 초래되어진 결과 사건은 표면으로 드러나지 않을 수도 있다. 하지만 '使'자문에서 결과초래 사건은 순수하게 결과초래를 나타내는 공허한 의미(虛义)의 동사인 '使'로 허화되고, 뒤에 있는 술어는 의미와 형식적으로 모두 결과 사건 하나만을 나타낸다. 일부 비문은 바로 이러한 차이를 이해하지 못함으로써 생기는 것이다.

> *终于把一个昏迷了五个小时的病人清醒了过来。
> *要努力提高全民族科学文化水平, 把我们国家尽快跨入世界先进行列。

위 문장의 서술어는 초래되어진 결과 사건만을 포함하기 때문에 '把'자문에 사용할 수가 없다. 이때는 '把'를 '使'로 고치면 된다.

'把'자문이 결과초래성을 나타낸다는 설명은 결국은 일종의 '광의'의 설명인 반면, '把'자문 술어의 결과 의미와 '완전영향(完全影响)'의 의미를 더욱 중시한다는 일종의 '협의(狹)'의 설명 역시 동시에 존재한다. 이 관점은 다이하오이(戴浩一(Tai) 1984)가 가장 먼저 제안한 것으로, 이후 쑨차오펀(孙朝奋(Sun) 1996)에서 인용되기도 하였다. 이 관점은 상응하는 동목문과 비교하여 '把'자문이 시간상의 유계성(有界性)을 나타낼 뿐만 아니라, 더 중요한 것은 술어의 의미가 '고타동성(high transitivity, 高及物性)'을 가진다는 것이다. 이는 구체적으로 피행위자의 '완전한 피영향(total affectedness, 完全受影响)'으로 나타난다.

> *他把汤喝了, 可是没喝完。
> 他喝了汤了, 可是没喝完。 그는 국을 마셨지만, 다 마시지는 못했다.

위 두 예문은, '他喝了汤了'는 국을 반드시 다 먹었다고 볼 수는 없지만, '他把汤喝了'는 국을 이미 다 마신 것으로 이해해야 함을 보여준다. 이러한 '완전한 영향'의 의미는 어디에서 오는 것일까? 장보쟝(张伯江 2000)은 이 현상을 '把'자문의 '변환관(变换观)'에 대한 가장 큰 도전으로 보았다. 왜냐하면 '변환관'의 기본 가설이 바로 변환 전후 문장의 구성 성분들 간의 의미 관계가 변함없이 유지된다고 보기 때문이다. '구문문법(Construction Grammar, 构式语法)'의 관점에서 볼 때, 구문의 의미는 완전히 구성 성분 및 기존 구문의 의미로부터 자연스럽게 유추되어 나올 수 있는 것이 아니다. 변환의 관점은 흔히 구문 자체의 중요한 특징들을 간과하게 만들 수도 있다. 일반적인 '주어-동사-목적어' 문장과 이로부터 '자유롭게' 변환 가능한 예를 보자.

> 他喝了酒。 그는 술을 마셨다. → 他把酒喝了。 그는 (그) 술을 마셨다.
> 他用了钱。 그는 돈을 썼다. → 他把钱用了。 그는 (그) 돈을 썼다.

오른쪽의 예는 분명히 일종의 '완전'의 의미(술을 모두 마셔버렸고(酒全喝掉了), 돈을 모두 다 써버렸다(钱全用尽了))를 담고 있다. 하지만 왼쪽의 예는 그러한 내포적 의미가 없을 뿐만 아니라 오히려 '불완전(非完全)'의 의미로 이해되는 경향이 있다. 이는 통사적으로 다음과 같은 제약을 통해 확인할 수 있다.

> *他全 / 都喝了酒 : 他把酒全 / 都喝了 그는 술을 다 마셨다
> 他喝了一些酒 그는 술을 약간 마셨다 : *他把一些酒喝了
> *他全 / 都用了钱 : 他把钱全 / 都用了 그는 돈을 전부 다 썼다
> 他用了一些钱 그는 약간의 돈을 썼다 : *他把一些钱用了

장보쟝의 글은 '인접은 영향력의 강화이다'라는 인지언어학의 원리(Lakoff

& Johnson 1980)를 사용하여 '완전한 피영향(完全被影响)'이라는 '把'자문의 의
미의 유래를 설명하였다. '완전한 작용'과 '부분적인 작용'의 대립은 의미의
대립일 뿐만 아니라 문법의 대립이기도 하다. 많은 언어 사실들이 이 특징을
반영하고 있는데, 영어의 예를 들어보자.

> a. I loaded the hay onto the truck.
> (我把干草装在卡车上。/나는 건초를 트럭에 실었다.)
>
> b. → I loaded the truck with the hay.
> (我把卡车装上干草。/나는 트럭에 건초를 실었다.)
>
> a. We sprayed paint on the wall.
> (我们把油漆喷在墙上。/우리는 페인트를 벽에 뿌렸다.)
>
> b. → We sprayed the wall with paint.
> (我们把墙上喷上油漆。/우리는 벽을 페인트로 뿌렸다.)

일반적으로 위에서 a예문의 함의는 '건초 전부', '페이트 전부'이며, b에
는 '트럭 전체', '벽 전체'라는 의미가 들어있다고 본다. 중국어와 마찬가지
로 영어는 어순의 수단을 통해 완전한 영향의 의미를 나타낸다. 동사와 목적
어의 거리가 가까울수록 목적어에 대한 동사의 영향을 실현하기가 쉬우며,
목적어가 완전한 영향을 받게 만들기도 더욱 쉽다. 이 점은 위의 두 영어 예
문을 아주 잘 설명해주며, 특히 중국어 '把'자문에 대한 아주 적절한 설명이
기도 하다. 동작의 영향을 받는 사물이 목적어 앞에 출현하는 것은, 한편으
로는 '행동하기 전에 목표를 확정'지어야 한다는 요구를 충족시키기 위한 것
이기도 하지만, 다른 한편으로는 해당 사물을 동사에 근접시키는 최상의 전
략이기도 하다. 왜냐하면 동사 뒤에서 가장 경쟁력이 있는 것은 '상(Aspect,
体)' 등의 성분이므로 목적어는 "다른 방법을 찾아서 동사에 접근"해야 하기

때문이다.(呂叔湘 1944) 이로써 동사 앞에서 동작의 영향을 받는 사물이 동사 뒤의 성분보다 더 높은 피영향력을 갖게 된다.

선쟈쉬안(沈家煊 2002)은 이에 대해 의문을 제기하였다. 그는 일부 '把'자 문은 동사 뒤에 뤼수샹(呂叔湘 1948)이 말한 '부분목적어(偏称宾语)'를 가질 수 있다고 보았다. 예를 들면 '把一盏酒淹一半在阶基上(술 한 잔의 반을 계단에 흘렸다)', '怎肯把军情泄露了一些儿(어떻게 군사 정보를 약간 누설하려고 하겠는가)'에서 계단에 흘린 것이 술 전부는 아니며, 누설한 것 역시 군사정보 전체는 아니라는 것이다. 뤼수샹은 또 부분목적어를 가진 '把'자문 중에는 동목문으로 바꾸면 오히려 부자연스러운 것도 있음을 지적하였다. 그는 '砍了你的一根竹子(너의 대나무 한 대를 베었다)'가 '把你的竹子砍了一根(너의 대나무를 한 대 베었다)'보다 부자연스럽다고 보았다. 하지만 장보쟝(张伯江 2014)은 이것이 결코 '把'자가 완전한 영향을 나타내지 않는다는 것을 설명할 수는 없다고 보았다. 그렇지 않다면 '把一盏酒的一半淹在阶基上', '把一些儿军情泄露了'이 성립하지 않는 이유를 설명할 수가 없다는 것이다. 다음 대비를 살펴보자

炸弹把教室楼炸坏了一个角。 폭탄이 강의동 한 모퉁이를 폭파시켰다.
→ ？炸弹把教室楼的一个角炸坏了。
→ *炸弹把一个角炸坏了教室楼。

他随手把这本杂志翻了几页。 그는 손 가는대로 이 잡지를 몇 페이지 넘겼다.
→ ？他随手把这本杂志的几页翻了。
→ *他随手把几页翻了这本杂志。

我已经把这段唱词录下音来。 나는 이미 이 부분의 가사를 녹음했다.
→ ？我已经把这段唱词的音录下来
→ *我已经把这段音录下唱词来。

请你今天就把这个报告起个草。오늘 이 보고서를 작성해 주십시오.
→ ？请你今天就把这个报告的草起了。
→ *请你今天就把草起个报告。

我已经把大门上了闩。나는 이미 대문을 빗장을 걸었다.
→ ？我已经把大门的闩上了。
→ *我已经把闩上了大门。

把这块地分成三小块。이 땅을 세 개의 작은 덩어리로 나누었다.
→ ？把这块地的三小块分成了。
→ *把三小块分成这块地。

이상의 대비는 문법적으로 '把'자가 결코 부분적인 영향을 받는 성분을 나타내는데 사용되는 것이 아님을 말해준다.

9.3 직접적인 영향

만약 문장구조에서 술어의 결과성과 목적어의 피영향성만을 강조한다면, 중국어에서는 적어도 '被'자문 역시 이러한 특징을 가진다고 할 수 있다. 장보장(张伯江 2001)은 '把'자문과 '被'자문이 '직접적인 영향'과 '간접적인 영향'이라는 의미에서 상당한 차이가 있음을 논증하였다.

우선, '被'자문에 허용될 수 있는 동사의 범위는 '把'자문보다 넓다. 일부 감각동사의 경우, '把'자문에는 출현할 수 없지만 '被'자문에는 출현할 수 있다.

敌人发现了侦察员。적이 정찰대원을 발견했다.
*敌人把侦察员发现了。

侦察员被敌人发现了。정찰대원이 적에게 발견되었다.

我知道了那个消息。나는 그 소식을 알았다.
*我把那个消息知道了。
那个消息被我知道了。그 소식은 나에게 알려졌다.

'发现(발견하다)', '知道(알다)' 등의 동사가 나타내는 행위는 직접적으로 목표물에 영향을 미치지 않기 때문에 '把'자문에 출현할 수 없다는 것은 앞의 서술 규칙에도 부합한다. 그런데 그것이 '被'자문에 출현할 수 있다는 것은 무엇을 의미하는가? 자세히 생각해 보면 이러한 동사를 사용한 '被'자문은 또 다른 의미를 가지고 있다. 다음 대비를 보자.

我知道了你的密码。나는 너의 비밀번호를 알아냈다.
我知道了你的名字。나는 너의 이름을 알아냈다.
你的密码被我知道了。너의 비밀번호는 나한테 탄로났다.
*你的名字被我知道了。

사회생활에서 '이름(名字)'은 가장 많이 공개되는 개인의 정보이다. 이름을 짓는 것은 다른 사람들에게 알리기 위해서이기 때문에, 일반적인 상황에서는 누구의 이름을 알았다는 것이 그 사람에게 어떠한 영향을 미치지 않는다. 그렇지만 '비밀번호(密码)'는 가장 은밀한 개인정보이다. 그래서 일단 다른 사람이 알게 되면 은밀성을 잃어버려 그에게 미치는 영향이 상당히 심각하다. 또 다른 예를 들어보자.

他的纸条被老师看见了。그의 종이쪽지는 선생님에게 발각되었다.
*他的纸条被房上的猫看见了。

이것을 시험에서 부정행위를 하는 장면이라고 가정해보자. 어떤 사람이나 동물이 '종이쪽지를 보았다(看见纸条)'는 것이 '종이쪽지(纸条)'에게는 진정한 영향을 미치지 않으며, 영향을 받는 것은 단지 부정행위자인 '그(他)'일 뿐이다. 또 영향을 받는지의 여부는 쪽지를 '선생님(老师)'이 본 것인지 아니면 시험과 전혀 무관한 '고양이(猫)'가 본 것인지에 따라 결정된다. 이는 동일한 동사나 동일한 의미 관계가 문장의 합법성을 완전히 결정할 수는 없으며, 문장의 성립 여부는 전적으로 동사에 의해서 결정되는 것이 아님을 말해준다.

이상의 내용을 종합하여 하나의 특징을 개괄할 수 있다. '被'자문의 '영향성'은 피행위자 명사에 대한 것이 아니라 당사자에 대한 것일 수도 있기 때문에, '他的纸条(그의 종이쪽지)', '他的密码(그의 비밀번호)'는 모두 각각 사건의 주체인 '他'의 환유(metonymy, 转喻) 형식이다. 하지만 '把'자문은 이러한 특징이 없으며, 사건의 영향력은 피행위자 자체에 국한된다.

　　*我把你的密码知道了。
　　*老师把你的纸条看见了。

위 문장이 성립하지 않는 것은 '把'자문이 목적어의 피영향 여부에만 관심이 있다는 것을 말해준다. '把'자문에서 '把'의 목적어는 반드시 직접적으로 영향을 받는 대상이어야 하지만, '被'자문에서 그에 상응하는 '被'의 주어는 직접적으로 영향을 받는 대상일 수도 있고, 간접적으로 영향을 받는 대상일 수도 있다.

'被'자문에서 간접적으로 영향을 받는 대상은 다음 방식을 통해 문장의 주어 자리에 올 수 있지만, 그에 상응하는 '把'자문은 그렇지 않다.

你被我们知道了密码。너는 우리에게 비밀번호가 탄로났다:
*我们把你知道了密码。
他被老师发现了纸条。그는 선생님에게 종이쪽지를 들켰다.
*老师把他发现了纸条。

그 이유는 바로 '把'자문에서 '把'의 목적어는 반드시 직접적으로 동사의
영향을 받는 것이어야 하며, 간접적으로 영향을 받는 것일 수는 없기 때문이
다. '我们把橘子剥了皮(우리는 귤을 껍질을 벗겼다)'는 직접 껍질이 벗겨지는 것
이 귤이지만, '我们把你知道了密码'에서 알게 되는 것은 '你(너)'가 아니다.
또 '我们把他开除了队伍(우리는 그를 팀에서 해고했다)'는 직접 제명된 것이 '他
(그)'이지만, '老师把他发现了纸条'에서 발각된 것은 '他'가 아니다.

제10장

문형의 처치 의미

10.1 처치설의 근원

왕리(王力 1943)는 다음과 같이 '처치'라는 주장을 제기하였다.

　일반적인 구조에서 목적어는 '我烧了那一封信(나는 그 편지를 태웠다)'과 같이 서술어 뒤에 놓인다. 그런데 간혹 우리는 목적어를 서술어 앞에 놓을 수도 있는데, 이때는 '我把那一封信烧了(나는 그 편지를 태웠다)'와 같이 서술어의 원래 위치에 조동사 '把'자 또는 '將'자를 하나 붙여야 한다.
　하지만 이 두 가지 서술은 의미가 완전히 같지는 않다. 전자는 일반적인 서술이고, 후자는 서술과 함께 동시에 이 행위가 일종의 처치나 지배임을 나타낸다. 따라서 '我把那一封信烧了'와 같은 종류의 문장은 처치식이라 부를 수 있다.

왕리는 우선 '처치'라는 것에 대해 다음과 같이 직접적인 설명을 하였다.

　처치식은 사람을 어떻게 배치하는가('把你林姑娘暂且安置在碧纱厨里(너의 임씨 아가씨를 잠시 벽사 칸막이 문 안쪽에 모셔라)'), 어떻게 시키는가('等我把云儿叫了来, 也叫他听听(내가 운아를 불러오면, 그도 좀 들어보게 해라)'), 어떻게 대하는가(我把你膀子折了(내가 너의 어깨를 부러뜨렸다)'), 혹은 물건을 어떻게 처리하는가('便把手绢子打开, 把钱倒出来(곧바로 손수건을 펼쳐서 돈을 쏟아 부었다)', '你把那穿衣镜的套子放下来(너는 그 전신거울의 덮개를 벗겨라)') 일을 어떻게 진행하는가('那妙玉便把宝钗、黛玉的衣襟一拉(그 묘옥은 바로 보차와 대옥의 옷자락을 잡아당겼다)')이다

그 후, 그는 또 다음과 같은 간접적인 설명도 하였다.

그것은 오직 처치만을 위해서 만들어졌으므로, 만약 행위가 처치의 성질을 가지지 않으면 처치 형식을 사용할 수 없다. 예를 들어, '我爱他(나는 그를 사랑한다)'는 '我把他爱'라고 말할 수 없고, '桃树开花(복숭아 나무에 꽃이 핀다)'는 '桃树把花开'라고 말할 수 없다.

처치 형식은 또 적극적인 처치를 위해서 만들어졌기 때문에 '把'자 뒤에 부정사를 쓸 수가 없다. 예를 들어, '我把那一封信烧了(나는 그 편지를 태웠다)'라고만 말할 수 있을 뿐, '我把那一封信不保存'라고는 말할 수 없다. 또 '等我把云儿叫来'라고만 말할 수 있을 뿐, '等我把云儿不叫来'라고는 말할 수 없다

사실 처치설의 한계에 대해서 왕리는 처음부터 인식하고 있었다. 그는 처치로 설명할 수 없는 몇 가지 예를 들어 '처치의 활용'이라고 보았는데, 활용에도 조건이 있다고 지적하였다. 그는 "어떤 경우에는 처치식이 정말로 일종의 처치를 나타내지 않는다. 그것은 단지 이 일이 다른 일의 영향을 받아서 생긴 결과라는 것을 나타낼 뿐이다. 여기서 이 일은 주로 좋지 않은 일이거나 자기도 모르는 사이에 일어난 일이다"라고 하였다. 예를 들면 다음과 같다.

谁知接接连连许多事情，就把你忘了。
연이은 많은 일들이 너를 잊어버리게 할 거라고 누가 알았겠어.
把牙栽了，那时候才不演呢!

이를 심었더니 그제서야 연기를 안 하더군!

你何必为我把自己失了?

너는 나 때문에 자신을 잃을 필요가 있느냐?

你出去自站一站瞧, 把皮不冻破了你的!

네가 나가서 직접 한번 서있어 봐라, 살갗을 얼어터지게 하지 않는지 너의(살 갗을)!

小红不觉把脸一红。

샤오훙은 자기도 모르게 얼굴을 붉혔다.

把我那要强心, 一分也没有。

나의 그 경쟁심을 조금도 없게 만들었다.

偏又把凤丫头病了。

공교롭게도 또 펑가 계집을 병나게 하였군.

왕리의 '처치설' 및 그 한계의 귀납에 대해서 가장 먼저 예외를 제시한 것은 뤼수샹(呂叔湘 1948)이다. 뤼수샹은 처치의 의미와 맞지 않기 때문에 '把'자문을 사용할 수 없다고 왕리가 말한 다섯 가지 경우 가운데 적어도 세 가지는 예외가 있다고 지적했다.

왕리는 정신적 행위를 나타내는 동사는 '把'자문에 들어갈 수 없다(我爱他(나는 그를 사랑한다) → *我把他爱)고 하였는데, 뤼수샹은 다음과 같은 반례를 제시하였다.

这么一来, 他可要把你恨透了。

이렇게 되면, 그는 너를 정말 몹시 미워할 것이다.

盼来盼去, 总算把这一天盼到了。

간절히 기다린 끝에, 마침내 이 날을 맞이했다.

你把这句话再想想看。

너는 이 말을 다시 한 번 생각해 보아라.

왕리는 또 행위가 목적어를 변화시킬 수 없는 경우에도 '把'자문을 사용할 수 없다(我上楼(나는 위층으로 올라갔다) → *我把楼上)고 하였는데, 뤼수샹은 역시 다음과 같이 반례를 제시하였다.

把三百级台阶一口气走完。계단 300개를 단숨에 다 걸었다.
你把这个留着自己用吧。너는 이것을 놔두고 네가 쓰도록 해라.
把安老爷上下打量两眼。안씨 어르신을 위아래로 두 번 훑어보았다.

그 외에 왕리는 행위가 뜻밖의 처치인 경우에도 '把'자문을 쓸 수 없다(我拾了一块手帕(나는 손수건 하나를 주웠다) → *我把一块手帕拾了)고 하였는데, 뤼수샹이 제시한 반례는 다음과 같다.

把日子误了。날짜를 놓쳤다.
把机会错过了。기회를 놓쳤다.
把姑娘的东西丢了。아가씨의 물건을 잃어버렸다.
先把太太得罪了。먼저 아내를 화나게 했다.

뤼수샹은 처치의 의미는 단지 '把'자문을 사용하는 소극적인 측면의 원인일 뿐이며, 적극적인 측면에서 보면 '把'자문의 사용은 구조적인 원인(본서 제2장 참조) 때문이라고 보았다. 그는 다음과 같이 말하였다.

'把'자문 형식이 처음 나타날 때는 아마도 특수한 용도가 없는 통사 형식이었을 것이다. 하지만 그것이 근대 중국어에서 광범위하게 사용된 주된 이유는 목적어를 동사 앞으로 옮겨야 하는 상황이 더러 있었기 때문일 것이다. 또 두 가지 중요한 소극적인 제약도 있다. 첫째는 목적어가 반드시 확정적인 것이어야한다는 것이고, 둘째는 동사가 반드시 일종의 '행위', 즉 일종의 '처치'를 나타내야 한다는 것이다.

후푸·원롄(胡附·文练 1957:124)은 진일보하여 처치설에 대해 의문을 제기하였다. 그들은 다음과 같이 말하였다.

'처치식'이라는 표현은 다소 억지스럽다. 왜냐하면 '把'자문이 반드시 처치의 의미를 나타내지는 않으며, 또 처치의 뜻이 없는 많은 의미 역시 중국어에서 '把'자문으로 종종 표현되기 때문이다. 예를 들면, '墙上那枚钉子把我的衣服撕破了(벽의 그 못이 나의 옷을 찢었다)', '好孩子, 你把我的心都哭乱了(착한 아이야, 네가 울어서 내 마음이 괴롭구나)', '这次病把我折磨得苦了(이번 병은 나를 힘들게 괴롭혔다)' 등의 문장에는 전혀 처치의 의미가 없다.

쑹위주(宋玉柱 1981)는 '처치'의 함의에 대한 후푸·원롄의 이해가 '약간 편협하다'고 보았으며, 다음과 같이 피력하였다.

그들의 관점에서 보건대, 이른바 처치란 바로 사람이 의식적으로 목적을 가지고 어떤 사물에 대해 행하는 처리이며, 그렇지 않으면 처치가 되지 않는다. 따라서 '钉子把衣服撕破了(못이 옷을 찢었다)'는 처치가 될 수 없다. 못이 어떻게 옷을 처치할 수 있는가? 하지만 '처치'를 이와 같이 이해하는 것은 정확하지 않다고 해야 한다. 이는 문법적인 각도에서 문제를 본 것이 아니다. 왕리가 '처치식(處置式)'이라는 용어를 제시할 때, 그것의 함의에 대한 설명이 부족했음을 인정해야 한다. 이 때문에 '처치(處置)'라는 것이 반드시 어떤 사물에 대한 사람의 목적의식을 가진 처리여야 한다는 인상을 사람들에게 주었고, 일부 사람들의 비난을 초래하게 된 것이다. 이른바 '처치'의 역할을 단순히 글자 그대로 어떤 사물에 대한 사람의 처리로만 이해해서는 안 된다. 즉, 문장 안의 술어 동사가 나타내는 동작이 '把'자가 나타내는 피동성분에 대해 어떤 적극적인 영향을 미치고, 그로 인해 그 피동성분에 어떤 변화가 일어나서 어떤 결과가 생기거나 어떤 상태에 놓이게 되는 것으로 이해하여야 한다. 따라서 이 '처치'라는 것은 반드시 주어가 나타내는 사람이나 사물의 목적을 가진 일종의 행위가 아니라 동사와 피동성분 사이의 관계를 가리키는 것이다. 후푸·원롄이 든 예를 보면, '钉子(못)'

는 '撕(찢는다)'의 행위를 할 수가 없는데, 이는 문법적인 분석이 아니다. 문법적인 분석은 '撕'라는 동작이 확실히 '衣服(옷)'에 대해 일종의 적극적인 영향을 미쳐서 '破了(찢어졌다)'의 결과가 나왔다는 것이어야 한다.

쑹위주의 관점은 이후의 학자들이 제기한 '결과초래설(致使说)'의 견해에 이미 포함된다. 하지만 이것이 언어적 사실에 더 가깝다고 하더라도 '처치설'을 이렇게 해석하면 '처치'라는 단어의 본래 의미와는 거리가 멀어진다. 왜냐하면 '처치설'이 주관적인 목적성을 포기하면 '처치'라고 할 수가 없기 때문이다.

10.2 객관적 처치와 주관적 처치

'처치'의 의미를 문자적으로만 이해한다면 그야말로 해결책이 없다고 할 수 있다. 선쟈쉬안(沈家煊 2009)이 지적한 바와 같이, 다음 예들은 동사 '打(때리다)'는 '把'자문과 동목문에서 모두 처치의 의미를 가지지만, '丢(잃다)'는 동목문과 '把'자문에서 모두 처치의 의미를 가지지 않는다는 사실을 보여준다.

> 我把他打了一顿。 나는 그를 한 차례 때렸다.
> 我把大门的钥匙丢了。 나는 대문의 열쇠를 잃어버렸다.
> 我打了他一顿。 나는 그를 한 차례 때렸다.
> 我丢了大门的钥匙。 나는 대문의 열쇠를 잃어버렸다.

1980-90년대 이후의 문법 논저에서 '把'자문의 처치 의미는 논의하기를 매우 꺼려하는 주제가 되었고, 심지어는 '把'자문이 개괄 가능한 하나의 문

형 의미를 가지는지 여부도 문제가 되었다. 즉, '결과초래'는 지나치게 넓고, '처치'는 지나치게 좁아서 아예 구조적인 측면에서만 설명할 뿐, 문형의 의미에 대한 모색을 포기하려는 경향이 있었다. 하지만 중국어 교육과 문법 설명 시에는 또 '처치'라는 것을 언급할 수밖에 없었다. 선쟈쉬안(沈家煊 2000)은 "이는 '把'자문에 '처치'의 의미가 있다는 판단이 역시 우리들의 직관에 기본적으로 부합함을 말한다"라고 하였으며, 2000년대 초에 '처치'에 대해 전적으로 논한 글을 발표하였다. 그는 이 글에서 처치의 문제를 회피하지 않고, 나아가 "문제의 핵심은 서로 연관성이 있으면서도 성격이 다른 두 가지 처치, 즉 '객관적 처치(客观处置)'와 '주관적 처치(主观处置)'를 구분해야 한다"라고 예리하게 지적하였다. 두 처치의 차이는 다음과 같다.

객관적 처치: 갑(행위자)이 의식적으로 을(피행위자)에게 모종의 실재적인 처치를 한다.
주관적 처치: 갑(반드시 행위자인 것은 아님)이 을(반드시 피행위자인 것은 아님)에게 모종의 처치(반드시 의식적이고 실재적이어야 하는 것은 아님)를 한다고 화자가 인정한다.

이러한 완전히 새로운 관념 하에, 선쟈쉬안의 글은 "'把'자문의 문법적 의미는 '주관적인 처치'를 나타내는 것이다"라고 분명하게 주장하였다. 갑이 을에 대해 처치를 했다고 객관적으로 서술하는 것과 이를 주관적으로 인정하는 것은 별개의 일이다. 주관과 객관은 일치할 수도 있고 그렇지 않을 수도 있는데, '把'자구문의 경우는 모두 다음 네 가지 상황이 있다.

a. 객관적으로 갑이 을을 처치했고, 화자는 단지 객관적으로 이를 보도한다.
   他喝了一碗酒。그는 술 한 사발을 마셨다.

他打了她一顿。 그는 그녀를 한 차례 때렸다.

b. 객관적으로 갑이 을을 처치했고, 화자는 주관적으로도 이를 인정한다.

他把那碗酒喝了。 그는 그 사발의 술을 마셨다.

他把她打了一顿。 그는 그녀를 한 차례 때렸다.

c. 객관적으로 갑은 을을 처치하지 않았지만, 화자는 주관적으로 갑이 을을 처치했다고 인정한다.

他把大门的钥匙丢了。 그는 대문의 열쇠를 잃어버렸다.

他把这句话又想了想。 그는 이 말을 또 곰곰이 생각하였다.

这可把花姑娘急疯了。 이는 정말 화씨 처녀를 조급해서 미치게 했다.

d. 객관적으로 갑은 을을 처지하지 않았고, 화자는 주관적으로도 갑이 을을 처치했다고 인정하지 않는다.

他丢了大门的钥匙。 그는 대문의 열쇠를 잃어버렸다.

他又想了想这句话。 그는 또 이 말을 곰곰이 생각하였다.

这可急疯了花姑娘。 이는 정말 화씨 아가씨를 애태웠다.

b와 d는 주관과 객관이 일치하는 상황이고, a와 c는 주관, 객관이 불일치하거나 불완전 일치하는 상황이다. 갑이 을을 객관적으로 처치했는지 여부와 상관없이 화자가 그렇다고 인정한다면 '把'자문(b와 c)을 사용할 수 있고, 그렇지 않다면 동목문(a와 d)을 사용한다.

'주관적 처치'의 개념은 '광의의 처치'와는 다르다. 주관적 처치의 핵심은 '화자의 인정'이다. '협의의 처치'라도 화자는 a와 같이 여전히 이를 처치로 인정하지 않을 수 있다. 또 주관성이 전혀 없는 어구는 있을 수 없기 때문에 주관성을 정도의 문제라고 볼 수도 있다. 하지만 동목문 a와 d의 주관성이 그에 대응하는 '把'자문과 c보다는 약하다는 것은 분명하다.

선자쉬안의 이러한 독창적인 관점은 분명 현대 언어학의 '주관성(subjectivity)' 이론의 영향이다. 언어의 주관성에 대해 라이언스(Lyons 1977 : 739)는 다음과

같이 설명하였다. 말을 할 때 항상 어느 정도는 화자의 '자아'를 표현하는
성분이 들어있기 마련이다. 즉, 화자는 한 단락의 말을 함과 동시에 이 말에
대한 자신의 입장과 태도, 감정을 함께 나타내는데, 이를 통해 말 속에 자기
를 각인시킨다. 기존 연구에서 언어의 주관성은 주로 화자의 감정, 관점, 인
식의 세 가지 방면에서 나타난다고 밝혔다. 이 세 가지 방면은 서로 관련이
있으며 항상 함께 연결되어 있다.(Finegan 1995, 沈家煊 2001 참고) '把'자문의
주관성은 이 세 가지 방면에 모두 나타나며, 선쟈쉬안은 글에서 '把'자문과
동문문의 비교를 통해서 이를 하나하나 논증하고 있다. 다음 절에서는 선쟈
쉬안의 예증과 논술을 상세히 서술하기로 한다.

10.3 '把'자문의 주관적 감정

　주관성 표현은 여러 문법 형식에서 각기 다른 양상으로 나타나는데, '把'
자문의 '주관성'은 먼저 화자의 '감정'에 나타난다. '감정'은 사람의 느낌, 정
서, 의향, 태도 등을 모두 포함한다. 감정 표현의 기능은 언어의 기본 기능
가운데 하나로, 흔히 말하는 지칭의 기능과 서술의 기능 못지않게 중요하다.
언어의 형태, 통사의 많은 부분에 아마도 감정 표현이 있을 것이다.(沈家煊
2001) '把'자문의 감정 표현 기능은 주로 '감정이입(empathy, 移情)' 현상에
나타난다. 쿠노(Kuno 1987 : 26)는 '감정이입'을 화자가 문장으로 묘사한 사건
이나 상태 속의 한 참여자와 자신을 동일시하는 것이라고 정의하였다.
　'감정이입'과 관련하여 논저에서 자주 드는 예문은 다음과 같다.

　　张刚打了文丽。　장강이 원리를 때렸다.

张刚打了他的太太。 장강이 그의 부인을 때렸다.
文丽的丈夫打了她。 원리의 남편이 그녀를 때렸다.
文丽被张刚打了。 원리가 장강에게 맞았다.
文丽被她的丈夫打了。 원리가 그녀의 남편에게 맞았다.

똑같이 남편 장강이 부인 원리를 때린 사건이라도 화자의 감정이입 대상은 장강이 될 수도 있고, 원리가 될 수도 있다. 감정이입이란 화자가 자기의 문장에서 묘사한 사건이나 상태 속의 한 참여자에게 자신을 동일시하는 것이다. 위 예에서 첫 번째 문장은 순수하게 객관적인 보도이고, 두 번째 문장에서부터 다섯 번째 문장으로 갈수록 화자의 감정이입 대상이 장강에서 점차 원리에게로 옮겨간다. '他的太太(그의 부인)'라는 표현을 사용하여 '文丽(원리)'를 부르는 것은 '张刚(장강)'을 동정하는 것이고, '文丽的丈夫(원리의 남편)'와 '她的丈夫(그녀의 남편)'를 사용하여 '张刚'을 부르는 것은 '文丽'를 동정하는 것이다. 능동문을 피동문으로 바꾸는 것도 감정이입 대상을 '张刚'에서 '文丽'로 옮긴 것이다.

'把'자문은 화자가 처치 사건의 한 참여자에게 감정을 이입하는 것으로, 흔히 볼 수 있는 결과는 화자의 마음속에서 행위자는 책임자가 되고, 피행위자는 피해자가 되는 것이다. 이와 관련하여 선자쉬안(沈家煊 2002)은 고대 중국어의 예를 논하였다.

a. 秦亦不以城予赵, 赵亦终不予秦璧。[19]
진나라도 역시 성을 조나라에게 주지 않았고, 조나라 역시 끝내 진나라에 화씨벽을 주지 않았다.

---

19) 역자주: 사기열전 권81, 염파 · 인상여열전廉頗藺相如列傳에 나오는 말이다. 화씨벽은 화씨의 아름다운 구슬 모양의 옥을 가리킨다.

    b. *秦亦不予赵城, 赵亦终不以璧予秦。

    c. *秦亦不以城予赵, 赵亦终不以璧予秦。

'以'자문은 중국어 처치식의 초기 형식이다. a문장은 『사기·임파상여열전(史记·廉颇蔺相如列传)』에서 온 것인데, 문제는 왜 앞 구절에서는 '以'자문을 쓰고 뒷 구절에서는 동목문을 썼는가이다. 단순히 문형의 중복을 피하기 위해서라면 왜 거꾸로 b라고는 하지 않았는가? 이에 대해 선쟈쉬안은 a문장에서 앞뒤 문형의 변환은 주관적 감정이입의 개념을 사용하면 쉽게 설명할 수 있다고 주장하였다. 사마천이 보기에 진나라가 조나라에게 성을 주지 않는 것은 책임이 진나라에 있기 때문에 '以'자문을 쓰는 것이 적합하다. 그런데 조나라가 끝내 진나라에게 화씨벽을 주지 않는 것은 책임이 조나라에 없기 때문에 동목문을 쓰는 것이 적합하다는 것이다.

또 『노잔유기(老残游记)』[20]의 한 예를 보자. 문두에 동목문이 아닌 피행위자주어문을 썼지만, 뒷부분의 '把'자문과 비교하면 화자는 추이환(翠环)의 행장에 감정을 이입하고 있는데, 그 차이가 확연하다.

    我的(行李)烧去也还罢了, 总是你瞎倒乱, 平白的把翠环的一卷行李也烧在里头, 你说冤不冤呢?(『老残游记』)

    내 것(짐)은 불태워도 그만이지만, 당신은 늘 훼방 놓는 데만 눈이 멀어 공연히 추이환의 행정 꾸러미 하나를 또 안에 넣고 불태웠으니, 말해 보시오 억울하지 않겠소?

이러한 관점에서 문제를 보면 구조는 평범하지만 의미가 평범하지 않는

---

20) 역자주: 중국 청말의 소설가인 유악(刘鄂)이 지은 장편 풍자소설.

현상들에 대해 설명을 할 수가 있다. 다음은 선쟈쉬안의 글에 나타난 스포츠 기사의 제목이다.

意大利队把德国队赢了 이탈리아가 독일을 이겨버렸다

　선쟈쉬안은 이에 대해 다음과 같이 설명하였다. 제목은 일반적으로 동목문인 '意大利队赢(了)德国队(이탈리아팀이 독일팀을 이기다)'를 사용한다. 그런데 기사를 자세히 읽어보니, 이탈리아가 원래 승부조작을 해서 독일과 비기거나 독일에 패하려고 계획을 세웠는데 실수로 그만 이겨버렸다는 것을 알게 되었다. 따라서 이 글을 쓴 기자의 눈에 이탈리아팀은 책임자가 되고, 독일팀은 피해자가 되었기에 '把'자문을 사용한 것이다. '把'자문의 '책임 추궁' 의미에 관해서는 본서 6.2절에서 상세히 소개되어 있다.

　앞에서 '张刚打了文丽'와 '文丽被张刚打了'라는 두 문장은 동정의 대상이 다르다는 것을 언급하였는데, 이는 곧 '把'자문과 '被'자문에서 감정이입을 나타내는 '동정'과 뜻대로 되지 않음을 나타내는 '불여의(不如意)'를 어떻게 이해해야 하는가의 문제와 관련이 있다. 선쟈쉬안은 한 참여자(피행위자)가 화자의 마음속에서는 피해자이기 때문에 '把'자문은 주로 '불여의'의 의미를 가진다고 하였다. 하지만 여기서 '불여의'란 것은 화자에게 있어서 여의치 않다는 것임을 분명히 해야 한다. 중국어의 '被'자문은 여의치 않다는 뜻이 강한데, 왕리(王力 1943)는 '被'자문이 나타내는 여의치 않다는 의미가 '주어에게 있어서' 그렇다고 생각하였다. 하지만 리린딩(李临定 1980)은 '주어와 문장의 다른 성분에 대해서 그러한 것이 아니고, 화자(문장에 나타나지 않음)에게 그러하다'는 것이라고 지적하였다. 예를 보자.

好的(姑娘)都叫人家挑完了。

좋은 사람(아가씨)은 남들에게 모두 선택되었다. (赵树理)

你进去, 把小缸儿藏起来, 省得(小缸儿)教四嫂看见又得哭一场。

너 들어가서 작은 항아리를 숨겨라. (작은 항아리가)넷째 형수 눈에 띄어서
또 한바탕 울지 않게 말이야. (老舍)

객관적으로 '被人挑完(다른 사람에 의해 모두 선택되다)'은 '好姑娘(좋은 아가씨)'
의 입장에서는 좋은 일이고, '被人看见(남에게 들키다)'은 '小缸儿(작은 항아리)'
의 입장에서는 좋고 나쁨이 없기 때문에 여의치 않다는 것은 모두 화자의
입장에서 그렇다는 말이다. 두 번째 예에서 '小缸儿'은 '把'자문의 목적어인
데, 이는 곧 '把'자문의 목적어도 역시 화자의 감정이입 대상이 된다는 것을
말해준다.

류이즈(刘一之 2000)는 다음 동목문과 '把'자문의 의미 요점을 비교하였다.

你去遛遛马。(你去干遛马这个工作)

너는 말을 좀 산책시키러 가라. (너는 가서 말을 산책시키는 일을 좀 해라)

你去把马遛遛。(马的精神好了)

네가 가서 말을 좀 산책시켜라. (말의 기력이 좋아졌다)

선쟈쉬안은 이 역시 감정이입 효과라고 보았다. '把'자문에서 '马(말)'는
분명히 화자의 애정의 대상이기 때문이다.

'감정이입설'은 과거 '把'자문을 관찰하면서 발견한 다양한 경향성에 대해
서도 설명이 가능하다. 예를 들어, 이전에 학자들은 '把'자문이 '완전한 피영
향성'의 경향이 있음을 발견하였는데, 그 근본적인 원인에 대해 선쟈쉬안은
동작의 영향을 받는 피행위자가 화자의 감정이입 대상이 되기 때문이라고

보았다. 완전히 잃은 물건은 일부만 잃은 것보다 더 동정받기가 쉬우므로, '他把汤喝了(그는 국을 다 마셨다)'와 '他喝了汤了(그는 국을 마셨다)'의 의미 차이가 생긴다는 것이다. 또 예를 들어, 학자들은 '把'자문이 흔히 '상실 의미'를 가지는 경향이 있기 때문에 '把首饰当了(패물을 전당잡혔다)', '把书还了(책을 반납했다)', '把钢笔丢了(만년필을 분실했다)'는 가능한 표현이지만, '획득'의 의미인 '赎(저당물을 되찾다)', '借(빌리다)', '拾(습득하다)'를 사용한 '*把首饰赎了', '*把书借了', '*把钢笔拾了'는 불가능한 표현이라고 하였다.(吳葆棠 1987) 선쟈쉬안은 이에 대한 합리적인 설명도 역시 화자가 피행위자를 동정의 대상으로 보기 때문이라고 하였다. 사람들은 일반적으로 얻고 싶지만 얻지 못하는 물건, 얻었지만 또 잃어버린 물건에게 마음을 주기 때문이라는 것이다.

　과거에 '把'자문에서 '把'자 목적어의 의미역을 연구할 때 많은 사람들이 장소 성분도 의미역이 될 수 있음을 확인하였지만, 그 이유에 대해서 줄곧 합리적인 설명을 제시하지 못하였다. 예를 들면, 다음 두 예에서 '把'자는 모두 '在'자로 바꿀 수가 있는데, 이는 목적어가 장소라는 것을 나타내는 듯하다.

　　你把火盆里多添点炭。
　　화로에 숯을 좀 더 넣어라. (『老残游记』)
　　→ 在火盆里多添点炭 화로에 숯을 좀 더 넣어라
　　这地方人起乳名, 常把前边加个'小'字, 像小顺, 小保……等。
　　이 곳 사람들은 아명을 지을 때 小顺, 小保……등처럼 흔히 앞에 '小'자를 붙인다. (『李有才板话』)
　　→ 在前边加个"小"字 앞에 '小'자를 붙인다

　선쟈쉬안은 이에 대해 감정이입의 대상은 주로 화자의 '동정'의 대상이지만, '애정'의 대상이 될 수도 있다고 지적하였다. 예를 들어, 『홍루몽(红楼梦)』

24회에서 가운(賈芸)이 정원에 꽃과 나무를 심는 일을 맡으려고 봉씨 누나(凤姐)에게 간청할 때, "先把这个派了我罢, 果然这个办得好, 再派我那个(먼저 이 일을 저를 보내주시고, 만약 이것을 잘 처리하면 저를 그 일에 다시 보내주십시오)"라고 말했는데, 이는 그가 원하는 이 일에 감정을 이입하고 있음을 알 수 있다는 것이다. 이때 만약 "先派我这个罢(먼저 나를 이 일을 하게 보내주십시오)"라고 말한다면 상당히 어색하다. 따라서 이러한 어색함을 없애기 위해서는 대조강세라도 사용해야 감정이입의 의미를 그나마 나타낼 수가 있다. 그런데 이보다는 '把'자문을 써서 좋아하는 것이 무엇인지를 직접 표현하는 것이 훨씬 낫다. 따라서 위의 두 문장이 '火盆里(화로에)'와 '(乳名)前边((아명)앞에)'에 '在'자가 아닌 '把'자를 사용한다는 것은 이들이 장소라는 것과 함께 화자의 감정이입 대상이라는 것도 나타낸다.

10.4 '把'자문의 주관적 관점

관점(perspective)은 언어 주관성의 주요한 방면으로, 객관적인 사건이나 상태에 대한 화자의 관찰 각도나 객관적인 상황에 대한 서술의 출발점이다. 다음 세 개의 간단한 영어 청유문이 바로 주관적 관점의 차이를 나타낸다.

Let us go. 우리를 놓아주세요.
Let's go. 갑시다.
Let's take our pills now, George. 우리 이제 약 먹자, 조지야.

첫 번째는 '당신이 우리를 가게 해 주세요!'의 의미로, 순수하게 다른 사

람에게 부탁을 하는 것이다. 두 번째는 '같이 갑시다!'의 의미로, 화자 자신
도 부탁을 받는 사람의 위치에 놓은 것이다. 세 번째는 화자가 부탁의 대상
이 아니지만, 화자는 '조지야, 우리 약 먹자!'라고 말함으로써 자신과 확실한
부탁의 대상을 하나로 결합시키고 있다. 첫 번째 문장의 주어는 '문장 주어
(sentence subject)'라 하고, 뒤의 두 문장의 주어는 '화자 주어'(speaker subject)'
라 한다. 선쟈쉬안(沈家煊 2001)은 'He has finished(그는 끝냈다)'라는 문장이
단순히 동작이 완성되었다는 객관적인 결과를 나타내는 경우와 동작의 완성
이 현재와 관련이 있다는 문법 의미인 '완료상'을 나타내는 경우의 두 가지
의미가 있다고 소개하였다. 단순히 결과를 나타낼 때는 문법 주어인 he(그)
가 출발점으로 하여, '그'는 객관적 묘사의 대상이기 때문에 주어와 동작 완
료의 관계는 객관적인 축에 놓여있다. 그런데 이것이 완료상으로 변한 후에
는 출발점이 더 이상 문법 주어가 아니고 '말하는 장면' 속의 화자인 '나'가
된다. '나'는 주관적인 인식의 실체로, '화자 주어'가 되기 때문에 '나'와 동
작 완료의 관계는 주관적인 축에 놓여있다.

　명령문(祈使句)의 주어인 행위자가 하려는 일은 그가 하기를 화자가 원하
거나 또는 화자 자신도 하고 싶어 하는 바로 그 일이다. 그러므로 명령문은
화자와 주어 행위자 사이의 어떤 '동일시(认同)'를 나타내며, 명령문의 주어
는 '화자 주어'가 되는 경우가 많다. 선쟈쉬안(沈家煊 2002)은 명령문이 평서
문에 비해 주관성이 강하기 때문에 다음 두 예에서 '把'자문은 모두 명령문
이지만, 이에 대응하는 동목문은 모두가 평서문이라는 점을 발견하였다.

　　麝月笑道：“……你把那穿衣镜的套子放下来，上头的划子划上。”……(宝玉)便自
　己起身出去，放下镜套，划上消息。
　　사월이 웃으며 말했다. "……그 전신거울의 덮개를 벗겨놓고, 위의 거울 다리

를 펴서 고정시키세요"……그러자 (보옥이) 곧바로 일어서서 나가더니 거울 덮개를 벗기고, 거울의 경첩을 펴서 거울 다리를 고았다. (『红楼梦』)

他说 : "你就把它给我吧!"……我给他折扇时, 他握了握我的手, 握得好使劲。

그가 말했다. "그것을 나에게 다오!"……내가 그에게 부채를 건네줄 때, 그가 나의 손을 잡았다, 아주 힘껏. (『一百个人的十年』)

주관적인 의미를 가진 명령문 '把那穿衣镜的套子放下来(그 전신거울의 덮개를 벗겨라)'와 '把它给我吧(그것을 나에게 줘라)'는 모두 '把'자문을 사용하였지만, 객관적으로 행위를 묘사한 '放下镜套(거울 덮개를 벗겨라)'와 '给他折扇(그에게 부채를 주어라)'은 '把'자문을 사용하지 않았다. 이는 '把'자문이 주관적인 관점을 가지고 있음을 잘 보여준다.

상태형용사와 성질형용사가 '把'자문의 술어가 될 때는 자유와 부자유의 차이가 있다.

把嘴张得大大的	把嘴张大, ……
입을 커다랗게 벌리다	입을 크게 벌리고, ……
把东西抢得精光	把东西抢光, ……
물건을 모조리 빼앗다	물건을 모조리 빼앗고, ……
把马路照得又光又亮	把马路照亮, ……
길을 밝고 환하게 비추다	길을 환하게 비추고, ……
把那件东西抱得紧紧的	把那件东西抱紧, ……
물건을 아주 꽉 껴안다	물건을 꽉 껴안고, ……

왼쪽 그룹의 문장은 자유롭고, 오른쪽 그룹의 문장은 종속적이어서 단독으로 사용할 수가 없는데, 이는 상태형용사의 주관성이 성질형용사보다 강하기 때문이다. 오른쪽 그룹의 문장들은 명령문으로 바꾸어도 문제가 없다.

把嘴张大! 입을 크게 벌려라!
把东西抢光! 물건을 모조리 빼앗아라!
把马路照亮! 길을 환하게 비추어라!
把那件东西抱紧! 그 물건을 꽉 껴안아라!

신둥례(辛东烈 2004)는 현대 중국어에서 '동일시'의 의미를 나타내는 'A把 B当作/看作/当成(A는 B를 ~로 여기다/보다/삼다)' 등의 형식으로 된 '把'자문에 대해 연구를 진행하였다. 이러한 문장은 중국어 '把'자문 중에서 상당히 많은 비중을 차지하고 있는데, 신둥례(2004)에서는 이를 모두 '把'자문의 주관적 의미를 나타내는 형식의 표현이라고 보았다. 그는 소설『我是你爸爸(나는 너의 아빠다)』에서 마린성(马林生)은 마웨(马锐)의 친아버지이기 때문에 마웨에게 '我把你当成亲儿子。(나는 너를 친아들로 생각한다.)"라고 말할 수가 없다고 하였다. 왜냐하면 이 사실은 객관적으로 이미 동일한 것이기 때문에 주관적으로 동일시할 필요가 없기 때문이다. 만약 마린성이 다른 집 아이를 아주 좋아한다면 그는 '我把你当成亲儿子'라는 말로 자신의 주관적인 희망을 나타낼 수도 있을 것이다. 이는 두 번째 목적어(즉, '亲儿子(친아들)'의 가치가 화자의 마음속에서 첫 번째 목적어(즉, '把'자의 목적어)보다 더 높다는 화자의 관점을 나타낸다. 이러한 '把'자문은 항상 화자가 현실 속의 사물을 마음속에서 그보다 가치가 더 높은 사물과 동일시하는 것이다. 다음의 예를 보면 '把'자문의 이러한 주관적인 관점이 보편성을 가진다는 것을 확인할 수 있다.

她会用幻想去补充她所缺乏的事实, 而把仲石的身世, 性格, 能力等等都填满, <u>把 他制造成个最理想的青年</u>。
그녀는 환상으로 자신이 부족한 사실을 보충하고, 중스의 신세, 성격, 능력 등을 모두 가득 채워서 그를 가장 이상적인 청년으로 만들 것이다.

她知道从此以后，她须把过去的生活——虽然也没有怎么特别舒服自在过——只当作甜美的记忆；好的日子过去了，眼前的是苦难与饥荒。

그녀는 이제부터 과거의 생활을—비록 그다지 특별하게 편하고 자유로웠던 적도 없었지만—단지 달콤한 추억으로만 간직해야 한다는 것을 알고 있다. 좋은 날은 지나가 버리고 눈앞에 닥친 것은 고난과 생활고이다.

小儿女已经学会，把一根枯枝当作宝贝。

죽은 나뭇가지 하나를 보물로 여기는 것을 어린 아들딸은 이미 배워서 알고 있었다.

他一向没遇到过象曹先生这样的人，所以他把这个人看成圣贤。

그는 줄곧 차오선생과 같은 사람을 만난 적이 없었기 때문에, 그는 이 사람을 성현으로 여겼다.

虎妞，一向不答理院中的人们，可是把小福子看成了朋友。

후뉴는, 그동안 이 병원 사람들한테는 대꾸도 하지 않았으나, 샤오푸즈는 친구로 여겼다.

公园里的树全在黑暗里鼓动着花草的香味，一点声音没有，把公园弄成一片甜美的梦境。

공원 안의 나무들은 모두가 어둠 속에서 화초의 향기를 풍기면서 아무런 소리도 내지 않고, 공원을 달콤한 꿈나라로 만들었다.

我没做过不对起你的事，我一直把你当做好朋友。

나는 너에게 미안한 일을 한 적이 없어. 나는 너를 줄곧 좋은 친구로 생각해 왔어.

다음은 반대되는 관점으로, 두 번째 목적어의 가치를 '把'자의 목적어보다 낮고 작게 그리고 나쁘게 보는 경우이다.

他们把中国人看成只配教官污吏统辖着的愚夫愚妇——或者猪狗！

그들은 중국인을 탐관오리에게 지배받는 무지몽매한 사람—또는 개돼지에게나 어울릴 뿐이라고 여긴다

这还不算，日本方面还要把他看成乱党，不一定什么时候就抓到监牢里去！

이것은 아직 아무것도 아니다. 일본 쪽에서도 그를 반란의 무리로 간주하여 언제 감옥으로 잡아갈지 모른다!

他告了饶, 我把他当个屁似的放了!

그가 용서를 빌었기에 나는 방귀 취급하듯이 그를 놓아주었다.

高第假若觉得自己还是个'无家之鬼', 她可是把桐芳看成为关在笼中的鸟——有食有水有固定的地方睡觉, 一切都定好, 不能再动。

가오디가 만약 자신을 그래도 '가정이 없는 놈'이라 생각한다면, 그녀는 통팡을 새장에 갇힌 새—먹이와 물, 고정된 잠자리가 있으며, 모든 것이 다 정해져 있어 더 이상 움직일 수 없는—로 보았다.

但是, 她不能骂高第, 她一向偏疼招弟, 而把高第当作个赔钱货, 现在, 给她丢人的反倒是她的心上的肉, 而不是高第。

그러나 그녀는 가오디를 욕할 수 없어서, 줄곧 자오디를 편애하면서도, 가오디를 손해 보는 물건으로 생각해 왔는데, 지금 그녀의 체면을 손상시키는 것은 가오디가 아니라 오히려 자기 마음속의 살점이었다.

当默吟到这里的时节, 它的一切还都因陋就简的, 把学校变为临时的监狱。

모인이 이곳에 왔던 그 시절에는 그 곳의 모든 것들이 아직 낡고 초라해서, 학교를 임시감옥으로 개조하였다.

他忘不了父亲的惨死, 于是也就把自己看成最没出息的人。

그는 아버지의 비참한 죽음을 잊지 못하였는데, 이에 자신을 곧 가장 못난 사람으로 생각했다.

동일시의 의미를 나타내는 이러한 '把'자문은 과거에는 보통 구조적인 각도에서 설명하였다. 즉, 학자들은 중국어사에서 '把'자구조를 사용하여 비교 가능한 두 개의 명사 목적어를 배치하는 것이 일반 동목문보다 편리하다고 본 것이다. 하지만 고찰 결과 이러한 종류의 문장들은 긍정적인 방향 아니면 부정적인 방향으로 주관적 관점이 뚜렷하게 나타났다. 이를 통해서 주관적인 처치 의미가 '把'자문을 선택하는 근본적인 원인이라는 것을 알 수 있다.

10.5 '把'자문의 주관적 인식

감정과 관점 외에 언어의 주관성은 또 '인식(认识)'의 측면에서 살펴볼 수도 있는데, '把'자문도 마찬가지이다. 여기서 말하는 '인식'은 주로 언어의 양태적인 범주와 관련이 있기 때문에 '인식 양태(epistemic modality)'라고 한다. '小王应该回家(샤오왕은 마땅히 집에 돌아가야 한다)'는 객관적으로 '小王(샤오왕)'이 어떤 행동(귀가)을 취할 필요가 있음을 서술한 것이다. 하지만, '小王该到家了(샤오왕은 집에 마땅히 도착했을 것이다)'가 나타내는 것은 '인식 양태'로, 화자가 자신의 지식을 바탕으로 '他到家了(그는 집에 도착했다)'라는 명제가 참일 가능성에 대해 내린 추측이다. 인식 양태는 양태조사뿐만 아니라 문형을 통해서도 나타나는데, 이 점은 이전 연구에서 충분히 관심을 얻지 못한 부분이다.

장왕시(张旺熹 1991)는 중국 언어학계에서 구조주의가 주도하던 시기에 가장 먼저 텍스트의 관점에서 '把'자문의 사용 규칙을 관찰한 글이다. 그는 어떤 원인으로 인해 어떤 특정한 동작 행위를 함으로써 일정한 목적을 달성한다는 문맥에서 항상 '把'자문이 출현한다는 점에 주목했다. 그는 각종 어구의 형식을 다음 4가지로 요약하였다.

1. 표준 구문 형식: 원인 + '把'자구조(수단) + 목적
听见唱歌的, 就改变计划(原因), 把车赶过来(手段), 先听听再说(目的)。
노래 부르는 것을 듣자마자 곧바로 계획을 바꿔서(원인), 차를 몰고 와(수단), 노래 먼저 듣고 다시 얘기한다(목적).

2. 결과초래 의미 구문 형식: 원인 + '把'자구조(결과)
鲁侍萍接过支票(原因), 把它撕了(结果)。

루스펑은 지폐를 받더니(원인), 그것을 찢어버렸다(결과).

3. 의미 유도 구문 형식: '把'자구조(수단) + 목적
把李子俊的果园分了(手段), 就打破了你看园子这饭碗(目的)。
리즈쥔의 과수원을 나누어서(수단), 좌수원지기라는 당신의 그 밥그릇을 깨어
버렸다(목적).

4. 비교적 독립적인 구문 형식: 목적성, 주관성, 결과성을 강조
我要给自己把幸福争过来。
나는 자 자신을 위해 행복을 쟁취해 와야겠다.
必须把赶路的大嫂护送回家。
길을 재촉하는 아주머니를 반드시 집으로 호송해야 한다.

장왕시(张旺熹 1991)의 결론은, '把'자문은 "시종 명확한 인과관계(조건관계, 목적관계 포함)의 의미 범주 안에 놓여 있으며, 사람들이 이러한 인과관계를 강조할 때 '把'자구조의 형식을 사용한다"는 것이다. 기존의 '把'자문 연구가 단지 고립된 문장에만 집중되었던 상황에서 이 연구는 '把'자구조 전후의 관련 문구로까지 시야를 확대했다는 점에서 중대한 진전이라고 할 수 있다. 하지만 이러한 발전의 핵심 의미는 어디에 있는가? 주관성 이론을 사용하여 체계적으로 '把'자문에 대해 전면적인 관찰을 한 선쟈쉬안(沈家煊 2002)에 이르러서야 비로소 그 이론적 가치를 확인할 수 있게 되었다.

선쟈쉬안(沈家煊 2002)에 따르면, 주어가 모종의 목적을 위해서 어떤 목적어를 처치한다고 우리가 말을 할 때 주어가 '我(나)'일 경우를 제외하고는 사실상 그것은 모두 화자가 추정하는 것이라고 하였다. 예를 보자.

現在, 他把眼瞪圆了, 自己摸着算盘子儿, 没用。

지금, 그는 눈을 동그랗게 뜨고서 스스로 주판알을 튕겨 보았지만, 소용없었다. (『牛天赐传』)

他把汗湿的手掌紧紧捏成拳头, 仍然克制不住周身簌簌地颤抖。

땀에 흠뻑 젖은 손바닥을 주먹을 꽉 움켜쥐고서 여전히 온몸을 부들부들 떨었다. (『人到中年』)

'眼(눈)'은 원래 스스로 '瞪圆(눈을 동그랗게 뜨다)'하지만, 화자는 '그'에 의해서 '瞪圆'되는 것으로 생각한다. 눈을 동그랗게 뜨는 목적은 주판알을 튕기는 것인데, 만약 이때 '把'자를 생략하고 '他眼睛瞪圆了(그가 눈을 동그랗게 떴다)'라고 말하면 주관적인 처치 의미는 사라진다. 마찬가지로, 두 번째 예문도 객관적으로 보면, 그가 주먹을 쥐는 것은 무의식적이고 목적이 없는 행동이지만 화자의 눈에는 주먹을 쥐는 것이 떨림을 자제하기 위한 것이다.

선쟈쉬안(沈家煊 2002)은 이를 근거로 장왕시(张旺熹 1991)에서 제시한 다음 두 예를 평론하였다.

我开汽车到语言学院。 나는 차를 운전해서 언어학원까지 갔다.
我把汽车开到语言学院。 나는 차를 언어학원까지 몰았다.

장왕시(张旺熹 1991)는, '목적관계'를 사용하여 외국인 학습자에게 위 두 문장의 차이를 설명하니 학생들이 금방 이해하고, '我把汽车开到语言学院门口等朋友(나는 차를 언어학원 입구까지 몰고 가서 친구를 기다렸다)'와 같은 정확한 문장을 만들었다고 하였다. 선쟈쉬안은 이것이 목적관계를 '강조'한다기보다는 오히려 '화자의 주관적인 인정(认定)'에 더 가깝다고 보았다. 쑨차오펀(孙朝奋 Sun1996:75)은 역사적으로 연동식이 처치식으로 전환되는 과정에서 목적구조의 출현이 중요한 단계라고 보았다. 그는 목적구조를 "사건 행위자의 의

도를 부각시키는 것"이라고 하였다. 그런데 '사건 행위자의 의도를 부각시키는 것'이라고 말하기보다는 오히려 '행위자에게 그러한 의도가 있었을 것으로 화자가 추정하는 것'이라고 말하는 것이 더욱 타당하다.

목적 외에 원인에 대한 판정 역시 주관성을 가진다. 이전의 '把'자문 연구에서 자주 들었던 '这种药把他吃死了(이 약이 그를 죽게 했다)'라는 예는 인식의 관점에서 설명하는 것이 가장 적절하다. 다시 말해, '他吃了这种药以后死了(그가 이 약을 먹고 죽었다)'라고 말하는 것보다는 '把'자문을 사용하는 것이 주관적인 추측을 더욱 정확하게 나타낸다. 동보구조가 나타내는 인과관계를 예로 들면, 궈지마오·왕홍치(郭继懋·王红旗 2001)는 이를 '규약적 인과관계'와 '우발적 인과관계'의 두 가지로 나눈다. 전자는 '睡着(잠들다)', '杀死(죽이다)'에서 '睡(자다)'와 '着(잠들다)', '杀(죽이다)'와 '死(죽다)'의 관계처럼 인과관계가 이미 일종의 고정된 인식 패턴이 된 경우로, 객관성이 강하다. 후자는 '老王在公园里睡得不会说话了(라오왕은 공원에서 잠을 잔 탓에 말이 안 나왔다)'에서 '在公园睡觉(공원에서 자다)'와 '不会说话(말을 할 수 없다)'의 관계처럼 인과관계가 우발적이고 이전의 경험을 근거로 화자가 추정한 경우로, 주관성이 비교적 강하다. 선쟈쉬안(沈家煊 2002)은 전자의 경우에는 동목문과 '把'자문을 모두 쓸 수 있지만, 후자는 '把'자문만 쓸 수 있다는 것을 밝혔다.

吓破胆子	놀라서 간담이 콩알만 해졌다
把胆子吓破	간담을 놀래서 콩알만 해지게 했다
*吓回去胆子	
把胆子吓回去	간담을 놀래서 되돌아가게 했다
说急了宝玉	말을 해서 보옥이 화났다
把宝玉说急了	보옥을 말로 화나게 했다
*说没了话贾琏	

把贾琏说没了话　　　　가련을 말로 입을 닫게 만들었다

규약적 인과관계는 동목문과 '把'자문에 사용될 때 구조상의 차이가 있다. 예를 들면, '说急(조급하게 말하다)'가 동목문에서는 하나의 복합어와 같기 때문에 중간에 '得'를 삽입하여 '*说得急了宝玉'라고 할 수는 없다. 그런데 '说急'가 '把'자문에 쓰이면 하나의 구와 같아서, 중간에 '得'를 삽입하여 '把宝玉说得急了(보옥을 말로 화나게 할 수 있다)'라고 할 수가 있다. 이러한 구조상의 차이는 의미상의 차이를 나타내기도 한다. 예를 보자.

这才提醒大家。　　　　이제야 여러분에게 알려 드렸네요.
这才把大家提醒。　　　　이제야 여러분을 일깨워드렸네요.

동목문의 '提醒(일깨우다)'은 하나의 단어에 가까우며, 문장의 의미는 '알리는 동작이 늦었다'이다. 그런데 '把'자문의 '提醒(알려서 깨우치다)'은 하나의 구에 가까우며, 문장의 의미는 '모두들 늦게 깨달았다'('大家'는 피해자)이다.

스위즈(石毓智 2000)는 유표적 문법구조와 무표적 문법구조에 대해 논의할 때, 중국어 '把'자문을 유표적인 구조로 보았다.

他把书看完了。　　　　　그는 책을 다 보았다.
*这是他把书看完的地方。
换衣服的时间也太长了。　옷 갈아입는 시간도 너무 길다.
*把衣服换的时间也太长了。

그의 통계에 따르면, '把'자문이 문장의 단위로 나타나는 예가 370개인 반면, 종속절의 단위로 나타나는 것은 4개에 불과했다. 선쟈쉬안(沈家煊 2002)

은 이 현상에 대해 진일보한 논의를 하였다. 그는 아래와 같이 동일한 문장 안에서 대비를 이루는 예를 들었는데, 이는 문제를 더욱 잘 설명해준다.

> <u>把他杀了</u>! <u>不杀他</u>不足以平民愤。
> 그 놈을 죽여라! 그 놈을 죽이지 않고서는 백성들의 분노를 잠재울 수 없어.
> 史湘云笑道 : "……明儿倘或<u>把印也丢了</u>, 难道也罢了不成?" 宝玉笑道 : "倒是丢了印平常……"(『红楼梦』)
> 사상운이 웃으며 말한다. "……내일 만약 도장을 잃어버리기라도 한다면, 설마 그걸로 그만인 건 아니겠지?" 보옥이 웃으며 말한다. "오히려 도장은 잃어버려도 별거 아닌데,……"
> 不知那里来的一个庄家老子, <u>把那先生放的去了</u>。我问是谁<u>放了</u>这先生来?
> 어디서 왔는지 모르는 한 농사꾼 노인이 그 선생을 가게 풀어 주었다. 나는 누가 그 선생을 풀어준 것이냐고 물었다. (『元曲选』)

'단독으로 문장을 구성할 때는 '把'자문을 사용하고, 문장성분이 될 때는 동목문을 사용하는 경향성이 있는데, 이 역시도 '把'자문의 '주관적인 처치'의 의미를 통해서만 설명이 가능하다. 하나의 독립적인 문장은 말하는 사람의 주관적인 느낌을 충분히 표현할 수가 있지만, 한 문장이 문장에 삽입되어 하나의 문장성분이 되면 주관성은 크게 약화되기 때문이다.

이전 연구에서는 '把'자문이 종종 동작이나 사건이 예상 밖이라는 의미를 가진다고 지적하였다. 예를 들어, 마전(马真 1985)과 왕환(王还 1985)은 '把'자의 목적어가 불확정 명사(无定名词)인 문장은 모두 예상 밖이라는 의미를 가지며 일종의 '뜻밖의 행동'을 나타내는데, 이는 '把'자 목적어 앞에 수사 '一'이 생략되고 양사 '个'만 올 때 특히 그러하다고 지적하였다.(王惠 1997, 杉村博文 2002) 이에 대해 선쟈쉬안은, '예상 밖'이란 화자가 생각하기에 예상 밖이거나 또는 청자가 예상 밖이라고 느낄 것으로 화자가 생각하는 것이며, 인식적으로 말하면 화자는 문장이 나타내는 명제가 참일 가능성이 낮을 것으로 생각한다고 보았다.

> 我要向他借支钢笔, 他却把一支铅笔递给了我。
> 내가 그에게 만년필을 한 자루 빌려달라고 하자, 그는 반대로 나에게 연필 한 자루를 건네주었다.
> 忽然, 哐当一声, 不知是谁把个凳子给撞翻了。
> 갑자기, 꽈당 소리를 내며 누군지는 모르지만 걸상을 부딪쳐 넘어뜨렸다.
> 倒把个亲女儿叫弟夫人拐了去了。
> 오히려 친딸을 동생 부인에게 유괴하라고 시켰다. (『儿女英雄传』)
> 怎么公公乐的把个烟袋递给婆婆了?
> 어떻게 시아버지께서 흔쾌히 담뱃대를 시어머니께 드렸지? (상동)
> 谁听说过把个抱来的闺女娇惯得像个娘娘似的。
> 데려 온 딸을 귀족 여인네처럼 응석받이로 키운다는 말을 누가 들어보았는가.
> (『四世同堂』)

'忽然(갑자기)', '倒(도리어)', '却(오히려)', '怎么(어떻게)', '谁听说过(누가 들어보았는가)' 등의 표현은 모두 예상 밖이라는 의미를 가진다. 흥미로운 것은, 이 예들이 모두 앞 장에서 토론한 불확정식(无定式) 목적어의 현상이라는 점이다. 예상 밖의 것은 주로 새로운 정보이기 때문에 불확정 형식을 사용하는 것이 대체로 이치에 맞다. 또 예를 들어, 왕환 등의 학자들의 논의했던 '生了个孩子(아이를 하나 낳았다)', '盖了一间屋(집 한 칸을 지었다)', '织了件毛衣(스웨터 한 벌을 짰다)' 등의 문장과 같이, 동작 전에는 존재하지 않다가 동작을 통해 비로소 존재하게 된 지시 대상의 문제에 대해서는 줄곧 가장 합리적인 설명을 제시하지 못하였다. 왜냐하면 객관적으로 말해서, 아직 존재하지 않는 사물에 대해 어떤 처치를 한다는 것이 불가능하기 때문이다. 하지만 만약 동사가 후치 부가성분을 수반하여 동작을 일종의 '뜻밖의 행동'으로 만들고, 이로 인해 객관적인 처치가 주관적인 처치로 바뀌게 되면 오히려 '把'자문이 가장 좋은 선택지가 될 수 있다. 이는 문장에 '总不能(도저히 할 수 없다)', '不想(하고 싶지 않다)'과 같은 말이 있을 때는 특히 그러하다. 예를 보자.

> 小张把个孩子生在火车上了。
> 샤오장은 아이를 기차에서 낳았다.
> 你总不能把房子盖到别人家去吧。
> 너는 아무래도 집을 남의 집에까지 지을 수는 없잖아.
> 小林把一件毛背心织得又肥又长。
> 샤오린은 털조끼를 크고 길게 짰다.
> 不想把话又说造次了。
> 말을 또 경솔하게 하고 싶지 않다.

앞 장에서는 불확정식 '把'자문의 유래와 여러 가지 의미 특징에 대해서 소개하였다. 선자쉬안은 한정(定指)적인 '把'자 목적어가 주로 화자의 정감을 나타낸다면, 비한정(不定指)적인 '把'자 목적어는 주로 화자의 인식을 나타낸다고 보았다. 그는 '把'자 목적어를 일반적으로 한정적이라고 말하는 것은 문제의 본질을 건드리지 못한 것이라고 지적하였다. 문제의 본질은, 한정 성분은 청자가 식별 가능할 것으로 화자가 인정함을 의미한다는 것이다. 다시 말해, 한정은 '지시(deixis)'와 관련이 있다. '지시'는 화자의 관점과 관련이 있기 때문에 본질적으로 주관성을 가진다.

10.6 주관적 처치의 해석력

'把'자문의 '처치 의미'는 왕리가 가장 먼저 제기한 이래, 모두들 '把'자문의 문형 의미에 대해 중시하게 되었다. 처치 의미에 대한 이해와 해석이 끊임없이 다양해지고 심화되었으며, 동시에 또 이에 대해 의심과 도전도 받게 됨으로써 '처치'라는 의미의 여러 가지 한계와 반례도 드러났다. 지금까지의 여러 가지 해석 가운데는, 선쟈쉬안이 충분히 논증한 '주관적인 처치'라는 의미관이 가장 포괄적이고 깊이 있는 해석이다. 전통적인 문제에 대한 새로운 해석이 어떠해야 가장 성공할 수 있을지는 다음 몇 가지 기준으로 판단할 수 있을 것이다.

첫째, 그 해석과 해당 언어의 전체적인 특징이 서로 부합하고 이론 체계와도 잘 맞아야 한다. 둘째, 그 해석이 이전의 해석보다 훨씬 간결하여 이전에는 서로 무관해 보였던 개별적인 개괄들을 통합시킴으로써 이면에 내재된 관련성을 명확히 설명할 수 있어야 한다. 셋째, 더 많은 예외를 설명할 수 있고 새로운 사실을 발견해야 한다. 이러한 기준들을 가지고 '把'자문의 '주관적인 처치설'을 보면 분명히 상당히 큰 강점을 가지고 있음을 알 수 있다.

'주관적인 처치설'은 우선 중국어 문법이 나타내는 주관적인 표현의 전반적인 특징에 대한 본질적인 인식을 바탕으로, 주관화에 대한 일반언어학 이론의 논증 방법을 참고하였다. 이를 통해 처치 의미의 실질을 밝혀냄으로써 이전에 우리가 관찰한 목적어의 확정성, 술어의 복잡성, 동작의 완전한 영향성 및 예상 외 의미와 문장 간 인과관계 등 여러 가지 특징들이 모두 내재적인 연관성이 있다는 통일된 해석을 도출할 수 있게 되었다. 더 중요한 것은 이 관점이 이른바 '예외'를 성공적으로 설명하였다는 점이다. 예를 들어,

불확정식 목적어, 자동사 등 문제의 예외에 대한 처리는 기존의 연구들처럼 억지스럽지 않고, 이러한 예문들이 바로 주관적인 처치 의미를 나타내는 적절한 표현임을 독자들에게 보여주었다. 그 밖에, 이러한 사상은 문장성분 제약 등 중요한 특징의 새로운 관찰과 발견에도 시사점을 제공하였다.

주관적인 처치라는 관점을 제시함으로써 현대 중국어의 공시적인 체계에서 '把'자문을 가장 합리적으로 설명하였을 뿐만 아니라, 통시적인 처치표지의 흥망성쇠에 대해서도 심도 있는 설명을 제공하였다. 또한 '把'자문을 하나의 상용 격식으로 삼는 통용적인 해석은 물론, '把'자문의 문체 선택과 화용적인 특징에 대해서도 더욱 정교한 해석이 가능해졌다. 다음 절에서는 이어서 이 두 가지 문제에 대해 논의하고자 한다.

10.7 주관적인 처치와 처치표지의 흥망

왕리는 처음 처치식을 제시할 때 '把'자만 처치표지로 인정하고, '將'자는 옛말의 잔재일 뿐이며, 심지어는 잘못된 모방일지도 모른다고 주장하였다. 주민처(祝敏澈 1957)는 당대(唐代)의 '將'자가 '把'자의 전신임을 가장 먼저 확인하였는데, 이 관점은 왕리를 비롯한 중국어학계에 보편적으로 수용되었다. 천추성(陈初生 1983)은 처치식이 '把'자문과 '將'자문뿐이라는 점과 중국어 통사의 이러한 특징이 당대에 이르러서야 비로소 나타났다는 점에 의문을 제기하였다. 그는 전치사 '以'자를 사용한 목적어 전치 문형이 처치식의 더 이전 형식이라고 보았다. 한편, 메이쭈린(梅祖麟 1990)은 새로운 문형관을 도입하였다. 그는 역사와 방언 자료들을 결합하여 '把'자나 '將'자 처치식이 5, 6세기에 나타나기 시작했음을 확인하였는데, 중요한 것은 그 출처를 입증하였다는 것이다. 먼저 선진(先秦)과 양한(兩汉) 시대에 '天子不能以天下与人(천자는 천하를 남에게 줄 수 없다)'(孟子), '复以弟子一人投河中(다시 제자 한 명을 강물 속에 던졌다)'(史记)처럼 '给', '到'의 처치식 문형이 있었다. 이후 5~6세기에 이르러 '将'자도 이전의 '以'자문에 사용되면서 '将一大牛卖与此城中人(큰 소 한 마리를 이 성안의 사람에게 팔았다)', '将尼拘陀树一枝, 插于地上(용수 한 가지를 땅에 꽂았다)'과 같은 동일한 구조의 '给', '到' 처치식이 생겨났다.

처치식의 발전과 처치표지의 흥망에 대해서 그동안 역사문법학자들의 많은 연구가 있었다. 선쟈쉬안(沈家煊 2002)은 처치식의 주관성과 주관화가 아마도 근대 중국어사에서 '捉, 取, 将, 把' 등의 처치 전치사 흥망의 원인 가운데 하나일 것이라고 추측하였다. 그는 "처치식의 생성 원인은 화자가 객관적인 처치 사건을 서술함과 동시에 사건에 대한 자신의 주관적 감정과 태도를 표현하기 때문이라고 추측할 수 있다. 그렇지 않으면 왜 처치식이 생성 초기에 불여의의 의미를 많이 나타내는지를 설명할 수가 없다"라고 하였다.

선쟈쉬안은 주관성과 처치 전치사 흥망의 관계에 대해 다음과 같이 주장한다. "주관적 처치를 나타내는 것이 '把'자문 생성의 원인이며, '把'자문의 발전은 한편으로는 주관적 표현의 필요성에 부응하였지만, 다른 한편으로는 또 주관성의 약화를 초래하였다. …하지만 주관적인 표현은 여전히 말을 할 때 필요하고, 어느 한 처치 전치사의 주관성이 약해진 후에 새로운 처치 전치사가 생겨나는 것은 이러한 필요에 딱 들어맞는다. 이것이 아마도 역사적으로 처치 전치사가 끊임없이 흥망성쇠를 거듭하는 원인일 것이다".

그의 이러한 생각은 또한 한 언어에서 공시적으로 여러 개의 처치 전치사가 병존한다면 이들의 사용 빈도와 주관성의 정도가 다를 수밖에 없다는 것을 의미한다. 이를 확인하기 위하여 그는 『노잔유기(老残游记)』 속의 처치문을 집계하였다. 그 결과, 전치사 '將'자을 사용한 것이 152개인 반면, '把'자를 사용한 것은 214개로 전자의 1.4배라는 것을 밝혔다. 이들 처치문 가운데 명령문은 '將'자를 사용한 것이 3개인 반면, '把'자를 사용한 것은 21개로 전자와 후자의 비율이 1대 7로 나타났다. 다음은 '把'자와 '將'자가 공기하는 예인데, 명령문은 모두 '把'자를, 평서문은 모두 '將'자를 사용하고 있다.

只听堂上惊堂一拍, 大嘆道：“人赃现获, 还喊冤枉!把他站起来!去!” ……众人没法, 只好将于家父子站起, ……

법정에는 경당목을 내리치며 지르는 큰소리만 들렸다. "범인과 장물을 현장에서 잡았는데도 억울하다고 소리치다니! 그를 일으켜 세워라! 가!"……많은 사람들이 방법이 없어 어씨 부자를 일으켜 세울 수밖에 없었다.……

玉大人凝了一凝神, 说道：“……你们去把大前天站的四个放下, 拉来我看。”差人去将那四人放下, 拉上堂来。

옥 대인은 정신을 가다듬고 말했다."……너희들은 가서 그저께 서 있던 넷을 풀어서 내가 보게 끌고 오라" 차인(각 관아에 소속되어 잡일을 하는 사람)이 가서 네 사람을 풀어 관아로 끌고 왔다.

玉大人说：“……你还想犟强吗？ 拉下去站起来!——把布匹交还金四完案。” ……话说店夥说到将他妹夫扯去站了站笼, 布匹交金四完案。

옥 대인은 말했다. "……너 아직도 억지를 부리려 하느냐? 끌어내리고 일어나라! -포목을 김사에게 돌려주고 사건을 종결지어라." ……이야기를 이어가면, 점원이 매제를 끌고 가 참롱21)에 세워놓고, 포목은 김사에게 주고 사건을 종결지었다고 한다.

黄人瑞站在院心里, 大叫道：“赶先把那帐箱搬出, 别的却还在后!”说时, 黄升已将帐箱搬出。

황인서는 마당 한가운데 서서 크게 소리쳤다. "먼저 그 장부 상자를 꺼내라, 다른 것은 뒤에 있다!" 말을 하자, 황승은 이미 장부 상자를 꺼내 놓았다.

---

21) 역자주: 참롱(站笼)는 옛날 죄인을 안에 넣고 머리만 밖으로 내놓도록 되어 있는 바구니 모양의 형구를 말한다.

　명령문의 주관성이 평서문보다 강하다는 것은 앞에서 이미 설명하였다. 그러므로 『노잔유기』에서 '將'자의 주관적인 처치 의미는 이미 '把'자보다 훨씬 약하다는 것을 알 수 있다. 현대 중국어에서 '將'자의 사용 범위는 더욱 축소되었는데, 타오홍인(陶红印 1999)에서 제시한 바와 같이 요리책의 조리법 주로 설명에서 사용('将盐一勺放入锅内(소금 한 큰술을 냄비에 넣어라)')되며, 주관성의 정도도 이미 상당히 약해졌다.

　스위즈(石毓智 2007)는 '拿((손으로)잡다)'가 현·당대 중국어에서 처치표지로 발전하는 추세이며, '看作(…(으)로 보다)', '充当(충당하다)'의 의미를 나타내는 문장이 '拿'자가 집중적으로 나타나는 곳이라는 것을 관찰하였다.

> 这简直是拿老头子当冤大脑袋!
> 이건 정말 영감을 얼간이로 본 거야! (老舍『骆驼祥子』)
> 接受之后，你就完全不能再拿自己当个人。
> 받아들인 후에는, 당신은 더 이상 자신을 사람으로 여길 수 없을 거요. (상동)
> 我的姐夫嫌你们没诚意，拿他当外人儿了。
> 나의 매형은 너희들이 성의가 없는 것이 싫은 거야. 그를 남처럼 대한 거지.
> (王朔·冯小刚『编辑部的故事』)
> 你拿我当土老帽儿?
> 너는 나를 시골뜨기로 여기느냐? (陈建功·赵大年『皇城根』)

　스위즈는 충당, 부여, 비교, 방법 등을 나타내는 문형에서 '拿'는 '把'자와 기능이 동일하다고 하였으며, 또 '拿'는 술어를 숙어로 하는 독특한 처치 용법으로도 발전하였다고 밝혔다. 이와 동시에, '拿'는 이러한 문형을 통해 일반적인 처치식으로 확장되기 시작하였다는 것이다. 이로써 주관성 표현이 가장 강한 환경에서 가장 먼저 전치사 용법을 생성한 것이 '拿'라는 것을 분명히 확인할 수 있다.

제11장

'把'자문의 화용적 특징

앞에서 살펴본 '把'자문에 대한 여러 방면의 토론은 모두 하나의 결론을 가리키고 있다. 그것은 중국어 '把'자문이 통사 과정의 결과도 아니고 일반적인 중성구문도 아니라는 것이다. '把'자문은 사실 화용적인 목적을 나타내기 위하여 특수한 의미를 가진 문형이다. 다시 말해, 앞에서 살펴본 모든 주제가 '把'자문의 화용성을 증명하고 있는 것이다. 이 장에서는 '把'자문의 또 다른 화용적인 측면에 대해 논의를 진행하고자 한다.

11.1 통사적 은유

11.1.1 공간 은유

'은유'는 원래 화용적인 개념이다. 인지언어학은 은유가 사람들이 전통적으로 이해하는 것과 같은 일시적인 수사 용법이 아니라고 보았다. 또 심지어는 은유가 언어 행위만이 아닌 일반적인 행위이며, 일반적인 인지능력의 지배를 받는다고 보았다. 인지언어학에서는 공간 개념을 인간 인지의 핵심으로 보기 때문에 인지문법의 주요 관심은 언어에서 공간 관계의 범주화를 연구하는 것이다. 구체적으로 말해, 어떻게 통사적 은유와 환유 수단을 통해 기본적인 공간 관계에 대한 인지로부터 보다 더 추상적인 여러 가지 견해들을 도출해낼 수 있는가 하는 것이다.

중국어 '把'자문의 인지 화용적인 특징에 대해서는 명확하게 느낄 수 있지만, 이 문형도 역시 공간 의미로부터 파생되었다는 것을 어떻게 증명할 수 있는가? 장보쟝(张伯江 2000)과 장왕시(张旺熹 2001)는 이 문제에 대해 탐구하였다.

장보쟝은 전형적인 피행위자 성분은 대체로 정태적인 것, 즉 동작 행위의 대상으로만 존재하며, 이것에 작용을 가하는 행위자 성분은 주로 '위치 이동'의 특징을 수반한다고 하였다. 그런데 전형적인 피행위자 성분과의 차이라면 '把'자의 목적어는 그 자체의 위치 이동성이 일반적인 특징이라는 것이다. 라오서(老舍)의 작품 13편(660,000자)에 나타난 1,619개 '把'자문에 대한 먀오샤오팡(繆小放 1991)의 고찰과 왕쉬(王朔)의 소설 4편(405,000자)에 나타난 614개 '把'자문에 대한 필자의 고찰에 따르면, 술어가 동사-방향보어 형식으로 된 '把'자문이 모두 가장 많은 비중을 차지하였다. 이는 다른 술어 형식으로 된 예들을 거의 모두 합친 것에 해당한다. 또 실제 언어 자료에서 수집한 2,160개 '把'자문에 대한 고찰을 통해, 장왕시 역시 물체의 위치 이동을 명확하게 나타내는 VP구조로 된 것이 절반을 차지함을 발견하였다. 이 예들은 기본적으로 방위 전치사구와 방향동사가 보어표지로 사용된 것들이었다. 이는 공간 이동 의미가 '把'자문의 원형적인 의미라는 것을 충분히 설명해준다.

공간 의미가 어떻게 시간 의미와 더 추상적인 다른 의미를 파생시킬까?

다수의 전치사가 모두 공간과 시간이라는 두 가지 의미 용법을 가지는 것과 같이 언어에서 가장 보편적인 예에서도, 주로 공간 의미가 먼저 생기고 시간 의미는 나중에 파생된다. 예를 들면, '从东到西(동에서 서로)'에서 '从早到晚(아침에서 저녁으로)'이 파생되었고, '往后的道路(앞으로의 길)'에서 '往后的日子(앞으로의 날)'가 파생되었다. '把'자문의 보어는 주로 여러 가지 시간 의미를 나타내는데, 이들도 모두 공간 표현 형식에 정연하게 대응한다. 예를 보면 다음과 같다.

> 我有这挨人管的义务, 我得把这义务尽到年龄, 忍到十八。
> 나는 남의 통제를 받아야 할 의무가 있는데, 나는 이 의무를 나이가 될 때까지 다하여야 하므로, 18살까지는 참아야 한다.
> 我是为了能把课讲下去。
> 나는 수업을 계속해 나갈 수 있게 하기 위해서이다.

이 예들에서 방향사 '到(도착하다)', '下去(내려가다)', '起来(일어나다)'가 시간의 의미를 명확히 나타내는 표현 방식은 공간 표현의 방식을 차용하여 실현된 것이다. 또 다음 예는 공간 계량 방식이 시간 계량 방식으로 투사된 경우로 볼 수 있다. 이러한 관점을 뒷받침하는 통사적인 증거는 동사 뒤에 흔히 방향사를 붙일 수 있다는 점이다.

> 你把昨天的家庭作业再做一遍。 → 再做[上]一遍
> 너 집에서 하는 어제 숙제를 다시 한 번 해라. → 다시 한 번 해라[上]
> 再把腿和脚冲一下, 搓搓脚脖子。 → 再把腿和脚冲[上]一下
> 다리와 발을 한 번 더 헹구고, 발목을 문지른다. → 다리와 발을 한 번 더 헹군다[上].

정보 전달 및 인지 행위와 관련된 경우는 물질 공간에서 담화 공간으로의 은유로 볼 수 있다. 이러한 은유적 경로의 증거는 두 가지가 있다. 하나는 '到'자를 붙여 전이의 종점을 나타낼 수 있다는 것이고, 다른 하나는 '给'자를 붙여 전이의 방식을 나타낼 수 있다는 것이다.

> 他现在还不想把他的决定立即告诉儿子, 暂缓几日。
> 그는 지금도 자신의 결정을 아들에게 곧바로 알리고 싶지 않아 잠시 며칠을 유예하고 있다.
> → 告诉到儿子那儿 아들에게 알리다 / 告诉给儿子 아들에게 알리다
>
> 我们不是跟你来商量的, 而是已经决定了, 只是把这个决定通知你。
> 우리는 너와 의논을 하려는 것이 아니라 이미 결정을 하였고, 단지 이 결정을 너에게 알려줄 뿐이다.
> → 通知到你这儿 너에게 알리다 / 通知给你 너에게 알리다

이것이 바로 인지언어학에서 말하는 '도관 은유(conduit metaphor)'의 구체적인 표현이다. 즉, 정보를 실제 사물로 보고, 소통 과정은 전달의 과정으로 보는 것이다. 상술한 두 가지 통사적인 증거는 이러한 인지적 위치 이동의 의미를 확실히 보여준다.

'把'자문 보어가 결과보어와 상태보어인 경우도 마찬가지로 증명이 가능하다. 사물이 움직이는 과정은 '위치 이동'의 과정일 뿐 아니라 '상태 변화'의 과정이기도 하다. '把'자문에서 결과보어와 상태보어가 방향보어의 의미를 투영한다는 것을 증명하는 충분한 통사적 증거들이 있다.

첫째, 결과보어는 위치 변화 과정(즉, 방향)을 나타내는 방향보어와 일반적으로 함께 출현하지 않는다.

馬林生坐正, 把剩下的烟蒂掐灭。

마린성은 똑바로 앉아서 남은 담배꽁초를 비벼서 껐다.

→ 把剩下的烟蒂掐到烟缸里去 남은 담배꽁초를 재떨이에 쑤셔 넣었다

→ *把剩下的烟蒂掐灭到烟缸里去

我知道他能把鸡呀鱼呀的弄熟。

나는 그가 닭이고 생선이고 하는 것을 잘 삶을 줄 안다는 것을 안다.

→ 把鸡呀鱼呀的弄到锅里去 닭이고 생선이고 하는 것을 솥에 집어넣다

→ *把鸡呀鱼呀的弄熟到锅里去

둘째, 상태보어도 역시 행위의 방향을 나타내는 방향보어와는 함께 출현하지 않는다.

母亲在修饰自己的同时也总把他打扮得干干净净。

어머니는 자신을 꾸미는 동시에 언제나 그를 깔끔하게 치장하였다.

→ *把他打扮得干干净净在学校里

儿子也仍在他的床上酣睡, 毛巾被把身体的中段裹得严严实实。

아들도 여전히 자기 침대에서 곤히 자고 있는데, 타월 담요로 몸의 중간 부분을 꽁꽁 싸매고 있었다.

→ *把身体的中段裹得严严实实在床上

골드버그(Goldberg 1995, 3.4.1)에 따르면, 언어에는 다음과 같은 기본적인 '유일경로제약(Unique Path Constraint)'이 있다.

만약 논항 X가 하나의 실제적인 객체를 가리킨다면, X는 하나의 절 안에서 오직 하나의 경로로만 지나갈 수 있다.

다음 두 문장이 성립하지 않는 이유는 바로 영어에서 이 제약이 작용하기

때문이다.

> a. *Sam kicked Bill black and blue out of the room.
>   샘이 발로 차서 빌은 온몸이 상처투성이가 되어 방을 나갔다.
> b. *Sam tickled Chris silly off her chair.
>   샘은 크리스가 멍해져서 의자를 떠날 정도로 간지럽혔다.

　그는 유일경로제약이 실제 이동뿐 아니라 은유적인 이동에도 적용된다고 설명하였다. 만약 결과구를 장소 변화를 나타내는 하나의 은유로 본다면, 동결식(동사-결과보어 형식)이 받는 유일경로제약의 중요성은 말할 필요도 없다. 이 은유는 상태 변화를 새로운 장소로 이동하는 것으로 간주하는 하나의 보편적이고 체계적인 은유이다.

11.1.2 통사적 도상성

　공간 은유 외에, 특징이 뚜렷한 하나의 문형으로서 '把'자문은 또한 인지도식(cognitive schema)의 각도에서도 관찰할 수 있다. 그 가운데 각 구성 성분의 순서와 원근, 수량은 모두 구조의 총체적인 의미를 구성하는 중요한 요소이다. 그러므로 인지심리학의 '순서원칙', '인접원칙', '수량원칙'을 차용하여 '把'자문 개별 특징들 간의 논리적인 연결을 설명할 수가 있다.

　먼저 순서원칙을 보자. 순서성은 먼저 구동력으로서 주어 성분은 반드시 전체 행위의 술어 형식 앞에 오고, 처치된 사물도 반드시 행위 발생 이전에 존재해야 한다는 것을 나타낸다. '원인성(使因性)'과 '자립성'에 관한 앞의 논의에서 이미 이 두 가지 특징에 대해서는 대체로 충분히 논술하였다. '把'자문은 선정된 목표물에 대해 어떤 행위를 행함으로써 그 목표물의 위치나 상태에 변화가 생겼음을 나타낸다. 사물은 행위보다 먼저 존재하는데, 이것이 통사에 반영되면 사물을 나타내는 단어가 행위를 나타내는 단어 앞에 출현한다. 통사의 순서는 인식의 순서를 반영한다. '把'자문의 어순 특징은 구조 의미의 기초가 되면서, 또 다른 문형과 구별되는 기본적인 특징이다. 중국어 문법체계에서 이는 적어도 '被'자문(행위자의 구동성과 책임성을 반드시 요구하지는 않는다)과 일반 '주-동-목'문(피행위자의 자립성과 식별성을 반드시 요구하지는 않는다)과는 뚜렷하게 구별된다.

　다음으로 인접원칙을 보자. '把'자문 처치 의미의 권원은 술어 부분에 있다. '把'자는 처치의 대상을 확정하는 자리매김의 기능이 있다. 대상 뒤의 동사는 처치의 방식을 나타내고, 동사 뒤의 보어는 처치의 결과를 나타낸다. 동작의 영향을 받는 대상이 부동사(副动词) '把'와 처치동사 사이에 끼어있음으로써 처치 작용을 강화하는 효과가 있음을 알 수 있다. 이것이 바로 인지 언어학에서 말하는 '인접은 영향력의 강화'라는 원리이다. 앞에서 목적어는 '把'를 사용하여 전치할 수 있는 방식이 있으며, 이는 새로운 길을 개척하여 동사에 접근하는 것이라고 뤼수샹(吕叔湘 1944)에서 일찍이 지적하였음을 언급하였다. 이런 점에서 동사 앞에서 동사의 영향을 받는 피동 사물이 동사 뒤의 것보다 더 높은 피영향력을 갖게 된다.

　마지막으로 수량원칙을 보자. 과거 문법 논저에서 '把'자문 술어는 간단한 형식이 될 수 없다고 자주 언급하였다. 그런데 사실은 동사 앞뒤에 붙일 수 있는 성분이 모두 다 '把'자문의 성립 조건이 될 수 있는 것은 아니다. 예를 들면, '*我在城里把他遇到', '*我把空竹抖得 / 不起来' 등의 말은 모두 성립하지 않는다. 왜냐하면 간단한 형식의 동사는 정도가 없는 '균질'적인 의미만 표현할 수 있을 뿐이고 복잡한 형식이 되어야 정도를 가진 '이질'적인 의미를 가질 수는 있지만, 복잡한 형식이 반드시 이질적인 의미를 나타내는 것은 아니기 때문이다. 의미상 '把'자문은 술어가 하나의 '동작 과정'을 나타낼 것을 요구하기 때문에 반드시 비교적 복잡한 술어 형식에 의지할 수밖에 없다. '간단한 형식은 간단한 의미에 대응하고, 복잡한 형식은 복잡한 의미에 대응한다'는 '많고 적음'의 대립이 바로 '수량원칙'의 작용이다.

'把'자문의 화용적 본질은 그 인지 의미의 본질에 기초한다. '把'자문의 공간 이동 관계와 통사 도상성에 관한 이상의 논의를 통해 앞의 장에서 묘사한 '把'자문의 각종 통사, 의미 특징들이 모두 인지 의미의 원칙과 서로 조화를 이루고 있음을 알 수 있다.

11.2 텍스트 특징

장왕시(张旺惠 1991)가 논의했던 '把'자문과 전후 문장의 목적 의미와의 연관성 외에, 사람들이 더 주목한 것은 앞 문장에 대한 '把'자문의 의존성이다. 예를 들어, 장보쟝·팡메이(张伯江·方梅 1996)는 '把'자문이 보통 시작하는 문장에는 오지 않고 주로 후속절에 나타난다고 하였다. 예를 보자.

  a. 一只足球蹦过草地，滚到我脚下，我停住球，接着飞起一脚把球踢走。
  축구공 하나가 풀밭을 뛰어넘어 내 발 아래로 굴러왔고, 나는 공을 멈추고는, 이어서 한 발을 날려 공을 차버렸다.
  b. ?有一天我把这只足球踢出去, 穿海魂衫的弟兄们急急忙忙跑起来追球。
  ?어느 날 나는 이 축구공을 발로 찼는데, 세일러 셔츠를 입은 남자들이 허둥지둥 뛰면서 공을 쫓아갔다.

천핑(陳平 1987)은, '把'자문에서 한정적인 성분이 '把'의 목적어가 되는 강한 경향성이 있는데, 이것이 화자가 명사성 성분의 한정 형식을 선택하는 원인이 된다고 지적하였다. 그는 다음 세 가지 경우가 여기에 해당된다고 하였다. 첫 번째는 가리키는 대상이 이미 윗글에 나타나서 지금 그것을 다시 가리키는 경우이다. 두 번째는 명사성 성분이 가리키는 대상이 대화 쌍방이 처한 실제 환경에 존재하여 눈짓이나 손짓으로 현재 지시(deictic reference)를 함으로써 그것을 식별해낼 수 있는 경우이다. 세 번째는 지칭 대상과 다른 인물 사이에 분리할 수 없는 종속적 또는 연대 관계가 존재하는 경우이다. 우리는 주위의 세상만사를 인식함과 동시에 사물들 사이의 관계에도 주의를 기울이며, 이와 관련된 지식을 우리의 상식 범주에 포함시킨다.

귀성린(郭聖林 2004)에서는 이를 근거로 목적어의 한정성에 결정적인 작용을 하는 '把'자문 텍스트의 특징에 대해 논의하였다. 실제 언어자료에 대한 그의 통계에 따르면, 80%의 '把'자 목적어가 윗글과 밀접한 관련이 있는 것으로 나타났다. 이는 다음 몇 가지로 나타난다. 하나는 '把'자의 목적어가 대명사이거나 대명사를 포함하므로 윗글에 '把'자 목적어 자체 또는 일부분과 동일한 지칭 대상이 있는 경우이다. 또 하나는 '把'자의 목적어가 명사이고, 윗글에 이와 동일한 지칭 대상이 있는 경우이다. 그 외 '把'자의 목적어가 명사이고 윗글에 동일한 지칭 대상은 없지만, 그것이 지칭하는 바를 윗글로 유추하여 알 수 있는 경우도 있다. 이것은 흔히 말하는 '把'자 목적어의 지칭 대상이 한정적이라는 것에 대한 텍스트적인 요소의 해석이다. 다음으로, '把'자의 목적어가 총칭의 명사나 고유명사일 때, 그것이 지칭하는 것도 역시 주로 한정적이라는 것이다. 하지만 윗글과의 관계는 그리 명확하지 않다. 다음은 '把'자의 목적어와 윗글의 연관성에 대한 구체적인 수치이다.

	윗글과 관련성 밀접	윗글과 관련성 불분명
소설	169 / 69.8%	73 / 30.2%
산문	209 / 87.8%	29 / 12.2%
시가	97 / 82.9%	20 / 17.1%
희곡	81 / 83.5%	16 / 16.5%
합계	556 / 80%	138 / 20%

귀성린(郭圣林 2004)은 '윗글과 관련성 밀접'의 몇 가지 불명확한 현상에 대해 구체적으로 다음과 같이 논의를 진행하였다.

첫째, '把'자 목적어의 지칭 대상이 윗글에서 유추 가능한 경우이다. 이러한 '把'자 목적어는 윗글 중 어느 어구와도 동일한 지칭 관계는 없지만, 윗글 중 어떤 어구와는 분명한 의미 연관성을 가진다. '把'자의 목적어가 앞의 어떤 어구와 부분과 전체의 관계일 수도 있고, '把'자의 목적어 명사가 가리키는 사물이 윗글의 어떤 명사가 가리키는 사물과 항상 함께 나타나기 때문에 쉽게 연상 작용을 일으킬 수도 있다. 예를 들면, 다음 예에서 '福楼拜(플로베르) - 前额(앞이마)', '上大学(대학 진학) - 大半时间(대부분의 시간)', '画家(화가)—画笔(화필)—调色板(팔레트)', '法律(법률) - 法典(법전)' 등이 그러하다.

福楼拜习惯在夜晚写作, 因此一到天黑, 他常常默默地走近面对塞纳河的窗口, 把前额贴在窗户上, 茫然望着窗外迷蒙的夜色。

플로베르는 밤에 글을 쓰는 것이 습관이 되어 있었기 때문에, 날이 어두워지면 그는 말없이 센강을 마주 한 창문으로 다가가서 앞이마를 창문에 댄 채 창밖의 어슴푸레한 밤경치를 멍하니 바라보곤 했다.

司各脱在爱丁堡上完中学, 便进入爱丁堡大学, 学的是法律。但他把大半时间花在文学研究上。

스콧은 에든버러에서 중고등학교를 마치고, 에든버러대학에 입학하여 법률을 공부했다. 그러나 그는 대부분의 시간을 문학 연구에 할애했다.

　列宾一生从未停下过画笔。他去世前一个月，尽管当时身体已非常虚弱，右手颤抖得非常厉害，但他仍坚持作画，他用左手握笔，把调色板吊在胸前，让人扶着作画。

　레핀은 일생 동안 그림붓을 놓은 적이 없다. 세상을 뜨기 전 한 달 동안 은이미 몸이 아주 허약해져 오른손이 매우 심하게 떨렸지만, 그는 여전히 그림 그리기를 고집하였는데, 그는 왼손으로 붓을 잡고, 팔레트를 가슴에 걸고서 다른 사람으로 하여금 부축을 하게 하고서 그림을 그렸다.

　他父亲一定要塞尚[22]学法律，把塞尚送进法律学校，但没有用，塞尚仍爱好绘画，并且和当时在巴黎体育馆的年轻的左拉结为朋友，他对法律毫无兴趣，就把法典改写成诗。

　그의 아버지는 세잔느가 꼭 법률을 공부하게 하려고 세잔느를 법률학교에 보냈지만, 소용이 없었다. 세잔느는 여전히 그림 그리기를 좋아했고, 당시 파리체육관에 있던 젊은 졸라와 친구로 지내면서 법률에는 전혀 관심이 없어서, 법전을 시로 개작하였다.

다음의 예는 '把'자의 목적어를 윗글에서 유추하기 어려운 경우이다.

　不愉快的事情接踵而至，使歌德陷入苦痛的深渊而不能自拔，他也曾起了自杀的念头，就把一柄剑放在身旁，在极端绝望之时，想结束自己失恋的苦痛。

　불미스러운 일이 연이어 일어나 괴테를 깊은 고통의 구렁텅이에 빠뜨리고 헤어 나오지 못하게 하였다. 그 역시도 한때 자살할 생각이 들어 칼 한 자루를 곁에 두고는, 절망이 극에 달했을 때 실연의 고통을 끝내려고 하였다.

　他(堂·吉诃德脑子里充满骑士传奇的古怪念头，把风车作为巨人，把羊群当作军队，把铜盆当作魔法师的头盔，把赶路的贵妇人当作落难的公主，不分青红皂白，……

　그(돈키호테)의 머릿속에는 온통 기사의 전설적인 기발한 생각으로 가득 차 있었다. 풍차를 거인으로 삼고, 양떼를 군대로 삼으며, 놋쇠 대야는 마법사의 헬

---

22) 역자주: 폴 세잔느(Paul Cezanne, 1839-1906) 프랑스의 화가. 근대 회화의 아버지로 불림.

멧으로, 길을 재촉하는 귀부인을 곤경에 빠진 공주로 삼아서, 앞뒤 가리지도 않
고 다짜고짜로……

이 두 가지 예에서 '一柄劍(칼 한 자루)', '风车(풍차)', '羊群(양떼)', '铜盆(놋쇠
대야)', '赶路的妇人(길을 재촉하는 부녀)' 등은 모두 윗글에서 선행 어구를 찾을
수가 없다. 이는 윗글에 대한 '把'자문의 의존성이 반드시 명사 자체의 동일
지칭성과 관련된 것에만 국한되지 않고, 윗글과 아랫글의 의미적인 관련성
역시 '把'자문의 텍스트 조건임을 보여준다. 첫 번째 예문에서 '把劍放在身旁
(칼을 곁에 두고)'과 호응하는 것은 윗글의 '起了自杀的念头(자살 생각이 들어서)'
이고, 두 번째 예문에서 '把风车作为巨人(풍차를 거인으로 삼고), 把羊群当作军队
(양떼를 군대로 삼고), ……'와 호응하는 것은 윗글의 '脑子里充满古怪念头(머릿
속은 온통 기발한 생각으로 가득 차 있다)'이다.

11.3 문체 특징

11.3.1 문체별 뚜렷한 분포 차이

문체에 따른 '把'자문의 분포 차이와 관련하여 많은 통계 연구가 있지만,
그 결과는 대체로 유사하다. 다시 말해, 구체적인 숫자는 사람마다 다르지만
전체 비율의 분포는 비슷하다. 여기서는 두원샤(杜文霞 2005)의 연구를 인용
하여 간단히 살펴보기로 한다. 아래의 통계는 상이한 문체별 코퍼스에 나타
난 '把'자문의 출현 수량과 그 빈도이다. 통계 결과를 살펴보면 다음과 같다.

문제			텍스트 글자수 (만자)	'把'자문 수량	'把'자문 글자수/ 만자
구어체		『编辑部的故事』	13.3	233	17.6
문어체	공문서체	法律法规	30	12	2.5
	과학기술문체	技贸实务	22.5	133	5.9
	정론문체	『邓小平文选(三)』	19.6	235	11.5
	문예문체 소설	『骆驼祥子』	14	420	30
		『围城』	21.7	412	19.4
	희곡	『茶馆』	3.3	46	20
		『龙须沟』	3.2	65	20.3
		『春华秋实』	4.2	77	19.3
	산문	『水云』	2.2	20	10

통계를 통해 얻은 중요한 사실은 다음과 같다.

1. 구어와 문어에서 나타난 '把'자문의 수량과 빈도는 모두 뚜렷한 차이를 보인다. 공문서체, 과학기술문체는 다른 문체보다 현저히 적다.

2. 문예문체에는 공문서체, 과학기술문체, 정론문체보다 훨씬 많다. 또 소설, 희곡이 산문보다 많다.

3. 구어와 소설, 희곡의 차이는 크지 않다. 소설이 희곡보다 약간 많고, 희곡이 구어보다 약간 많다.

4. 소설 속에는 주로 평서문에 나타나고, 희곡에는 주로 대화문에 나타난다.

두원샤의 마지막 결론은 다음과 같다. 종합적으로 보면, '把'자문의 화용적 기능, 통사 구조, 동사 선택과 문체 사이에는 대략적인 대응 관계가 있다. 정론문체, 공문서체, 과학기술문체에서 '把'자문은 쌍음절 동사를, 문예문체에서 '把'자문은 단음절 동사를 많이 사용한다. 공문서체, 과학기술문체, 정론문체에서 '把'자문은 쌍음절 동사가 목적어를 가지는 형식이 큰 비중을 차지한다. 반면 문예문체에서 '把'자문은 단음절 동사의 술보형식이 절대 우세를 차지한다. 구어체, 문예문체에서 '把'자문의 주요 역할은 장면 속 인물의 동작에 대한 묘사나 객관적 사실에 대한 진술이지만, 또 주관적 소망의 표현일 수도 있다. 정론문체, 공문서체, 과학기술문체에서 '把'자문의 주요 역할은 요구 제기, 사실 진술, 이치 규명이다. 공문서체는 강제 실행 프로그램 내용의 규정적인 특징과 실행 프로그램의 유효성을 강조하는데 중점을 두고 있다.

지난 장에서 주관적 처치의 의미를 논할 때 이미 언급한 바와 같이, 주관적 처치의 의미는 문체에 따라 강약의 차이가 있다. 예를 들어, 설명하는 글에서 주관성의 정도는 상당히 약하다. 전반적인 현대 중국어 주요 문체에 대한 두원샤의 대표적인 고찰과 비교해 볼 때, 중국어 '把'자문을 얼마나 많이 사용하는지와 구조적 유형의 선택, 근본적 특징은 역시 주관적 처치 의미의 강약과 관련이 있다는 것을 분명히 확인할 수 있다.

11.3.2 문체관에 의한 문법 설명의 세분화

앞에서 문형의 처치 의미와 처치표지의 흥망에 대해 논의하였다. 그런데 사실은 역사적인 자료를 보지 않고 현대 중국어의 문체 차이만 살펴보아도 동일한 결론을 얻을 수가 있다. 이전의 연구에서 정확한 결론을 도출하지 못한 이유 중 하나는 치밀하지 못하기 때문이다. 예를 들어, 타오훙인(陶红印

1999)은 예전에는 학자들이 문체에 대해 논의할 때, 구어와 문어만 구분하면 되는 것 같았다고 지적했다. 기존의 문법 논저들을 살펴보면 예외 없이 거의 모두가 '把'와 '將'의 차이에 대해, '把'자문은 응용 범위가 넓고 빈도가 높은 반면, '將'자문은 문어에만 쓰인다고 귀납하고 있다는 것이다. 그러나 『인민일보(人民日報)』 사설 자료에 대한 타오홍인의 조사에 따르면, '將'자문의 출현은 7회이지만 '把'자문의 출현은 145회로, '將'과 '把'의 비율은 1:20이다. 이는 다시 말해, 신문의 사설과 같은 '전형적인' 문어체 언어 자료에서도 여전히 '把'자문이 '將'자문을 압도하며 절대적인 우세를 차지한다는 것을 말해준다.

그렇다면, '把'자문과 '將'자문을 각각 '구어'와 '문어'로 구별하는 느낌은 어디에서 오는 걸까? 이 문제 해결의 실마리는 역시 이론적으로 찾을 필요가 있다.

선자쉬안(沈家煊 2002)은 주관적 표현에 사용되는 것이 '把'자문의 근본적인 기능임을 충분히 논증하였다. 그는 또 처치식의 주관성과 주관화가 아마도 중국어 역사상 '以, 取, 將, 把' 등의 처치 전치사 흥망의 원인 가운데 하나일 것이라고 지적하였다. 즉, 어떤 처치 전치사의 주관성이 약해진 후에 새로운 처치 전치사가 생겨난 것은 바로 이러한 필요에 완전히 부합하며, 이것이 아마도 역사적으로 처치 전시사가 끊임없이 사라지고 생겨나는 원인이라고 보았다. 그의 관점에 따르면, 현대 중국어의 공시적인 체계에서 '把'자문과 '將'자문의 표현 특징은 다음과 같이 간단히 정리할 수 있다.

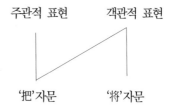

주관적 표현　　　객관적 표현

'把'자문　　　'将'자문

　이렇게 인식하게 되면, '문어'와 '구어'라는 개념은 잠시 접어두고 또 다른 문체 분류의 각도인 '주관적 문체'와 '객관적 문체'의 구분에 착안하게 된다.

　주관적인 표현의 문체란 어떤 것들인가? 여기에는 쉽게 말해서 일상적인 의론적 구어와 문어적인 평론문체가 있다. 상술한 신문의 사설 기사가 바로 전형적인 문어의 주관적 문체이다. 왜냐하면 사설은 항상 명확한 태도를 표명하는 것이 목적이기 때문이다. 그렇다면 어떤 것이 객관적인 표현의 문체인가? 설명적인 문체와 학술적인 문체를 쉽게 생각할 수 있다. 타오홍인(陶红印 1999)은 바로 이런 생각을 바탕으로 전형적인 설명문체인 요리책의 조리법 표현에 대해 조사를 진행하였다. 다음은 그가 조리법의 언어자료를 통해 발견한 '将'자문의 예이다.

　　将排骨打切成薄片状, 越薄越好。
　　갈비는 얇은 조각 형태로 써는데, 얇을수록 좋다.
　　将鸡肉开条切成二分见方的丁。
　　닭고기를 가늘고 길게 썰어 2제곱센티미터의 정방형 토막으로 자른다.
　　将块状青鱼用酒、味精盐稍加伴渍。
　　덩어리 모양의 청어를 술과 맛소금으로 버무려서 간이 골고루 베이게 한다.
　　将锅烧热, 取饭碗六只, 碗底抹上少许猪油。
　　냄비를 달구고 밥그릇을 여섯 개를 가져 와서, 그릇 안에 돼지기름을 약간 바른다.

将糖冬瓜、蜜青梅等切成条, ……

설탕에 절인 동과, 꿀에 절인 청매실을 채로 썰고, ……

설명식으로 된 다른 문체를 고찰해도 역시 대량의 '將'자문을 찾을 수가
있다.

将影像调高到想要的高度角度, 然后放开按钮使升降脚架定位。

영상을 원하는 높이로 올린 후에, 버튼을 내려 리프팅 발판을 위치에 고정시
킨다.

要将软件安装至计算机, 请参见单独的软件指南。

소프트웨어를 컴퓨터에 설치하려면 별도의 소프트웨어 안내문을 참고하시기
바랍니다.

如果将[数据传输设置]设置为[局域网WFT-E1], 计算机将不能识别相机。

만약 [데이터 전송 설정]을 [랜선 WFT-E1]로 설정하면, 컴퓨터는 카메라를
인식할 수 없습니다.

将连接电缆另一端的插头连接到计算机的USB端口。

상호접속 케이블 다른 한쪽 끝의 플러그를 컴퓨터에 연결된 USB 포트에 연
결하십시오.

조사 결과 '將'은 372회 출현했으나 '把'의 출현은 단지 116회에 불과하
여, '將'과 '把'의 비율이 2대1이 넘는다. 타오홍인은 이러한 문체를 '조작성
문체(操作性语体)'라 하였다.

위 예들은 모두 이러한 문체의 통용성, 지도성, 설명성이라는 특성에 기인
한다. 이 관찰은 선자쉬안(沈家煊 2002)이 밝혀 낸 '將'자문의 주관적 의미가
쇠락하고, '把'자문의 주관적 의미가 강해지는 규칙과도 정확히 맞아떨어진
다. 이 둘은 함께 이러한 현상에 대해 근본적인 설명을 제공한다. 즉, 현대

중국어에서 '将'자의 용법은 더욱 위축되어 있는데, 그것의 가장 적합한 사용 장소는 바로 주관적인 의미가 거의 제로(0)로 약화되고 객관적인 의미 위주인 조리법이나 설명서와 같은 문체라는 것이다.

이로써 처치식에서 주관적인 문체와 객관적인 문체의 구분이 구어체와 문어체의 구분보다 더 가치 있다고 볼 수 있지 않을ㅇ까?

11.3.3 '把'자문의 문체로 본 중국어의 문체 특징

'把'자문의 주관적인 처치 의미에 대한 설명은 공시적인 문형 선택에서 드러날 뿐 아니라 통시적인 처치사 흥망과 중국어 표현 체계 안의 문체 차이에서도 드러난다.

주관적인 처치라는 의미의 제시가 중국어 문법에 얼마나 큰 의의를 가질까? 어쩌면 그 의의는 문형과 처치사, 협의의 문체에 국한되지 않고, 중국어의 본질적인 문체가 무엇인가에 대한 생각을 우리에게 시사한다.

선쟈쉬안(沈家煊 2002)의 뒤를 이어, 징쥐(井茁 Jing-Schmidt 2005)가 네덜란드에서 출판되었다. 이들은 두 가지 독립된 연구이며, 사용하는 용어와 결론의 표현 방식도 서로 다르다. 하지만 연구의 생각과 중국어 '把'자문의 본질에 대한 관점은 거의 일치한다. 징쥐(Jing-Schmidt 2005)의 책 제목 『드라마틱한 담화: 중국어 '把'자문(Dramatized Discourse : The Mandarin Chinese ba-construction, 戏剧化的话语 : 论汉语"把"字句)』을 보면, 글자 그대로 저자는 중국어 '把'자문을 '극화'된 말에 나오거나 그 자체를 일종의 극적인 문형으로 규정하였음을 알 수 있다. 책 전체의 내용과 결론을 자세히 살펴보면, 저자가 말하는 '극적' 또는 '극화(dramatization, dramaticity)'의 개념이 선쟈쉬안이 사용한 '주관화(주관성)'와 대체로 같은 것을 개괄하였다는 사실을 알 수 있다.

'극화'에 대한 징쥐의 논술은 주로 두 가지 측면에서 전개된다. 하나는 인지적인 현저성(cognitive salience)이고, 다른 하나는 감정 표현과 주관성(emotive expressiveness and subjectivity)이다. 저자는 말의 희화화가 반드시 상술한 두 가지 요소의 상호작용으로 이해되어야 하며, 단순하게 어떤 단일 요소의 작용으로 끝나서는 안 된다고 강조한다. 저자는 '把'자문과 그 관련 비'把'자문(SVO, OSV, SOV 문형)의 기능을 비교한 후에, 현대 중국어에서 '把'자문의 핵심 기능은 표현된 사건을 극화하는 것이지만 비'把'자문은 그렇지 않다고 지적하였다. 다시 말해, '把'자문은 높은 극성(high dramaticity)의 특징을 가지지만, 비'把'자문은 낮은 극성(low dramaticity)의 특징을 가진다.(陶红印 2008)

징쥐의 저술은 목적어의 확정성, 강한 동태성, 화자의 감정이입(empathy), 서사의 전경에 주로 출현 등의 특징을 인지적 현저성으로 설명하였는데, 이는 방법은 다르지만 결과는 '주관적 처치설'과 똑같다. 또한 '把'자문이 정도 수식어와 양태어(情态词)를 많이 사용한다는 그의 관찰 역시 이와 맥을 같이 하는 가치 있는 발견이다.

징쥐의 저술이 정말 흥미를 끄는 것은 '극화'라는 용어에 기반한다. '극화'라는 개념의 요지 중 하나는 "말하는 사람은 표현하는 사건에 대해서 감정적인 몰입과 시점의 교감을 가져야 한다"는 것이다.(井茜 2005:116 -122) 이에 대해, 장보쟝(张伯江 2017)은 "극화는 매우 유용하고 중요한 개념이다. 그것은 우리 문화에서 극적 요소가 문법 구조에 투영되는 것을 관찰하도록 도와준다"라고 평했다. 장보쟝(张伯江 2017)은 징쥐의 저술에서 출발하여 중국어의 다른 문법 단위에 나타난 극화 현상을 관찰하였다. 그는 다음과 같이 말하였다. "중국어의 극적 표현은 문형뿐만 아니라 구에서도 나타나는데, 우리는 그것이 일반적인 의미의 극적인 특징에 부합하면서도 또 민족적인 특징도 있다고 생각한다. ……입장을 지칭하는 표현 형식은 징줘의 저술에서 논하는 인류 문화 가운데 극화된 언어의 보편적인 특징에 부합하고, 중국 문화에서 민족 희곡의 형식적인 특성 또한 정확하게 구현하였다." 이러한 연구들을 종합해 보면, 하나의 중요하고 전반적인 관점을 얻을 수 있는데, 그것은 중국어의 주관화도 언제나 존재하고, 중국어의 극화도 언제나 존재한다는 것이다.

이러한 의미의 '극화'는 더 이상 좁은 의미의 문체의 문제가 아니다. 중국어의 근본적인 문제 특징이 바로 극화라고 할 수 있다. 주관과 객관은 중국어에서 서로 분리된 차원이 아닌데, 이와 마찬가지로 극화와 비극화도 절대적으로 명확히 구분할 수 있는 두 개의 차원이 아니다. 선쟈쉬안(沈家煊 2017)은 언어철학 사상의 발전을 서술하면서 다음과 같이 말했다. "롤랑 바르트(Roland Barthes 1915~1980)[23]는 프랑스 기호학 연구의 중추이며, 그의 사상은 구조주의에서 해체주의로 전환되는 전 과정을 거쳤다. 그의 저서 『기호학의 원리(The Element of Semiology)』에서 기호의 명시적인 의미(Denotion) 체계는 항상 기표(signifier)[24]가 기의(signified)[25]에 대응하는 단층구조가 아니라 여러 층이 겹겹이 쌓인 중층적 특징을 나타낸다". 선쟈쉬안은 바르트가 말한 중층적 상황이 중국어에서는 일반적인 현상이라고 보았다.

인도유럽어의 형태·통사체계는 상대적으로 객관적인 의미의 관점 위에 세워져 있다. 이로 인해 발생하는 고립적이고 정적인 형식주의 연구 방법은 그들의 문법을 묘사하는 데는 보편적으로 적합하다. 하지만 객관적인 시간

---

23) 역자주: 프랑스의 구조주의 철학자이자 비평가.
24) 역자주: 사물이 표시되는 언어 형식.
25) 역자주: 그 사물의 의미.

체계와 입장체계에 기초한 형태표현 체계가 없는 중국어는 의미와 화용적인 관점 자체가 주관과 객관이 융합된 것이다. 뿐만 아니라 사실은 중국어의 주관적 문체와 객관적 문체도 융합되어 있으며, 서사와 묘사도 융합되어 있고, 진술과 대화도 융합되어 있다. 이러한 근본적인 특징을 이해하고 나서, 이 작은 책의 편폭으로 정리한 '把'자문에 관한 각종 논쟁과 예외 투성이인 '부정확한' 형식적 개괄을 다시 돌이켜 보면, 이것이 반드시 중국어 연구의 결점이라고 할 수는 없다. 아마도 그것은 오히려 중국어 '把'자문의 가장 진실한 통사와 의미를 더욱 잘 반영하고 있는 것일지도 모른다. 객관적인 진술에 포함되어 있는 주관적인 처치 의사, 확정 형식에 포함되어 있는 이지(已知) 정보와 미지(未知) 정보의 자유로운 전환, 높은 타동 변화성 의미에 포함된 평가 태도, 극 속으로 들어갔다 나왔다 하는 유연한 입장, 표현의 필요에 따라 적절하게 조정되는 문체 선택, 이 모든 것들은 중국어에서 가장 역동적인 고빈도 출현 문형의 성격, 나아가 중국어 그 자체의 성격을 전형적으로 보여준다.

맺음말

　'把'자문에 대한 연구 문헌은 상당히 많으며, 현대 중국어 문법 연구의 역사만큼이나 '把'자문에 대한 연구의 역사도 길다. 이 작은 책이 '把'자문에 관련된 연구를 모두 포괄할 수는 없지만, 관심이 집중된 문제들은 결국 '把'자문의 구성 및 성분들 간의 관계, 문형 의미와 화용 특징 등 몇 가지에 국한된다. 이들 문제를 둘러싼 우리의 토론을 통해 이미 이 문형의 주요 모순들은 드러났다고 말할 수 있다. 이러한 모든 문제들이 주는 가장 강력한 시사점은 무엇일까?

　연구사에 있어서 분명한 맥락은 인도유럽어 연구의 관념을 끊임없이 억지로 중국어와 비교하려고 시도하였고, 그러한 노력으로 인해 또 끊임없이 고민하였다는 것을 알 수 있었다. 처음에는 통사법의 목적어 전치설과 억지로 비교하여 '把'자문의 실질이 목적어의 전치라고 단언하였다. 하지만 언어 사실은 '把'자 뒤의 목적어가 뒤에 있는 술어의 목적어 자리로 돌아갈 수 없는 경우도 많다는 것을 말해주었다. 이 모순은 뤼수샹(呂叔湘 1948)에서부터 이미 잘 드러난다. 다음으로 또 통사 개념인 '확정(definite)', '불확정(indefinite)'과 억지로 비교하였지만, 이후에는 점차 이 또한 부적합하다는 것을 발견하였다. 왜냐하면 중국어는 영어의 정관사나 부정관사와 같은 표지가 없으며,

동일한 어휘 형식(명사 원형과 앞에 수량사가 붙은 명사 모두)이 정반대의 지시 범주를 나타낼 수 있기 때문이다. 여기서의 문제는 왕환(王还 1985)에서 확연히 드러난다. 격문법과 의미역 결합가 이론이 중국어에 영향을 미친 후, 사람들은 의미역과 동사-명사 의미 관계를 이용하여 '把'자문의 결합가 특징을 묘사함으로써 '把'자문의 의미 구조를 밝히고자 하였다. 예상양(叶向阳 2004)의 분석에 이르러서는, '把'자문의 주어와 목적어의 의미적 신분을 하나하나 표시하는 것은 '把'자문 문형의 의미를 파악하는데 실질적인 도움이 되지 않는다는 것을 발견하였다. 예상양은 결과초래(致使)라는 의미를 사용하여 '把'자문의 의미 관계를 통합하였는데, 그 깊은 이유는 바로 중국어의 기본적인 문법 관계가 '화제-설명'이기 때문이다. 또 타오훙인·장보장(陶红印·张伯江 2000)이 화용적인 의미에 기반한 식별가능성(identifiability)을 사용하여 확정과 불확정의 문제를 해결하려 한 이유도 역시 중국어 명사의 지시성이 근본적으로는 화용적인 특성을 가지기 때문이다.

앞서 4.3.2에서 '把'는 그 뒤의 NP나 '把'자문의 주어에 논항을 할당하지 않으며, 그것의 유일한 기능은 그 뒤의 NP에 격을 부여하는 것이라는 생성 문법의 주장을 소개하였다. 리옌후이(李艳惠 1990)는 중국어는 본질적으로 중심어 후치(head-final) 언어여서 기본적인 문장성분의 순서가 주어-목적어-동사(SOV)라고 보았다. 다시 말해, 초기의 D-구조에서는 목적어가 동사보다 앞에 위치한다는 것이다. 이것은 중국어의 기본어순에 대한 일반인의 견해와 현저한 차이가 있지만, 그렇다고 해서 전혀 설득력이 없다고 할 수는 없다. 중국어에서는 동사의 통제 대상을 동사 앞에 두는 경우가 상당히 많은데, 예를 들면 부(副)화제나 처치 대상 등의 필요가 있을 때이다. 그런데 동사의 통제 대상이 동사 뒤에 있는 경우 역시 적지 않다. 이때는 대개 목표 성분으로 전체 사건의 전개 방향을 제시한다. 요컨대, 이는 모두 화용적인 원인으로 움직이며, 화용적인 원인의 차이는 어순의 차이를 유발한다. 이를 통해 '把'자문을 포함한 중국어의 어순 문제는 통사적인 관점으로만 보면 전체 문제를 다 포괄할 수가 없다는 것을 알 수 있다.

다음으로 중국어 '把'자문을 사용하여 통사 과정을 억지로 비교한 5장의 논의 방법을 살펴보자. 여러 가지 억지 비교는 모두 하나의 생각에 기반하고 있다. 즉, 외국어에 보편적으로 존재하는 통사 범주는 '언어 보편성'을 나타내기 때문에, 중국어의 문법 현상도 반드시 그 가운데 하나의 범주에는 속해야 한다는 것이다. 사실, 인류 언어가 보편성을 가지는 이유는 공통적인 의사소통의 필요 때문이므로 언어를 사용한다는 것 자체가 바로 근본적인 보편성이 된다.(Thompson 2003) 다른 언어에서 충분히 문법화가 된 통사 과정은 화용 규칙이 고착화된 것이다. 중국어에서 '把'자문과 같은 문형도 기본적으로 그 자체의 형식으로 정형화된 것으로, 역시 화용 표현이 고착화된 것이다. 각 문형의 화용적인 원인과 화용적인 목적이 반드시 같을 필요는 없다. 주어를 약화시키고 목적어를 부각시킨다는 중국어 '把'자문의 경향성은 역피동식과는 다르기 때문에, '把'자문을 역피동식으로 억지로 간주하는 것은 적합하지 않다는 것을 앞에서 논의하였다. 또 '把'자문을 '피동적 능동문', 즉 'have + V$_{피동}$'문으로 억지로 간주하는 견해도 있는데, 이는 앞의 6.2에서 논의한 '책임 추궁'류의 문장(예를 들면, '大虾把我的肚子吃坏了')을 만나면 '책임 추궁'의 의미를 읽지 못하는 어려움에 직면하게 된다. 이처럼 억지 비교의 사고는 중국어의 '把'자문을 항상 외국어의 어느 문형으로 보려고 한다. 하지만 사실은 외국어의 일부 문형이 중국어의 일부 '把'자문과 약간 유사할 뿐이라는 것을 확인할 수 있다.

최근 30년 동안 중국어 문법 연구에서 '언어 보편성'에 대한 인식이 점차 강화되었고, 특히 과거에 상당히 특수하게 보였던 중국어의 사실들이 보편성으로 설명되면서 이러한 인식은 더욱 심화되었다. 만약 중국어 '把'자문과 언어 '보편성' 사이의 관계를 간단한 유추의 방법으로 본다면, 이들의 차이는 볼수록 크고 '把'자문의 특수성은 더욱 부각된다. 최근 몇 년 간 일부 학자들은 억지 비교의 방법에 더 많은 노력을 기울여서 마침내 '把'자와 친분 관계를 맺게 되었다. "언어 보편성의 관점에서 '把'자문은 능격언어의 역동문(逆动句)과 같은 양태 현상임을 발견하였다. 이로써 '把'자문의 통사 규칙에 대해 통일된 설명을 함과 동시에 최대한 많은 언어 자료들을 포괄하였다. 또한 이를 통해 '把'자문이 언어 보편성의 대열에 합류하였다는 점에서 더욱 의의가 있다. 이 연구 모델은 '把'자문의 문법성에 대한 새로운 인식이자 '把'자문의 언어적 지위를 재정립하는 것이 된다."(叶狂·潘海华 2012) "피동적 능동문이라는 언어 보편적인 현상에서 출발하여 중국어의 특수 구조인 '把'자문을 살펴보면, …… 언어 보편적인 복합 술어를 사용하여 표현되는 일종의 결과초래 구조를 찾을 수가 있고, 또 '把'자문을 피동적 능동문의 유형 분포에 포함시킴으로써 그것을 더 이상 중국어에서 고립된 문형이 되지 않도록 하였다."(朱佳蕾·花东帆 2018) 그런데 문제는 중국어 '把'자문이 과연 '고립'되고 '특수'한 것인가와 정말 언어 보편성에 부합되는가의 여부이다. 이는 '언어 보편성'을 보는 관점에 따라 달라진다.

1970년대 이래로 국제적으로 언어 유형과 언어 보편성 연구에 종사하는 절대 다수의 학자들은 모두 하나의 관념에 동의하였다. 그것은 언어의 의사 소통 기능, 즉 현실에서의 언어 사용이 인류 언어의 각종 동일한 선택과 상이한 선택을 결정하는 근본적인 원인이 된다는 것이다. 다시 말해, 언어 보편성은 화용적인 성질을 가진다. 실체적 정보의 이지(己知)와 미지(未知), 진술에서의 전제(Presupposition)와 초점(focus), 화자 관점의 주관과 객관……등은 모두 사람들이 문장을 구성할 때 주의를 기울이는 중요한 화용적인 요소이다. 본서 제4장에서 소개한 바와 같이, '화제-설명'이라는 화용적인 관계를 중시하는 언어라면 대격 통사체계를 채택할 것이고, '새로운 정보'의 도입을 중시하는 언어라면 능격 통사체계를 채택할 것이다. 언어마다 중시하는 화용적인 구분이 있으며, 그 차이가 언어마다 상이한 중점을 가진 통사의 구분을 만든다. 중국어는 '화제-설명'의 표현과 일반적인 진술의 구분을 중시하고, 동시에 주관성 표현과 객관성 표현의 구분도 매우 중시한다. 따라서 이 두 가지 화용적인 구분이 중국어의 절대다수 문형의 선택을 결정하며, 또한 '把'자문이라는 그러한 문형을 만들어내게 되었다. 이러한 의미에서 중국어 '把'자문은 고립되고 특수하다고 할 수 없으며, 오히려 언어 보편성 연구에 중요한 의의를 가지고 있다고 할 수 있다.

참고문헌

陈　平(1987), 「释汉语中与名词性成分相关的四组概念」, 『中国语文』第2期, 81-92쪽.

陈初生(1983), 「早期处置式略论」, 『中国语文』第3期, 201-206쪽.

丁声树等(1961), 『现代汉语语法讲话』, 商务书印馆.

杜文霞(2005), 「"把"字句在不同语体中的分布、结构、语用差异考察」, 『南京师大学报(社会科学版)』第1期, 145-150쪽.

郭　锐(2003), 「"把"字句的语义构造和论元结构」, 『语言学论丛』第二十八辑, 152-181쪽, 商务印书馆.

郭圣林(2004), 「现代汉语若干句式的语篇考察」, 复旦大学博士论文.

郭继懋·王红旗(2001), 「粘合补语与组合补语表达差异的认知分析」, 『世界汉语教学』第2期.

胡　附·文　练(1957), 『现代汉语语法探索』, 新知识出版社.

蒋绍愚(1997), 「把字句略论――兼论功能扩展」, 『中国语文』第4期, 298-304쪽.

刘一之(2000), 「"把"字句的语用、语法限制及语义解释」, 『语法研究和探索』第十辑, 163-172쪽.

黎锦熙(1924), 『新著国语文法』, "汉语语法丛书"版, 商务印书馆1992年版.

李临定(1980), 「"被"字句」, 『中国语文』第6期, 401-412쪽.

陆俭明(2017), 「试议句法成分长度问题」, 『语言教学与研究』第4期, 59-66쪽.

吕叔湘(1942), 『中国文法要略』, "汉语语法丛书"版, 商务印书馆 1982年版.

吕叔湘(1944), 「与动词后得与不有关之词序问题」, 『汉语语法论文集』59-68쪽, 科学出版社 1955年版.

吕叔湘(1945), 「个字的应用范围, 兼论单位词前一字的脱落」, 同上, 69-94쪽.

吕叔湘(1948), 「把字用法的研究」, 『汉语语法论文集』125-144쪽.

吕叔湘(1965), 「被字句、把字句动词带宾语」, 『汉语语法论文集』(增订本), 商务印书馆, 1984, 200-209쪽.

吕叔湘主编(1980), 『现代汉语八百词』, 商务印书馆.

吕叔湘(1987), 「说"胜"和"败"」, 『中国语文』第1期, 1-5쪽.

吕叔湘·朱德熙(1979), 『语法修辞讲话』, 中国青年出版社.

马　真(1985),「"把"字句补议」, 陆俭明·马真『现代汉语虚词散论』200-211쪽, 北京大学出版社.

梅祖麟(1990),「唐宋处置式的来源」,『中国语文』第3期, 191-206쪽.

缪小放(1991),「老舍作品中的"把NVP"」, 张志公主编『语文论集』(四), 外语教学与研究出版社.

饶长溶(1990),『把字句·被字句』, 人民教育出版社.

任　鹰(2005),『现代汉语非受事宾语句研究』, 社会科学文献出版社.

杉村博文(2002),「论现代汉语把"字句"把"的宾语带量词"个"」,『世界汉语教学』第1期.

沈家煊(1999),『不对称和标记论』, 江西教育出版社.

沈家煊(2001),「语言的"主观性"和"主观化"」,『外语教学与研究』第4期, 268-275쪽.

沈家煊(2002),「如何处置"处置式"？――论"把"字句的主观性」,『中国语文』第5期, 387-399쪽.

沈家煊(2009),「汉语的主观性和汉语语法教学」,『汉语学习』第1期, 3-12쪽.

沈家煊(2017),「超越"主谓结构"」, 在中国社会科学院语言研究所"语言学沙龙"第337次的报告.

沈　阳(1997),「名词短语的多重移位形式及把字句的构造过程与语义解释」,『中国语文』第6期, 402-414쪽.

石定栩(1999),「"把"字句和"被"字句研究」, 徐烈炯主编『共性与个性――汉语语言学中的争议』, 北京语言文化大学出版社, 111-138쪽.

石毓智(2000),「汉语的有标记和无标记语法结构」,『语法研究和探索(十)』, 19-30쪽, 商务印书馆.

石毓智(2007),「论处置结构的新发展――"拿"的语法化及其功能」,『对外汉语研究』第3期, 1-15쪽.

宋玉柱(1981),「关于"把"字句的两个问题」,『语文研究』第2辑, 39-43쪽.

陶红印(1999),「试论语体分类的语法学意义」,『当代语言学』第3期, 15-24쪽.

陶红印(2008),「『戏剧化的言谈：论汉语把字句』述评」,『当代语言学』第3期, 267-272쪽.

陶红印·张伯江(2000),「无定式把字句在近、现代汉语中的地位问题及其理论意义」,『中国语文』第5期, 433-446쪽.

王　还(1984),『"把"字句和"被"字句』, 上海教育出版社.

王　还(1985),「"把"字句中"把"的宾语」,『中国语文』第1期, 48-51쪽.

王　惠(1997),「从及物性系统看现代汉语的句式」,『语言学论丛』第十九辑, 193-254쪽, 商务印书馆.

王　力(1943),『中国现代语法』,"汉语语法丛书"版, 商务印书馆1985年版.

王　力(1944),『中国语法理论』,『王力文集』第一卷, 山东教育出版社1984年版.

吴葆棠(1987),「一种有表失义倾向的"把"字句」,『句型和动词』, 94-116쪽, 语文出版社.

辛东烈(2004), 『现代汉语表示"心理认同"意义的"把"字句』, 中国社会科学院研究生院 硕士学位论文.

徐烈炯(2000), 「题元的用处」, 侯精一·施关淦主编『<马氏文通>与汉语语法学－－<马氏文通>出版百年(1989-1998)纪念文集』, 商务印书馆.

薛凤生(1989), 「"把"字句和"被"字句的结构意义－－真的表示"处置"和"被动"?」, 戴浩一·薛凤生主编『功能主义和汉语语法』, 北京：北京语言学院出版社, 1994, 34-59쪽.

叶　狂·潘海华(2012), 「把字句的跨语言视角」, 『语言科学』第6期, 604-620쪽.

叶　狂·潘海华(2018), 「逆动式的最新研究及把字句的句法性质」, 『语言研究』第1期, 1-10쪽.

叶向阳(2004), 「"把"字句的致使性解释」, 『世界汉语教学』第2期, 25-39쪽.

詹开第(1983), 「把字句谓语中动作的方向」, 『中国语文』第2期, 93-96쪽.

张　敏(2010), 「"动后限制"的区域推移及其实质」, 中国语言的比较与类型学研究国际研讨会论文, 香港科技大学.

张伯江(1991), 「关于动趋式带宾语的几种语序」, 『中国语文』第3期, 183-191쪽.

张伯江(2000), 「论"把"字句的句式语义」, 『语言研究』第1期, 28-40쪽.

张伯江(2001), 「被字句和把字句的对称与不对称」, 『中国语文』第6期, 519-524쪽.

张伯江(2006), 「关于"索取类双宾语"」, 『语言学论丛』(第三十三辑), 商务印书馆, 298-312쪽.

张伯江(2007), 「语体差异和语法规律」, 『修辞学习』第2期, 1-9쪽.

张伯江(2013), 「近、现代汉语里"给＋VP"的形成」, BreakingDown the Barriers: s Interdisciplinary Studies in Chinese Linguistics and Beyond(綜古述今, 鉤深取極), 台湾中研院出版, 651-664쪽.

张伯江(2014), 「汉语句式的跨语言观－－"把"字句与逆被动态关系商榷」, 『语言科学』第6期, 587-600쪽.

张伯江(2017), 「语言主观性与传统艺术主观性的同构」, 『中国社会科学评价』第3期, 89-99쪽.

张伯江·方　梅(1996), 『汉语功能语法研究』, 江西教育出版社出版.

张国宪(1995), 「语言单位的有标记与无标记现象」, 『语言教学与研究』第4期.

张旺熹(1991), 「"把字结构"的语义及其语用分析」, 『语言教学与研究』第3期, 88-103쪽.

张旺熹(2001), 「"把"字句的位移图式」, 『语言教学与研究』第3期, 1-10쪽.

张志公(1953), 『汉语语法常识』, 中国青年出版社.

郑定欧(1999), 『词汇语法理论与汉语句法研究』, 北京语言文化大学出版社.

朱德熙(1982), 『语法讲义』, 商务印书馆.

朱佳蕾・花东帆(2018), 「被动主动句」, 『语言教学与研究』第1期, 56-68쪽.

祝敏澈(1957), 『论初期处置式』, 『语言学论丛』第一辑, 17-33쪽.

Chafe. Wallace.(1987), Cognitive Constraints on Information Flow. In R. Tomlin, ed. *Coherence and Grounding in Discourse.* 21-51. Amsterdam&Philadelphia: JohnBenjamins.

Chafe. Wallace.(1994), *Discourse, Consciousness, and Time: The flow and displacement of conscious experience in speaking and writing.* Chicago: University of Chicago Press.

Chao, R. Y.(赵元任)(1968), *A Grammar of Spoken Chinese.* Berkeley and Los Angeles: University of California Press.

Givon, Talmy.(1983), Introduction. In Givon, ed., *Topic Continuity in Discourse: A quantitative cross-language study.* Amsterdam&Philadelphia: JohnBenjamins.

Goldberg, Adele E.(1995), *Constructions: a construction grammar approach to argument structure*, The University of Chicago Press.

Dowty, David(1991), Thematic proto-roles and argument selection, *Language*67, 547-619.

Du Bois, John W.(1985), Competing motivations. In John Haiman (ed.), *Iconicity in Syntax.* Amsterdam: Benjamins.

Du Bois, John W.(1987), The discourse basis of ergativity. *Language.* 63.4: 805 -855.

Finegan, Edward(1995), Subjectivity and subjectivisation : an introduction.In D. Stein & S.Wright eds.(1995), 1-15.

Hashimoto, Anne Y.(余霭芹)(1971), Syntactic Structures in Mandarin. *Unicorn*8: 1-149.(中译本 : 『现代汉语句法结构』, 宁春岩・侯方译, 黑龙江人民出版社, 1982)

Hopper, Paul J. & Sandra A. Thompson.(1980), Transitivity in Grammar and Discourse. Language 56.2:251-299.

Huang, C.-T. James(黄正德)(1992), Complex predicates in control, in *Control and grammar*, ed., by James Higginbotham and Richard Larson, Kluwer Academic Publishers, Dordrecht. pp.119-147.

Huang, C. -T. James, Li, Y.-H. Audrey and Li, Yafei.(黄正德・李艳惠・李亚非)(2009),

The Syntax of Chinese. Cambridge: Cambridge University Press. (中译本：『汉语句法学』, 张和友译, 世界图书出版公司, 2013)

Kuno, Suzumo(1987), *Functional Syntax : Anaphora*, Discourse and Empathy.The University of Chicago Press.

Lakoff, George and Mark Johnson(1980), Metaphors *we live by*. Chicago: The University- of Chicago press.

Li, Audrey Y-H.(李艳惠)(1990), *Order and Constituency in Mandarin Chinese*. Kluwer Academic Publishers. Dordrecht.

Lyons, J.(1977), *Semantics*.2 vols. Cambridge : Cambridge University Press.

Prince, Ellen. 1981 Toward a taxonomy of given/new information. In Cole, P., ed. Radical Pragmatics. NY: Academic Press. 223-56.

Stein, D.& S.Wright, (eds.)(1995), *Subjectivity and Subjectivisation*. Cambridge : Cambridge University Press.

Sun, Chaofen.(1996), *Word-order Change and Grammaticalization in the History of Chinese*, Standford : Standford University Press.

Thompson, Sandra A.(1973), Transitivity and some problems with the băcon-struction in Mandarin Chinese. *Journal of Chinese Linguistics*. 15.1. 208-221.

Thompson, Sandra A.(2003), Functional grammar. In William Frawley, ed., *Oxford International Encyclopedia of Linguistics*, 2nd edition. Oxford: Oxford University Press. 53-56.

Zhuo Jing-Schmidt(井茁)(2005), *Dramatized Discourse: The Mandarin Chinese ba-construction*. Amsterdam: John Benjamins Publishing Company.

Zou, Ke. 1993. The Syntax of the Chinese BA Construction. Linguistics, 31.4 (326) :715-736.

저자 | 장보쟝 张伯江

현 중국사회과학원 언어연구소 소장, 중국언어학회 회장

중국어 통사론, 기능문법, 구문문법 등 방면에 공헌이 뛰어나며, 중국어 문법현상을 화용의 각도에서 관찰하고 해석하는데 관심을 가지고 연구하고 있다.

저서로는 『汉语功能语法研究』(江西教育出版社, 1996), 『从施受关系到句式语义』(商务印书馆, 2009), 『什么是句法学』(上海外语教育出版社, 2013), 『汉语句法的语用属性』(商务印书馆, 2022) 등이 있다.

역자 | 이선희 李善熙

현 계명대학교 인문국제학대학 중국어중국학과 교수

이화여자대학교 중어중문학과 졸업

북경사범대학교 대학원 중문과 석사

중국사회과학원 언어연구소 박사

영국 University of Cambridge 방문학자

역서로는 『중국어문법 6강(语法六讲)』(2016), 『중국어와 문화 교류(汉语与文化交际)』(2017), 『중국어 문법에 관한 대담(语法答问)』(2018), 『중국어 품사 문제(汉语词类问题)』(2019), 『중국어 품사 분류와 실제(词类辨难)』(2020), 『중국어 운율과 문법(韵律和语法)』(2020) 등이 있다. 주로 중국어 인지언어학, 중국어 통사론, 중한 한중 번역, 한중비교언어학 등에 관심을 가지고 연구하고 있다.

중국어 '把'자문을 말하다 说"把"字句

초판 1쇄 인쇄 2022년 6월 14일
초판 1쇄 발행 2022년 6월 22일

저 자 장보장(张伯江)
역 자 이선희(李善熙)
펴낸이 이대현
편 집 이태곤 권분옥 임애정 강윤경
디자인 안혜진 최선주 이경진
마케팅 박태훈 안현진

펴낸곳 도서출판 역락
주 소 서울시 서초구 동광로 46길 6-6 문창빌딩 2층
전 화 02-3409-2058, 2060 / 팩 스 02-3409-2059
등 록 1999년 4월 19일 제303-2002-000014호
이메일 youkrack@hanmail.net
홈페이지 www.youkrackbooks.com

ISBN 979-11-6742-384-9 93720